# 带你走进幸福职业学校的大门

王家青　赵肖虹◎主　编

梁玉柱　刘毅伦　徐晓松◎副主编

人民交通出版社股份有限公司

China Communications Press Co.,Ltd.

## 内 容 提 要

本书作者将各位老师在中职学校多年工作和探索的实践经验，以通俗易懂的语言和图文并茂的形式，生动详实地阐述了"幸福职教"的概念和特征。本书系统介绍了"幸福职教"中关于学生教育教学、实习就业和未来发展进程中"学己所想、用己所长、做己所望、事业有途、晋升有路、生活幸福"六个方面的知识，深入浅出地使学生和家长对中等职业教育的发展水平、办学理念、办学优势产生更深层次的理解。

本书可用于指导学生及家长选择适合的学校，也可作为中等职业学校学生读本使用。

**图书在版编目(CIP)数据**

带你走进幸福职业学校的大门 / 王家青，赵肖虹主编. —北京：人民交通出版社股份有限公司，2018.1

ISBN 978-7-114-14583-4

Ⅰ. ①带… Ⅱ. ①王… ②赵… Ⅲ. ①职业选择—中等专业学校-教学参考资料 Ⅳ. ①G717.38

中国版本图书馆 CIP 数据核字(2018)第 049726 号

Daini Zoujin Xingfu Zhiye Xuexiao de Damen

**书 名**：带你走进幸福职业学校的大门
**著 作 者**：王家青 赵肖虹
**责任编辑**：姚 旭
**责任校对**：孙国靖
**责任印制**：张 凯
**出版发行**：人民交通出版社股份有限公司
**地 址**：(100011)北京市朝阳区安定门外外馆斜街 3 号
**网 址**：http://www.ccpress.com.cn
**销售电话**：(010)59757973
**总 经 销**：人民交通出版社股份有限公司发行部
**经 销**：各地新华书店
**印 刷**：北京市密东印刷有限公司
**开 本**：720×960 1/16
**印 张**：18
**字 数**：322 千
**版 次**：2018 年 1 月 第 1 版
**印 次**：2018 年 1 月 第 1 次印刷
**书 号**：ISBN 978-7-114-14583-4
**定 价**：65.00 元

# 序

XU

打造自由、快乐的职业教育模式，培养阳光、自信的技术技能型人才一直是我的理想和夙愿，也是我致力于推进的一种职业教育理念。经过多年的研究、建设与实践，“幸福职教”体系为有志学习职业知识与技能的学子们开启了一扇幸福学校之门，铺设了一个幸福学习的平台，搭建了一座幸福成长的阶梯。

《带你走进幸福职业学校的大门》一书，采用通俗易懂的语言，以图文并茂的形式，生动详实地阐述了“幸福职教”的概念和特征，深入浅出地使学生和家长对中等职业教育的发展水平、办学理念、办学优势有更深层次的理解。本书涵盖了“幸福职教”中关于学生教育教学、实习就业和未来发展进程中“学己所想、用己所长、做己所望、事业有途、晋升有路、生活幸福”六个方面的相关阐述，对提升中等职业教育在社会中的认可度、扩大中等职业教育在百姓心中的影响力起到了积极的作用。

本书介绍了从中央到地方关于中等职业教育的改革发展原则和政策、省市招生考试政策、中等职业学校相关政策等，帮助学生、家长对中等职业教育产生系统的了解和认知，并从择校、报考、择业、就业和未来发展等几个方面进行剖析，让他们在选择中等职业学校时针对性更强，选择专业时方向性更明确，为学生未来的职业发展铺路奠基。此外，本书还系统讲解了学生、家长们在面对职业教育时可能遇到的各种问题，并针对这些问题，提出了相应的解决方法。希望读者能够通过本书对中等职业教育的讲解和分析，解决目前在报考、升学和就业模式、学生生涯规划等方面遇到的困难和实际问题，为即将走进中等职业学校的学生开启通往幸福职业生涯的大门。

**战高峰**

**2017 年 12 月**

# 前言

QIANYAN

2015年习近平总书记的“幸福十谈”直面幸福目标，其中提出“人民对美好生活的向往，就是我们的奋斗目标”。李克强总理也指出“人民幸福是衡量改革发展成效的标尺”。在建设“美丽中国”“幸福中国”的大环境下中，完善职业教育和培训体系，深化产教融合、校企合作，早已成为职教热点。

2017年，适逢全国教育大会召开，中华职业教育社建社100周年，“职业教育”再次成为全民关注的年度关键词。时至今日，我国已经建成世界上规模最大的职业教育体系，中职、高职已分别占据国内高中阶段教育和普通高等教育的“半壁江山”。毋庸置疑，职业教育正在大有可为、大有作为的路上砥砺前行，奋勇前进。

教育不能强迫，而要引导，要激发人的主观能动性。尤其职业教育，是对学生实施从事某种职业或生产劳动所必需的职业知识、技能和职业道德的教育，更需要教其所需、授其所想，因材施教。真正让无业者有业，有业者乐业。学生是教育的主体，幸福职教的核心是使学生幸福。要做到学生幸福，职业教育必须致力实现最终教育目标：一为学己所想，二为用己所长，三为做己所望。

## 一、学己所想

学生有很多理想，助力学生达成人生理想，是学校教育的核心。大多数中职学生在初中时期成绩不是很好，甚至个别学生成了家长和教师“遗忘的角落”，因此在很大程度上，职业学校的生源有着学生知识基础薄弱、学习热情不高的实际现状。让学生学己所想，是感悟幸福教育、成就幸福人生的第一步。在职业教育现有条件下，职业学校通过推进落实多方举措，让学生们真正体悟到自由选择、快乐生活、健康成长的幸福职教。

幸福的首要标准是有选择的权力，让职业教育的学生有选择的权力可以先从专业、课程、教师、职业发展、升学渠道等方面着手，为学生打造多样化的成才道路。

为了让学生更直接地体验到职业学校的“幸福感”，还需要细心营造多彩的校园生活，比如结合专业人才培养及职业素养养成的要求，将传统文化、企业文化、专业文化和学校文化相融合，依托环境文化、理念文化、视听文化、专业文化、功能性文化、班级文化、制度文化工程建设，帮助学生成长，营造发展提升的人文环境，打造丰富特色的学校文化。同时，职业学校应建立长效的沟通机制，及时了解学生的思想动向，并制定对应的教育方案加以实施。确保学生能够在轻松、愉悦、安全的校园环境中完成自己职业学校阶段的学业生涯。

学校的教育不能只停留于传授已有的东西，而是要把学生的创造能力诱导出来，从而让学生在学习的过程当中唤醒幸福感。学生通过职业学校这个平台，也许不能实现多大的宏图伟业，但需要让每位学生都能有责任感，对自己负责、对家人负责、对朋友负责、对职业负责，也是职业教育对社会负责的一种具体表现。

通过职业学校为学生营造的环境、搭建的平台、引导和灌输的各种理念，让学生真正觉得自己所学的知识和技能是可以在未来发挥关键作用的，自己的选择是正确的，使学生真正融入学校的大环境，迈出幸福生活第一步。

## 二、用己所长

教育的中心，是教学教育的过程，是人才培养的过程。在学生“学己所想”的基础上，许多职业学校根据自身情况调整各方面的投入力度，并根据自身专业特点、行业特点制定了很多独具特色的举措，如：创新教师教学和管理机制、完善教育和生活设施、建设完备的实训体系、邀请企业参与人才培养、引进先进的教学理念等方式，让学生在先进舒适的学校环境中学习和生活，通过系统的日常教学深刻理解课程中蕴含的技术技能。经过持之以恒的思想引导和教学磨炼让学生通过技能竞赛、校园活动、社团活动等多个方面展现自己，通过表现自身的闪光点来增强学生自信心并获得“幸福感”，真正实现“用己所长”。在此基础上，职业学校利用完善的设备设施体系、系统的教学方式和方法，全力培养新时代高素质技能人才力量，真正全力以赴为学生的幸福奠基。

## 三、做己所望

为了明确在校学生学习目标，为了培养学生的钻研精神，专业学校为学生幸福构建了多种实现途径与保障措施。许多职业学校致力于学生的就业层面，促进校企深度合作，扎根中职学生特点，精心培养每一位选择职业教育的技能学子，真正关注“工匠精神”，打好培育学生学习能力和再学习的基础，切实培养学生成为适应工作变化的知识型、发展型、技术技能型人才，为大国工匠奠基。在就业体系上，推出“终身就业”的概念，为毕业生打造技能提升、学历提升、职位提升的综合平台，让职业学校不再是学生职业生涯的终点站，而成为可以引导学生未来发展、能力提升的立交桥，让职业学校不再是毕业生人生经历中的过去时，而成为随时可用、随时能用的有效资源，为学生的终身幸福创造条件。

今天的中国，市场经济正在从高速增长进而向高质量发展方向转变，建设一支能够适应国家发展需要的高素质、高技能人才队伍刻不容缓，培养“大国工匠”，让技术工人拥有更多社会认同感和职业荣誉感，对我国真正建成制造业强国有着至关重要的意义。建设知识型、技能型、创新型劳动者大军，弘扬劳模精神和工匠精神，想方设法让“大国工匠”实至名归，实现广大技能劳动者既有“里子”，又有“面子”，是新时代新要求的题中之意，也是职业教育当前面临的最紧迫任务。

幸福是什么？幸福职教如何体现？

让我感触最深的是长春职业技术学校王家青校长的一句话：“我的最终目标是让长春职业技术学校的老师和学生都能昂起头、挺起胸，在处处充满阳光的校园内感到无限幸福，我们的毕业生在和别人交谈时，可以骄傲地说：我，来自长春职业技术学校。”

编　者

2017 年 12 月

# 目　录

MULU

# 第一章

# 一所幸福的职业学校应该具备的条件

正确选择一所适宜孩子的职业学校，为孩子开启一扇通往幸福生活的大门，是每一位有意让孩子选择职业教育的家长的共同愿望。由于现在招生市场竞争激烈，很多报纸、电视、网络媒体里充斥着各种各样的招生广告，面对这些宣传手段，很多家长显得无所适从。多年的招生工作经验也告诉我们，家长对如何选择一所适合的职业学校往往是茫然的，甚至是盲目的。所以本书的第一章先从如何选择一所适合的职业学校开始。

图 1-1　长春职业技术学校“六特”文化石

## 第一节　学校规模里蕴含的信息

一般来说，在了解一所职业学校时最直观的印象就是学校规模了，占地多少、学生多少、教师多少等这些繁杂的信息都是可以在踏入一所职业学校实地考察时能直接感受到的，但对普通人来说如何分辨这些数据的优劣，再做出对比和分析就很困难了。本章就先从这些直观的细节问题入手，让您从一所职业学校的办学规模上去直接了解数据背后的各种重要信息。

## 一、别被文字游戏"忽悠"了

作为一名长期从事招生工作的教师,在日常咨询的过程中接触最多的就是关于学校规模的咨询,其中尤以"学校有多少学生"为最。其实,很多学生、家长都忽略了一个概念性问题,什么是学校的学生?关于这个问题,学生、家长们会说:当然是在学校上学的学生啊。其实这是一个严重的误区,受小学、初中阶段基础教育的影响,学生、家长普遍把学生数直接理解为在学校学习的学生人数,但这对职业学校来说是有很大区别的。下面我们来说一说什么是职业学校的学生。

很多家长问我:你们学校的人怎么那么少?某某学校老师说他们有一万多学生呢?原谅我,出于职业道德,我不能直接说出那所学校的校名,但这个问题是会被长期提出的。很多学校把企业短期培训、社会短期培训的人员总数也算成"学生总数",所以这些学生数会膨胀很大,但这个数字对你真的有用吗?其实是没用的,甚至适得其反,并造成误导。因为,无论企业短期培训还是社会短期培训都是短期教学,说白了就是企业给自己员工一次再学习的机会,主要目的是让员工考取相应的证书以及提升相应技能。或者某企业急需一批相应岗位的技术员工时,联系职业学校为其招收一批学员,并在几个月时间或更短时间内完成培训后直接上岗。但这种岗位通常都是专业技术含量较低的岗位,无论是待遇、工时、合同性质都和正常职业学校毕业生有很大区别。所以,无论上述哪种情况,这些职业学校在此过程中投入的教育力量都是很低的,根本起不到正常教学中锻炼师资队伍、强化实践能力的目的。而且如果一旦职业学校以这种低成本的培养方式的教学为主体,从而让学员数大于全日制在校学生人数,会无形中转变这所职业学校的教育理念,逐渐养成教师课本化、固定化的授课模式,在没有外在压力的情况下,可能会形成教师"惰性教育"的习惯:一方面学生没有感受到学习压力,从而放弃学习;另一方面教师也没有授课压力从而放弃对专业知识的探索和对学生的关注。在这种"惰性教育"氛围的影响下,教师在从事正常教学时也会或多或少地受到影响,严重影响教学效果,所以我不会推荐每年有大量企业或社会培训的学校。

### 解决方法

那么,在咨询时应该怎么提问呢?按照从事招生工作的经验,可以直接问"全日制在校生有多少人?",这样对方至少会知道你是了解这个"猫腻"的。另外,如果能够亲自到学校看一下是最好的,最简单的方法是去学校食堂查一查座椅数量。

当然，由于职业学校和基础教育有本质的不同，通常来说因为课程需要，不同专业的学生下课时间也不一样，但一般来说，食堂的座椅数量至少应该是职业学校在校生的一半左右，如果达不到这个规模，说明食堂承担不了那么多学生的就餐压力，那么剩下的学生在哪儿吃饭？还是考虑一下这所学校的宣传是不是"掺水"了吧！

## 二、别让孩子找一所"假"学校

很多学校都会在中考期间以各种渠道向初三学生、家长发放各种宣传材料，其中不乏有一些印刷精美，看似"高大上"的职业学校。当然，这些宣传材料里也不乏一些有意思的问题，比如，2017 年我去吉林省松原市一所初中学校探讨"职普对接"合作时，就有这样一件事：在这所学校门前，一些人正在发放招生简章，由于他们不知道我的身份，所以在我进校门前也给了一张。在接过来的一瞬间我就知道这份简章的制作非常好，无论是纸张选材、印刷制版、构图创意都是不错的，本来打算留下来参考一下，可越看越不对劲。在与这所初中学校的校长洽谈前我和他说：领导，我先插个题外话，相信您接触过很多的职业学校了，这份简章是从你们学校门口拿到的，您能看出有什么问题吗？我随手把那份简章递给他，接着说：第一，这份简章封面上写的"全国百强优质学校"不是正常资质，发布单位不明晰、获奖过程也不明确，更可笑的是学校的办学类别也不清楚，这所谓的"全国百强优质学校"是本科院校，高职院校，高中、初中、中职还是小学？第二，专业名称不清晰，我是学校的专职招生教师，国家颁布的中职专业目录我还是背得下来的，别的不知道，这个汽车整形工匠专业在国家的专业目录里就不存在，专业名称与中专专业目录不符，学生就没办法注册学籍，这不是骗人是什么？第三，更可笑的是这里有几张配图是我们学校的，上次您去长春职业技术学校参观过，这些配图里的体育场和汽车实训中心您应该还有印象吧？这位校长随后联系有关部门处理这件事我们放下不谈，单从这件事您大概就能发现，一份招生简章、一个网站上的招生广告、一次朋友圈转发的信息都可能成为某些职业学校夸大宣传的渠道，通过对其他品质优良、具有优质资源的职业学校相关资料和信息的窃取和盗用，使其表现为一所口碑优质、就业高薪、品质优良的职业学校，目的就是吸引学生报名。对于我来说，这些信息可能只是一些笑话，除了吐槽一下外，也只能最多举报其夸大信息。但对初三学生和家长来说这些都是可能会影响一个孩子一生的危险陷阱，那么我们应该怎样应对呢？

### 解决方法

现在的夸大信息涉及方方面面，例如学校办学历史、办学规模、在校生人数等这类的相关信息单靠政府部门根本无从一一排查核对。所以,一些职业学校为了达到更好的宣传效果往往夸大办学规模或者虚构各种信息,作为一名初三学生或家长最好的辨别方法就是到各省教育厅网站,直接在网站内搜索学校名称,或直接查询办学许可证代码,起码可以先验证学校是否存在,如果是真实存在的职业学校可以在各省、市颁发的《报考指南》或《招生计划》中查询到相关信息,这些信息都是经过省、市教育主管部门核对的,可最大程度上地保证信息的真实性。

图 1-2 “中国梦”文化广场

## 三、用排除法排查夸大信息

对于普通的初三学生、家长来说,很多职业学校的招生信息通过各种媒体进行传播,名目繁杂的各种信息都写得天花乱坠,再辅以各种视频、动画、图片等更显得眼花缭乱,那么我们应该怎样区分一所学校信息的真实性呢?

### (一)通过师生比例来排查

一所正规的职业学校,一线教师(即参与直接授课的教师)与学校的在校生人数之间的比例应该在1:16~1:20之间。这个比例数越大,则表示这所职业学校教师的教学压力越大,可能会出现应付教学或学时不够的情况,也就是说学生在校期间理论和实践课程可能会相应减少,空闲的时间很多,这将直接影响学生在专业技能学习和专业实践能力上的成绩,在往后会严重制约学生的发展;这个比例越小,则显示职业学校的生源越少,说明这所职业学校正在逐年走下坡路,因为每个职业学校(无论是公立学校还是民办学校)从健康发展角度出发都会保持一个正常的师生比例(1:16~1:20),一旦这个比例过小,说明这个学校的招生数量正在逐年减少,所以更需要慎重考虑。

所以,一旦一所职业学校片面夸大其在校生数量时,可以与这个简单比例区间进行对比推算其宣传的学校规模是否真实。另外,需要提示的是,一些职业学校信息中标注的教职员工的数量并不直接等于一线教师的数量,因为教职员工这个概念还包括学生管理、招生、就业、财务等行政科室和外聘人员(如保安和保洁)。因学校管理方式不同,在有寄宿条件的学校,由于有日常管理需求,行政和外聘人员比例会有所增加,反之则减少。一般来说,一线教师通常占教职员工的60%~70%,如:一所拥有400名教职员工的学校,那么其一线教师大致在240~280人之间。

**(二)通过活动场地来排查**

一所正规的职业学校会尽可能地为学生提供活动场地(如操场、排球场、篮球场、羽毛球场等),有条件的职业学校甚至拥有独立的室内体育场馆,中职学生大多处在青春期的躁动时期,如果没有足够的活动场地供他们活动锻炼,如果不能为他们提供幸福、舒适的生活和学习环境,很容易出现诸如逃课、早恋、打架、网瘾等各种方面的问题。不仅如此,从活动场地也可以看出一所职业学校的办学实力。举例来说,几乎每个职业学校都有篮球场,我们单从篮球场地设施也能看出一所职业学校的基础实力。比如,篮球场的篮板是木制的还是钢化玻璃的,这两者之间不仅成本相差十倍不止,而且安全系数也相差很多。再有,要看篮球场地是否有防滑涂层或防滑垫。要知道,在中国北方,没有防滑处理的篮球场在冬天几乎没法正常使用。还有,篮球架上的喷漆是否有锈蚀,从这里不仅可以看出一所职业学校对自身基础设施的保养程度,也可以体现一所职业学校的管理水平,进而对学生在校学习生涯产生较大的影响。

另外,对学生活动场地这种“次要”设施的投入,也可以看出一所职业学校的整体规模到底有多大,一些以赢利为目的的职业学校是不会在这些“无效益”设施上下功夫的。反之,好的学校这些设施不仅建设齐全,而且相关服务设施也非常到位,比如篮球场旁边有饮水机和充电桩等。只要细心观察,相信这些细节都不难发现。一所职业学校无论招生宣传说得再天花乱坠,缺少了必要的活动场地,就是缺少了对学生最起码的关注和关怀,一所缺少对学生关注的学校当然要率先排除掉。

在一些有责任感的优质职业学校中,对活动场地、活动设施的建设是非常用心的,不仅相关设施场地搭建齐全,而且配套便利设施也非常全面,比如在长春职业技术学校,运动设施和活动场地附近建设了休息用的长椅;课余休息区设立充电桩;篮球场、足球场在夏季摆放饮水机(免费饮用);无线网络全校园覆盖;在校园内的一些广场、绿地附近建立了一系列读书亭，用来给学生在休息时间扩展阅读量。通过对运动场地及相关设施的建设，就能直接了解一所职业学校在建设思想上是否以学生为中心。因为，一所职业学校只有从思想上全面以学生为核心，才能在教学、管理、就业等多方面为学生发展考虑。

**（三）通过校园植被来排查**

一所职业学校的绿化程度也和学校的综合实力息息相关吗？是的，不仅关系密切而且可以发现很多敏感信息：

首先，一所职业学校内的树木的树龄可以看出学校的真实建校时间，一些有园林从业经验的家长应该知道移植一颗十几年树龄的树难度有多大，即使移植成功也需要搭配支架进行多年的固定和加固，更遑论几十年树龄的树木，至少这些树是不会“说谎”的。

其次，树木、草坪的除虫、防病、剪枝、修整也是重要的考察项目，从中可以看出一所职业学校的基础管理工作是否存在缺陷，工作是否尽职负责。

再次，能够保持一个绿色、整洁的校园环境，本身就是职业学校对学生学习和生活的一种关爱，更是职业学校规模和实力的一种体现。

### 解决方法

本节讲述的细节问题在日常咨询的过程中是没有办法了解的，所以还是推荐学生、家长到职业学校实地考察，毕竟一所职业学校的植被、运动场所等细节建设是没有办法长期掩饰的，可以通过实地考察更直观地感受职业学校的学生管理、校园管理等各种情况，这样做比只听取招生教师的讲解更容易获得一手资料。

图1-3　汽车文化广场

## 四、辨别招生报考书籍中的重要信息

《××年××市高级中等学校中职招生指南》和《××省中等职业学校招生计划》是省内所有初中应届毕业生在参加中考报考时能够获得的对报考学校有最直接帮助的两本招生报考资料性书籍。这两本书分别是由市招生办和省教育考试院(原来的省招生办)主编的,专门针对初三学生完成中考报考的资料性书籍。这两本书一般来说都是每年出版一次,应届初中生基本都可以通过所在初中学校免费得到,本类书大致分为三个主要部分,分别是考试政策、报考方式、各高中学校和各中职学校简介,用于帮助初三学生、家长了解必要的考试规章和流程,并了解所要报考的学校。

很多学生、家长到校参观时都是带着招生报考书籍来的,但在交谈中得知,这本书对他们来说所有学校内容都差不多,所以根本不知道怎么选。那么现在我来帮大家逐一分析,看过这本书的学生、家长都知道每个学校的介绍都是按照统一规格编写的,大致分为学校简介、招生计划、联系方式这三个部分,那么怎么从统一格式中分辨出对我们有用的信息呢?

### (一)先后排名决定规模

抛开前面的政策解读和报考事宜不说,这两本书打开后最直观的就是各个学校的信息了,在统一格式下看起来都差不多,但一个重要的信息往往被忽视,其实学校的先后顺序排名本身就大致说明了一所职业学校在省内的位置。要知道,这个排名不是按照拼音顺序,更不是按照省属学校、市属学校来排名的,省教育考试院和市招生办作为一个最权威的教育主管部门,需要统筹全省的招生工作,书里所有学校的排名顺序不仅要看办学规模、办学条件等综合指标,还要看学校的综合实力比如国内影响力、社会口碑这些软实力。所以,排名本身就很直接地说明了一所学校的实力,我建议直接选择前几个学校实地考察一下,各个学校都有各自的特色专业和培养模式,选择省内公认的优质职业学校总能找到一所适合自己的,这样做可以帮助学生和家长们节约一定的时间和精力。

### (二)招生人数决定优劣

可能很多人不知道,一所职业学校想要招生,首先需要提交招生专业的相关资料,由招生主管部门逐级审批,学校的综合实力越弱,批复的招生计划越少,相对可以招生的专业和招生人数就越少。反之,具有较强办学实力的职业学校可以获得更多的招生计划,动辄成百上千的招生计划总数就是一所职业学校办学规模的直接体现。而细分到各个专业招生计划上,招生计划越多的专业,实力也就越强。简单来说，招生报考书籍中招生计划越多的学校，学校就越好，招生计划越多的专业，专业就越好，一般也是该职业学校的主打专业。

### （三）开设专业决定特色

开设的专业是一个职业学校发展的风向标，一个优质的专业会带动一些相应的配套专业协调发展，是学校师资投入的焦点，也是很多学生、家长渴求的目标，如何从招生报考书籍中获知哪些专业是一所职业学校的办学特色呢？

首先看学校名称，比如一所职业学校叫某汽车学校，那么相对应的汽车类专业就是这所职业学校的特色专业。

其次看学校简介，简介中提及次数最多的专业一定是学校优先发展的专业，得到的关注和投入更大，发展空间和就业空间也就更广。

最后看招生计划，由于审批招生计划的核查程序十分严格，为了确保学校发展，维持招生目标，一般来说，职业学校会为优质专业申报更多的招生计划，确保招生计划审批率，所以看招生计划的多少就能分辨一个专业的强弱。

### 解决方法

招生报考书籍是每年中考报考前由省教育考试院统一印发的，原则上省内每名应届考生都可以领取，由于特殊情况没有领取的学生和家长可以联系当地招生办自行领取。

图 1-4 “匠之摇篮”文化广场

# 第二节　学校办学条件的重要性

学校的办学条件是职业学校的核心竞争力之一，但往往又是最让人看不懂的地方，单靠一些简单的讲解没办法直观地对一所职业学校的办学条件有明确的认知。所以，在你选择一所职业学校之前，除了听取招生老师的介绍，建议还应该在校园里走一走，看一看，因为一所职业学校的办学条件是无论如何都掩饰不住的。在这一章节所讲的办学条件不只是学校的实训设备、一线教师，还包括学校的管理体系，希望能够将办学条件这一关键环节用以小见大的形式呈现给大家。

作为普通初三学生或家长，可能从来没有接触过职业教育，那么进入学校初步感受了学校的规模后，对学校有了一个初步认识，至于许多内在的东西应该还是一头雾水，下面我来说一下怎么从细节来分析一所学校的办学条件：

## 一、怎样分析一所学校的师资力量

所有家长都希望有一个好的专业教师团队为孩子教授专业技能，那么好教师的标志是什么呢？和初中阶段的基础教育不同，职业学校的专业分类非常明确，除了语文、数学、英语等公共课程外，都是本专业的专业教学课程，而且每个学期都有不同科目的专业课程，这一点和大学非常类似。所以要分辨一所职业学校师资力量的强弱就要对整个专业教师团队的特点逐一了解。

曾经有一位家长和我说：从走进这所学校开始，我就知道这里和我去过的其他几所职业学校不一样，听你讲解以后这个印象更深刻了，可就是说不清到底哪儿不一样，就拿老师上课来说吧，我见到别的学校上课好多学生都在玩手机，在这里就没有，这是为啥呢？

是啊，为什么呢？一所职业学校的优劣不只表现在学校的办学规模上，学校的老师才是学生学习的关键因素，下面来和大家讲解一下优秀的教师团队应该具备什么样的特征：

### （一）学历层次

和所有其他类型的学校一样，职业学校的一线教师也大多是相应工科和师范院校毕业，从学历层次上就可以直观地看出一所职业学校的办学条件的强弱。一所优质的职业学校招聘一线教师，当然有更多的人报考，而相应的，更高学历的竞争者会获得更多的竞争优势。所以反向推理的话，学历层次越高的教师团队也就表示一所职业学校的师资队伍力量越强，从这个侧面也可以了解一所职业学校的强弱。

### （二）双师比例

另一个分析职业学校师资力量的标志就是一线师资队伍的双师率，所谓“双师”简单来说指的是教师+技师。众所周知，职业教育就是就业教育，一切教育内容必须为学生毕业或深造服务，初中阶段那种课本教学在职业教育中只占很小的一部分，主要以理论和实践一体教学为主，磨炼的是学生的实际操作能力。

所以，为了让职业学校的教师真正具备实际操作课程的授课能力，也需要教师对课程有更全面的理解，更纯熟的操作技巧，全面与学生今后的就业岗位接轨，这也就强调职业学校教师须应具备技师能力并考取相应级别的技能证。

可以说“双师”是一所职业学校重视实践教学的一个标志，“双师率”越高的职业学校相应的实践教学的能力也越强，学生在校学习过程中，实践操作能力的学习也越有保障。

### （三）企业名师

一些和企业有长期合作的职业学校往往会直接聘请企业内的知名技师到校任教，直接担任相应专业的实践课程教师，让职业学校的在校生在学校教学中更直观地了解企业所需要的专业技能，也可以通过这种更高水平的实践技能磨炼，更快地掌握所需的专业技能。

比如，在长春职业技术学校，打造幸福职教体系过程中，学校就长期和一汽集团、中车集团（原北车集团）等世界500强企业及卓展集团、金恒财务集团、吉刚汽贸集团等一大批吉林省内外知名企业建有联合培养体系，聘请企业、行业专家为学校客座教授，定期为各自相关专业学生授课，学生在参与这类课程时往往更认真，授课效果也更好。

图1-5　我校数控实训中心

所以，一所职业学校是否聘请企业名师到学校授课既是学校师资力量的一个重要体现，更是学校是否具有较强就业能力的明显标志。

**解决方法**

很多学校都会在实训中心或者教师办公室附近张贴优秀教师或者教师团队的介绍，这些信息可以通过学校内相应位置的教师简介获得，当然也可以通过学校的各种宣传片、微博、微信平台或者网站直接获得。

## 二、怎样检验一所职业学校的实训条件

在日常招生工作中，有很多家长和我说：老师，你带我看的实训中心我都看了，可我也不懂这个呀，还是回去再和孩子研究一下看他愿意学哪个吧。

通常这么说的家长都要和家人再来一次学校，经过反复商量才能做决定。如果家长们时间充裕的话，我会从下面三个方面告诉他们，不懂不要紧，实训器材放在这里不怕参观，只要听懂这里面的道理就知道一所职业学校的实训条件怎么样了：

### （一）人均实训器材背后的计算公式

在任何职业学校，每个学生的实践课课时是统一的，但要是觉得在任何一所职业学校都能获得同样的实践操作时间，那就大错特错了。从课时安排来讲差别确实不大，但要是从每个学生的实际操作时间来讲，差别还是不小的。打个比方来说，现在有两所职业学校，同时为本年度一年级新生开设发动机拆装实训课程，A学校汽车专业有新生30人，实训用发动机15台，平均2人操作一台；B学校汽车专业同样有新生30人，实训用发动机3台，平均10人操作一台，如果同样上一节120分钟的实训课，那么去除老师的课堂讲解，A学校的每个学生大致可以亲身操作50分钟，而B学校每个学生只能亲身操作10分钟。在操作过程中，A学校的学生如果有操作失误或者疑问，老师有时间为每个学生一一解答，可以及时发现问题及时纠正，而B学校的学生显然没有这种便利条件，更重要的是老师只能同时和其中的3个学生进行交流，那么剩下的27个学生怎么办？还有，如果等了两个小时只有10分钟时间自己操作，估计学生早就把今天上课时学了什么都忘了，又需要老师重新简单重复一遍，这就再一次压缩了学生的实际操作时间。

所以，这是一个简单的加减运算就能清楚的道理，无论学生选择哪个专业，都需要学生自己去学习和操作才能真正学到所需要的专业技能，如果都靠“等着学”，以学生的普遍自制力来说，可以说希望不大。所以，要了解一所职业学校的实

训能力,先要了解你选择专业的大致新生人数,再去看看同一型号的实训设备有多少,剩下的问题就好衡量了。

**(二)实训设备是否先进**

随着中国产业升级步伐的加快,基础生产、服务设备也在逐步革新和升级,你可以不懂一种设备是做什么或者怎样使用,但你可以根据这台设备的生产日期去了解一所职业学校的实训条件,通常来说10年之内生产的实训设备基本跟得上企业的发展步伐;15年左右的实训设备略显陈旧,但仍然能够满足一部分企业的生产需求;如果一所职业学校里还有更早的实训设备就应该完全不与考虑了,因为这些设备的相关生产和维修技能已经完全落伍了,学生毕业后可能将马上面临与用人企业需求脱节的窘境。

在一些办学实力较强的职业学校里,由于实训设备完善,甚至还会承接一些大学的实训课程,并和企业合作引进一些行业内的先进设备,用来为企业员工和在校生进行实践教学,对于没有经验的初三学生、家长来说,这类调查就可以直接判断职业学校的实训能力了。

**(三)模拟教学的哪些"猫腻"**

用模拟教学代替实践教学是近几年才逐渐出现的,在我参观过的一所职业学校就有这样的场景,干净整齐的教室里,一名教师用巨大的触屏板为学生讲解课程,学生每人手持一个平板电脑,全程无纸化教学,学生在课后通过手机客户端完成课后作业,给人最直观的感受就是智能化、现代化。但我的意见是:到目前为止,绝大多数就业岗位都不是靠平板电脑完成日常工作的,没有亲手操作过实训设备,在平板电脑上练的再好,可能在实际岗位上连电源开关都找不到,更别说实际操作了。像这样模拟教学教出来的学生,走上岗位又有多少人能适应?之所以很多职业学校选择模拟教学,首先是投入小,拿一台5米规格的激光切割机来说,少则十几万,多则几十万,一般的职业学校确实负担不起,而开发一款教学软件则要便宜得多,而且不需要日常维护保养,还能多年重复使用,不需要任何耗材,在投入上可以节省很多。其次是没有安全风险,虽然现在的实训设备都配备全套的安全防护措施,但依然存在各种安全隐患,由此带来的安全问题是一些职业学校不愿意面对的,所以选择模拟教学也就在"情理之中"了。但这些职业学校为了省事和节约成本,真的让学生受益了吗?相反,学生是最大的受害者,模拟教学只能模拟生产流程,却不能模拟操作中的各种失误,更不能通过模拟操作达到熟能生巧的目的。

我的一个学生是数控专业的,在参加完一次省级技能竞赛后和我开玩笑地说:某科技学校的学生平时用iPad上课,这次比赛的时候,给车床编程后连刀具盒都打不开……当时这个学生一边说一边笑,我的几个同事也跟着笑,可我笑不出来。虽然我不认识那名比赛时尴尬的学生,但能够参加比赛应该是那所职业学校成绩很出色的学生,可他完全被这种省事而节约的教学模式误导了,平时锤炼的东西和实际操作完全是两回事,所以,大多数时间,虚拟不能代替现实。

**解决问题**

职业学校的实践教学主要依靠其实训条件,我建议选择中午或者下午两点半之后到校考察,这个时间段往往是学生的自由活动时间可以实际观察职业学校的实训车间是否仍然有学生在自己练习,在一些以赢利为中心的职业学校中,实训时所需的耗材是需要学生额外自行购买的,所以在休息时间不可能还有学生在实训车间练习。

## 三、从细微处观察一所职业学校的管理体系

想必家长们对职业学校顾虑最大的就是管理问题了,由于长期存在关于职业教育的负面看法和职业教育生源质量引发的相关问题,使家长们对职业教育在校生的管理非常关注,那么如何确定一所职业学校是“粗放管理”还是“精细管理”呢?对于一所陌生的职业学校也完全可以通过自己的细致观察来了解学校管理的方方面面。

### (一)怎样确定学生的在校安全保障

从家长角度来说,学生在校的安全问题是最重要的问题之一,由于众所周知的原因,社会对职业教育的安全管理是普遍持怀疑态度的,虽然近年来,经过各职业学校的不懈努力在学生的安全保障工作上已经逐渐改观,但职业学校的办学条件良莠不齐,也经常出现负面新闻。但苦于不了解更深层面的东西,初三学生、家长们没法准确判定一所学校的此类情况。其实,即使不了解安全保障工作应该如何开展,也能从一些细节上判断一所职业学校对安全保障工作的重视程度和管理效果。

首先,确定一所职业学校安全与否可以从学校的监控系统入手,比如摄像头的位置、数量、模式是否处于激活状态、是否有夜视功能等都能体现一所职业学校在安全防范方面的努力程度。

再有,就是看保安的数量,一所正常职业学校的保安工作范畴应该涵盖门卫、监控、防火巡查这三大项工作,由于通常为两班倒,按每组1人值班计算,保安也应起码维持在6人以上。如果少于此数,那就需要慎重选择了。

再次，是查看室内消防设施，包括消防栓、灭火器等必备设施完备有效，依照楼内面积大小不同至少每层楼应布置三组以上，很多家长会忽视这个问题，但我觉得很有必要，正是这些容易被人忽视的问题才能体现一所职业学校对学生生命财产安全的重视程度。

有一次，我陪同一对夫妻在学校内参观，在走到学校操场时，当天正在进行消防演练，火警铃声响起，学生有序撤离教室并在5分钟内在操场集合的场景让这对夫妻印象深刻，多次表示孩子在这样的学校上学才有安全保障。

其实，职业学校的安全保障问题不是一时兴起组织的某项活动，而是一个漫长的培养教育过程，这需要学校持续不断地投入和长抓不懈，因此也可以从这一点上看出一所职业学校是否在切实落实安全工作，切实执行保障工作。

**（二）教你怎样在校内垃圾里发掘信息**

家长们都想把孩子送到一所管理体系健全的职业学校就读，但一说到管理体系很多人都没有明确的概念。确实，谈到管理这个概念，即使在职业学校这个小范围内涵盖的内容也非常广泛，班级管理、宿舍管理、课外活动、安全防火、奖惩制度、学校条例等都属于这一范畴，涉及学生在学校生活和学习的各个方面，不是一句两句可以解释清楚的，但我觉得从短暂的参观学校过程里，仍可以从细节发掘一些有用的信息出来。

首先，查看学校垃圾箱的位置，一般来说，垃圾箱通常摆放在路口两侧、楼道拐角、楼梯口和大厅四周等，摆放的原则是方便投放垃圾，从垃圾箱的数量、位置及是否分类投放，就能体现一所职业学校整体的管理能力。然后是垃圾箱周围是否有残留垃圾，从这一点上可以看出一所学校在学生管理方面是否到位，忽视学生管理的学校垃圾箱周围的卫生情况自然可想而知了，因为一所管理水平高的学校，对学生的生活、学习和职业发展的影响是积极的也是深远的。

其次，查看地上的烟蒂。从2016年起，所有事业单位及政府部门、医院、学校都是禁烟地区，具备系统管理体系的职业学校是不应该存在烟蒂的。

再次，可以找校内的学生询问。在新生入学前，校内是不会有其他新生的，所以能在校内找到的学生基本已经在学校就读半年以上，找他们询问除了能确保信息真实，还能从学生角度感受学校的管理是否正规、系统。

**解决问题**

观察一所职业学校的管理体系，我建议尽量避开招生咨询教师的引领路线，到一些偏僻的地方自行查看。或者可以与职业学校的保安以聊天的形式侧面了解。

学校的保安一般都是第三方外包公司委派的，和学校没有直接隶属关系，又长期在学校工作，获得的信息会比较直观。

图 1-6　法制报告会

## 第三节　从技能竞赛的成绩中发掘重要信息

大家都应该知道，高中是基础教育，考验一所高中是否优秀的指标就是每年高考录取榜。在很多人的眼里，职业学校的孩子就是些成绩低、品质差的学生，将来也不会有太高的成就，所以对这些学生缺乏应有的关注。其实这种看法是错误的，因为，职业教育主要是为就业准备的教育，考察一所职业学校是否优秀，其中一条就是看该校每年的各级竞赛成绩。在国家极力倡导职业教育，大力发展职业教育的现在，职业学校的学生正在通过自己的努力用另一种方式诠释，学生成绩的好坏不能只看考试分数。

### 一、技能竞赛包括哪些级别

职业技能大赛是依据国家职业技能标准，结合生产和经营工作实际开展的以突出操作技能和解决实际问题能力为重点的、有组织的群众性竞赛活动。职业学校的技能竞赛实行分级分类管理：具体分为国家级、省级和地市级三级。那么，各级技能竞赛具体是怎样选拔和评定的，各级技能竞赛之间又如何比较呢？下面简单先为大家分析一下职业学校的技能竞赛是如何划分等级的：

**（一）市级技能竞赛**（简称市赛）

市级技能竞赛分别指由市教育局或市地方组织的本地区范围内的竞赛，由中职(技工)学校从在校生中选拔,按照专业分类,竞赛团队代表所在学校参赛。市赛获奖选手可获得由市教育局或市地方组织颁发的奖金和荣誉证书,一等奖获奖学生或团队可晋级省赛继续参赛。

**(二)省级技能竞赛**(简称省赛)

省级技能竞赛分别指由省教育厅或省地方组织的本地区范围内的竞赛,由中职学校在市级技能竞赛中获一等奖的选手参赛,竞赛团队代表所在地级市或市地方组织参赛。省赛获奖选手可获得由省教育厅和省地方组织颁发的奖金和荣誉证书,一等奖获奖学生或团队可晋级国赛继续参赛。另外,省赛一等奖获奖选手可免试推荐到具有单独招生资格的省内高职院校免试就读相关专业。

**(三)国家级技能竞赛**(简称国赛)

全国职业院校技能大赛是国家教育部联合相关部门、组织共同举办的一项全国性职业教育学生竞赛活动。由全国各个省、自治区、直辖市、新疆生产建设兵团和计划单列市的省级中职技能竞赛一等奖获得者参赛,竞赛团队代表全国各个省、自治区、直辖市、新疆生产建设兵团和计划单列市参赛,是国内中职教育技能竞赛的最高赛事。国赛获奖者可免试推荐到具有单独招生资格的省内高职院校免试就读相关专业;并获得由国家教育部颁发的奖金和荣誉证书。

职业教育的最终目标,还是为了学生毕业后能够胜任更好的工作岗位,所以,在日常教学中磨炼学生的实践操作能力,不仅可以更好地帮助学生获得更优秀的就业岗位,同时也是职业学校选拔参赛学生的基础,更是一所职业学校教学成果在省市主管部门面前一次全方位的展现。一所负责任的职业学校会全力为自己的学生争取获得参加技能竞赛的资格,而且为了获得更高层次的专业竞赛奖项,越是优质专业越受重视。那么,了解各级技能竞赛的递进顺序后,就可以根据一所职业学校宣传的技能竞赛获奖结果,得出这所职业学校的综合实力到底是强是弱,哪个专业更受学校关注了。

**提　示**

所有职业学校的正规专业技能竞赛都是有政府部门参与的,无论是教育局、教育厅还是其他政府部门,在组织竞赛时其官方媒体都会有一系列的宣传,缺少这些步骤的一些所谓各类“技能大赛”一定存在这样那样的问题,无法准确作为一所职业学校综合实力的依据。

## 二、技能竞赛背后蕴含的综合实力

从上一节的介绍中我们可以知道,逐级递升的比赛等级越往上参赛的难度越大。也就是说,是否能够参加技能竞赛,决定了一所职业学校的综合实力,而参加何种级别的技能竞赛则直接决定了一所职业学校在省内处于何种地位。比如:同样是会计专业,一所可以参加国家级技能竞赛的职业学校一定比一所连市级竞赛都不能参加的职业学校在综合实力上强很多。

那么,这种通过技能竞赛体现出来的综合实力,究竟具体表现在哪些地方?这种综合实力又对学生在校学习、就业前景和未来发展有什么作用呢?下面,我们先从综合实力的具体体现来逐一进行分解。

### (一)技能竞赛背后蕴含的实训实力

一所职业学校想要获得更好的技能竞赛成绩,首先要具备一定的实训条件,这种实训条件的提供是建立在不影响日常教学基础上的。试想一下,一所生均实训条件严重不足的职业学校怎么为参加技能竞赛的学生提供单独的实训器材呢?

经常有一些家长在参观完学校后问我,为什么你们学校的实训车间总有学生在练习?旁边也没有老师看着啊。

不得不说这些家长注意到了这个细节,但其中表现出来的内在力量更加明显:在一所健康发展的职业学校里,学校为学生提供实训设备和场地的同时,也需要教育学生养成自我学习、自我磨炼、自我管理的能力,只有让学生深刻地认识到目前学好技能是未来发展的唯一阶梯,让学习的动力从内而外地激发,产生学习的欲望,才能真正让学生去自发地钻研专业技能。在一大批学生自发磨炼和钻研过程中,也就不难优中选优,选拔一些优秀学生去参加技能竞赛了。

总之,一所职业学校的实训条件是否完备而充足,是职业学校获得技能竞赛奖项的基础,而要获得更高层次的技能竞赛参与权,不仅要靠全方位的教学指导、完善的实训设备,更要靠学校对学生日积月累的学习理念的引导。因为,实训教学不只是教学生一套设备如何使用、维修、保养,更重要的是教育学生一种自我督促、自我学习、自我提升的思想,只有这样才能在未来的工作岗位上走得更高、更远。

### (二)技能竞赛背后隐含的教学底蕴

一所职业学校在技能竞赛中获得的成绩除了要有完备的实训条件做基础以外,日常教学也是其中的重要一环,为了适应实训课程,各个职业学校都有自己的教学方式和技巧。我曾经有幸旁观过几次技能竞赛,由于受到不同的教学方式的影响,不同职业学校学生在参加比赛时,表现出来的职业素养差别非常大。由于我不是专业的竞赛指导教师，也对其中的重要得分点不甚了解，我就从一个旁观者的角度和大家谈谈我的看法：

比如，虽然打扫都有统一的操作规范，但在操作细节和作业习惯上，不同职业学校的学生就有很大区别，有的学生使用工具后随便的往工具盒一扔了事，有的学生则会认真地把工具按实际操作规程放回原处。

再比如，有一次在观摩焊接专业技能竞赛的过程中，由于天气炎热，让本就火花四溅的竞赛场地更加闷热，一些学校的学生开始脱掉原来穿戴整齐的作业服，有的甚至赤膊上阵，当然也有一部分学生坚持在这种环境下穿着作业服继续比赛，直到比赛结束。

另外，一些学生在比赛结束后大声喧哗互相讨论，甚至跷起二郎腿玩手机，而也有一些学生在比赛结束后，整齐地坐在自己的位置等待公布比赛成绩。

也许他们完成的竞赛作品或流程不分伯仲，但在这些比赛过程中表现出的职业操守直接影响着评委心中的印象分，孰优孰劣确实无法单从竞赛的作品中进行比较，我们也无法在网上查看到这些细节，但是通过同一技能竞赛的同一专业赛项就可以轻易地做出比较了，即使在同样水平下，注意养成职业操守的学生自然获得的竞赛分数偏高，反之则偏低。但这些细节却不是一朝一夕养成的，需要一所职业学校长期的，一以贯之地将教学过程中的一些细节逐年积累，通过一批又一批参加技能竞赛的学子一次次摸索，和学生们夜以继日的技能学习及实践操作中认真总结，正是一代代的不断传承才能在每一次的操作过程中逐渐养成习惯。

### （三）技能赛事背后蕴含的在校生总数

正常来说，一所负责任的职业学校对待各级技能竞赛的态度应该是积极的，那么为什么还有竞赛成绩的巨大差别呢？原因非常多，但可见的细节除了本节已经讲述的两点之外，与职业学校的生源基数也密切相关，要选拔一批优秀的学生参与技能竞赛，就需要在一年甚至更长的时间内对学生的学习状态细致观察，对学生的学习兴趣进行细致引导，这些都是需要在一定学生总数的基础上才能完成的，也就是业内常说的生源基数。

一所职业学校、一个专业想要发展，必须维持一定的在校生人数，并尽量让每年的招生人数逐年递增。这不仅需要学校的政策倾斜和资金投入，更需要学校扩招。打个比方来说，两所职业学校都想参加一项关于汽车整形的技能竞赛，其中一所职业学校汽车专业的学生有 100 人，那么除去一年级新生之外，这所学校只能在 70 名左右的学生中选拔参赛学生；另一所职业学校有 1600 名汽车专业学生，那么这所职业学校按照同样比例就可以从约 1000 名学生中选拔参赛学生。简单地对比一下就可以知道，哪所职业学校更有希望取得好的竞赛成绩。

所以，职业学校对待技能竞赛的态度就如同高中学校对待高考的态度，可以说，一所职业学校的校园建设的再好、占地面积再大、宣传的再天花乱坠，如果缺少了技能竞赛的成绩作为佐证，就不能表示这是一所合格的职业学校。因为脱离了技能学习的职业学校已经脱离了职业教育的初心，丢失了职业学校应尽的社会责任，这样一所职业学校又怎么能让人放心呢？

**提　示**

如果学生、家长已经对某个专业有了报名意向，不妨先去查看一下那个专业的技能竞赛获奖情况。对比两个学校或各自专业的强弱也可以使用同样的办法。

## 三、“假”技能竞赛的“障眼法”

随着国家推进发展现代职业教育的政策力度不断加大，各地区职业学校在近几年呈现蓬勃发展的态势，但也不乏一些滥竽充数的新建职业学校利用政府提供的优厚办学政策盲目建校，通过夸大宣传的方式骗取学生报名，并利用招生谋取私利。

对没有经验的初三学生和家长来说，还真得难以区分。这些职业学校经常通过各种方式对自己进行包装，正是因为技能竞赛的获奖情况是评价一所职业学校的重要依据，才总有些没资格参加技能竞赛的职业学校“创造”一些看似高端的竞赛成绩出来装点门面，让准备选择职业学校的学生、家长们真假难辨，下面我带大家看看这些竞赛成绩是如何产生的，又如何分辨这些夸大的竞赛成绩。

### （一）为营销实训器材举办的“技能竞赛”

很多职业学校由于各方面实力不够，没法获得良好的技能竞赛成绩，而同时，由于职业教育的蓬勃发展，为本来乏力的实训器材市场注入了一针强心剂，其中一些企业就动起了“小心思”，通过其他渠道举办一些所谓的技能竞赛。这种技能竞赛的初衷就是销售主办企业的实训器材，竞赛的各个环节都围绕其实训器材来设立，没有使用过这种实训器材的学生自然不可能获得好成绩。相反如果购买了这种实训器材，成绩就会“突飞猛进”。

这样的职业技能竞赛丧失了比赛的初衷，也起不到任何竞赛效果，唯一的作用就是成为“获奖”参赛学校口中大肆吹捧的“省赛如何”“国赛获奖”等广泛宣扬的所谓“成就”，让很多初三学生、家长迷惑其中，自以为找到一所实力雄厚的职业学校。

### （二）“买”来的竞赛成绩

当然，一些条件更差的职业学校还有更简单的方式，随着现代生活节奏的日益加快，这些职业学校不仅让学生在校体验了一次“快餐教育”（一些职业学校为了更快牟利，让学生在校学习半年左右时间后直接“卖”到一些小企业做实习工，没有工资不说，还谎称已经完成了就业合同，让很多学生、家长有苦说不出），连技能竞赛成绩也靠“快餐”，这种方式就是“买”。由于需要进行招生咨询，我的 QQ、微信和邮箱都是公开的，经常收到这样的“快餐式竞赛”的邀请函，邀请函大意是邀请职业学校一批教师某时到某地以参赛为名义参观（实际上是旅游），旅游路线、旅游地点介绍极其详尽，俨然是一个为用户思虑全面的旅游攻略，但关于技能竞赛的内容不及其中的十分之一。而“参赛”的条件就一个：交参赛费，有的直接明码标价，一等奖多少、二等奖多少，甚至连续三年报名可以打折等……但这样的“技能竞赛”能做什么呢？想必大家心里自然有数。正是因为有这种配合夸大宣传的企业存在，在他们获取了大笔“参赛费”的同时，也扰乱了正常的招生市场，让一些办学实力不足，甚至滥竽充数的职业学校长期混迹在招生市场之中。

### （三）“莫须有”的竞赛成绩

除了上述两种弄虚作假的“技能竞赛成绩”，更有一些新成立的职业学校直接捏造“莫须有”的竞赛成绩。有一次在黑龙江伊春进行招生宣传时，在一所初中学校附近见到这样一幕：

在一个学校必经之路的路口，几个年轻人在一个太阳伞下，以免费发放矿泉水的方式连带着给路过的学生家长发放招生简章，出于好奇我也站在旁边听了一会儿，其中一个人眉飞色舞地向家长们介绍着，某职业学校虽然是去年刚成立的，但引进的是美国的先进教育方法，当年就获得了国家某技能竞赛大奖，未来还要代表国家冲击国际竞赛大奖等。我随口就问了一句：你们是哪年成立的？那人回答：2015 年 3 月（当时是 2016 年 5 月左右）。我又问：你刚才说的那个大奖是什么时候获得的？那人又随口回答：9 月啊。我只能苦笑着说，这位老师，你知不知道技能竞赛分三层晋级，每个级别比赛之间怎么也有两个月间隔期，这么算下来如果去掉暑假的话，你们学校的学生基本上入学一个月就可以参加比赛，能说说你们这一个月都教什么了吗？那名“老师”当时语塞，开始支支吾吾地顾左右而言他。

这件事我亲自经历过，相信很多学生、家长在未来也会遇到类似情况，作为一名从事招生工作多年的老师，我并不抵触新成立的职业学校，相反我从他们身上也了解到很多新知识、新观念。但确实也有一些职业学校在没有具备一定办学实力的条件，就开始展开“急功近利”的宣传工作，一切以招到学生为中心，严重破坏了职业教育在社会中的形象，对于这样的情况，学生、家长们还是要多考察、多考证，不能只听一家之言，切忌盲目选择。

## 排查办法

一所职业学校无论通过何种方式参与何种等级的技能竞赛获得了何种级别的奖项，都会在相应的政府部门或地方组织的官方网站上进行公布，所以要确认这些技能竞赛的奖项是否真实，我们可以通过奖项本身进行查询。比如：某一职业学校宣称获得了“全国职业院校技能大赛”中的“神州数码”杯信息安全技术应用赛项二等奖。

第一步：我们可以直接百度搜索关键词“全国职业院校技能大赛”获得赛事相关信息。经过查询后，我们可以获知：主办方是教育部、承办方是教育部职业教育与成人教育司、协办方是神州数码网络有限公司。

第二步：登录教育部职业教育与成人教育网站，并根据赛事的举办时间进行查询，相关信息应该非常详尽，如果仍然查询不到，作为一次重要的国家赛事，那么，这所学校所属的省教育厅网站也会予以报道，可以再次根据赛事时间进行排查。

需要注意的是，在查询过程中，尽量挑选政府部门的官方网站进行查询，这样才能获得准确的赛事信息。而且，如果赛事信息与学校宣称的信息不符，那么单从这一点上就可以判定这所职业学校一定有问题。

图1-7　幸福的职教学生

# 第四节　判断一所职业学校的软实力

幸福的职业教育,不仅要教会学生专业技能,更要传承与之相配的职业素养,确立健康、阳光的生活和工作态度。一所幸福的职业学校应该在帮助学生走上工作岗位的同时,也为学生打开通往幸福人生的大门。

然而,这些职业素养的建立,单靠课堂授课的话,对于有些厌倦课堂教学,习惯于实践教学的职业学校学生们来说显然是远远不够的。这些健康的职业素养需要一所职业学校整体环境的长期熏陶、授课教师的身体力行和潜移默化的思想引导,从而通过多种方面、多种渠道对学生的心理产生影响,并最终达到教育目的。当然,由于各个学校的办学理念差异,这种影响有强弱之分,对学生的影响可以是正面的,自然也可能是负面的,那么我们应该怎样去分辨呢?本节将告诉您,当你身处一所职业学校的校园之内,应该怎样去感受这所学校的软实力。

## 一、走进教室,观察学习状态

教室是所有课堂教学过程中教授专业技能的主要场所,当然,对于职业学校来说,教室的概念中还包括实训场地,所以大家在参观一所职业学校时,对教室的参观是必不可少的一个环节。而这一小节的题目之所以定位于“走近”而不是“走进”是要说明两个问题:

### (一)教室内外的玄机

第一个问题要说的是学习状态不仅表现在教室的日常教学当中,更表现在课间休息之时。观察上课时是否有学生玩手机、睡觉、发呆等情况,确实可以从一定程度上发现一所学校在校学生的学习状态和管理水平,但依照我多年的经验,在上下课的一瞬间才更能说明问题。

我们先从课堂纪律的好坏说起,一些人的印象中,职业学校的课堂纪律应该是不理想的,老师讲老师的,学生做学生的这样的情况应该很常见。为什么呢?这就要从职业教育和基础教育的巨大区别说起了,众所周知,职业学校里的学生大部分是中考的落榜生,看着从前的同学都考入高中,而自己却只能去职业学校,从入学开始就对职业学校有巨大的心理落差。由于文化基础较差,学生对单纯的书本教学有很大的抵触,所以,凡是负责任的职业学校为了应对这种情况都是尽量避免单纯的书本教学,即使有些课程要在教室内完成也尽量让教学内容实用化、教学语言口语化,从而让学生更容易接受。在这样的情况下,学生通常会保持良好的课堂秩序，溜号的现象比较少见。但如果是一所没有充分应对方案的学校呢？本来文化基础就有欠缺的学生，到了这所职业学校以后，发现上课方式和初中学校没有任何区别，那么首先就丧失了学习的兴趣，久而久之，逃课逃学、玩游戏、玩手机就自然而然地成为教室里的常态，两相对比大家自然知道孰优孰劣，归根到底取决于一所职业学校是否真的把“幸福教育”理解透彻，并将学生在职业学校中的“幸福体验”作为职业教育改革的一个方向，以及各种配套措施是否到位。

可以说，课堂秩序的好坏能确定一所职业学校的课堂是否有吸引力，一所职业学校的教育态度是否端正。

接下来我们接着说课下的纪律。通常情况下，在普通人的印象里职业学校的学生每到下课铃一响，学生们就应该大呼小叫地跑出教室。可如果看到下课时，学生全体起立集体行礼并齐声喊老师“辛苦了”，然后等老师走出教室后才自由活动，大家会不会眼前一亮？为什么会这样呢？本来印象中玩世不恭的孩子也能教育成这样？很多人不相信，但这却是事实，重点就在于规矩的养成。养成一个习惯只需要 15 天，而保持一个习惯可以持续一辈子，这就是养成教育的魅力所在，从入学之日起建立的规矩，只要持之以恒就能长期保持下去。以点窥面，其他的行为举止、语言习惯、价值取向也可以通过养成教育逐渐予以规范。因为，无论通过何种方式，在授课过程中及时发现问题、制定计划、解决问题的能力，本就是评定一所职业学校是否认真对待学生的重要标准。

所以，对课下纪律的观察也可以用来衡量一所职业学校是否具有长期稳定的执行力，授课教师是否具有深植教育的观察力。

**（二）文明参观、做好榜样**

第二个问题是家长们在参观、考察学校时也应注意，不要对学校的正常教学秩序产生影响，很多家长在参观学校时都会向我提出参观教室的要求，如果是空闲教室当然是可以的，演示教学器材，参观教室内陈设，查看饮水机、充电箱等设备也在情理之中。但有些家长贸然闯入学校正在上课的教室内要求旁听就不能理解了，这样既扰乱了正常的课堂秩序，打断了授课进度，也是对在场教师和学生的不尊重。

更为严重的是，一些家长要参观学校宿舍，因为学校宿舍不对外开放，一部分家长就偷偷潜入，被发现后还以各种理由诋毁学校。我能理解家长想全面了解学校的心情，可宿舍是学生的私人空间，没有特殊情况，外人是不能参观的，希望家长们予以理解。

所以，在没有校方许可的情况下随便出入教室和学生宿舍是非常不礼貌的行为，相信各位家长也不希望自己的孩子在正常上课的过程中被突然闯入的陌生人打乱了授课进度。另外，也请各位家长在参观学校期间不要在校园内吸烟、乱扔垃圾。正如前文所说，好习惯是养成的，坏的习惯也是如此，保持一个卫生、健康的校园环境是学校付出了很大努力换取的，请不要让学校的学生对自己的好习惯产生怀疑，也请各位家长为自己的孩子做一个好的榜样。

### 注意事项

这里需要申明的是，学生不是学校的财产、更不是动物园里的动物，也不是参观学校时的陪衬品，相反，他们是学校的主人，是国家、民族未来发展的希望，保护他们在校期间的学习和生活不受外界人为因素干扰是职业学校义不容辞的义务。在参观职业学校的过程中，请尊重在校学生的受教育权利和个人隐私，需要参观和考察的是课堂内外的学生状态，而非每节课的具体内容。

图 1-8　学生上激光加工课

## 二、驻足校园，体验课余生活

学生在职业学校里的学习压力不大，相较初中或高中而言，职业学校的学生有更多的课余时间，而如何引导学生合理安排课余活动，可以体现出一所职业学校的教育体系是否健全。我们可以在校园内通过各种细节发现其中的端倪，从而对参观的职业学校有一个更全面的评价。

### （一）运动设施

一所学校的运动设施通常包括篮球场、足球场、排球场等，有条件的学校还建有独立的室内运动场馆。而由于大部分职业学校目前还没有体育特长相关考试的需求，所以很多人认为运动设施对职业学校是可有可无的，更有一些职业学校也按照这种思想建设校园,除了象征性的几样简易运动器材以外再无其他,很多家长也把运动设施当成次要条件,对其视而不见。

其实这种观点是极其片面的,作为幸福教育的一种体现,职业教育更应该将教学思考延伸至学生在校期间学习和生活的方方面面。就拿运动设施的设置来说,学生入学年龄普遍保持在 15 周岁左右,大部分处于青春期,心理发育不成熟,容易浮躁、多动,正是需要大量运动以便释放青春活力、缓解内心压力的关键时期。合理的设置运动设施是最简单,也是最实用的办法,所以单从运动设施是否齐全、安全有效上也能看出职业学校在办学思想上是否考虑周全,真正为学生所想,为学生的健康发育、幸福成长创造条件,也能真实地体现一所职业学校的综合实力。

**(二)社团活动**

为了丰富学生的课余生活,引领学生建立健康的生活理念,很多职业学校都会倡议学生们自发地组建兴趣社团,学生在入学后可以根据自己的兴趣爱好选择一个或几个兴趣社团参与活动,比如:轮滑社团、跆拳道社团、篮球社团、环保社团、茶艺社团、摄影摄像社团等。

很多人觉得学生现在的“任务”就是学习,那就过于片面了。丰富的课余生活才能让学生体验学校的“幸福教育”,在一个让人愉悦的氛围中生活、学习,才能让学生提升学习的兴趣。而且,在一届又一届学生的不断积累中,也诞生了很多有着厚重历史传承的兴趣社团。

我在上海考察的一所职业学校就有这样的兴趣社团,这所职业学校考虑将创新教育由课堂教学转为兴趣引导,通过专业教师辅导和教学资金支持的方式,建立了“机器人科技社团”,每年都吸引大量新生踊跃报名,经过几年时间和几代学生的不断探索钻研和经验积累,在“玩”的过程中也获得了很多相关比赛的奖项。比如,在 2017 年,“机器人科技社团”中挑选出的参赛团队在“世界机器人大赛——Robo Com 青少年挑战赛”中获得二等奖。可以看出的是,用兴趣爱好引导学生的学习和生活是可行的,也许很多家长对这种以“玩”为主的活动不以为然,但不可否认的是无论社团活动的内容对未来的职业生涯是否能够起到直接影响,至少学生在校期间的生活时间没有被白白浪费在玩游戏、早恋、打架上,更可以通过兴趣爱好找到很多志同道合的朋友,也可以通过参加兴趣社调动学生对相关专业知识学习的积极性、职业选择方面的兴趣点,促进建设和谐的校园环境。

**(三)学校活动**

为了帮助学生积极树立健康的生活态度、积极参加有益的课余活动,学校也会组织一些校内活动来丰富学生在校期间的生活,比如歌唱比赛、篮球赛等也是充分调动学生积极性、避免学生沉迷游戏等负面生活状态的有效方法。作为对课堂教学的有效补充,实力强的职业学校会开办“专家进课堂”方面的讲座,如长春职业技术学校长期组织的“企业专家大讲堂”“技师上讲台”等活动,就非常受学生欢迎,学生一方面可以扩展对未来职业岗位的认知面,另一方面通过企业、行业专家的亲自授课,对本专业的未来发展、需求的专业技能也能有更深层次的认识,对学生接下来的在校学习起到了很大的推动作用。一些有条件的职业学校还会组织学生到本专业毕业生就业满意率较高的一些企业去参观。这些企业通常是不对外开放的,所以能够组织这类活动的职业学校其办学实力和就业实力就可想而知了。

另外,学校每年的运动会也是对学校实力的最好体现,学校的组织能力、协调能力、基础设施可以通过运动会进行彻底展现。需要提示的是一些没有实力的职业学校是没有运动会这一项活动的,在被询问时通常会含混带过,或避重就轻,请大家一定提防。

## 参考意见

第一,由于时间限制,一般职业学校的主要课余时间通常在每天的下午三点以后,无法确保在这一时间到校(四点半左右学校教师会下班,也就不再接待家长参观学校了),那么可以提前和校方联系在周末前往参观,对于体验课余生活来说,感受会更加全面。

图1-9 学校红旗接力赛

第二,学生活动毕竟不是每时每刻都能看到的,如果时间不允许的话,在校园内的信息墙或信息公示栏通常会有这些信息的相关线索:比如学生社团的活动公示或招新广告、学校各类活动的相关方案等,这些信息都是在这里公示的,另外,学生的活动也是学校主页需要对外发布的内容之一，有需要的家长可以自行查看。

## 三、倾听周围，感受人文环境

作为职业学校办学理念的主要表现形式和校园文化的延伸，一所学校的人文环境可以作为衡量其综合实力的一个重要标准。但这种无形的软实力应该如何去发现，又如何去衡量呢？本小节将以此为出发点，从细节出发感触一所职业学校的人文环境。

### （一）读取师生语言中的信息

在参观一所职业学校时，很容易被忽视的应该就是学生、老师在交谈时所用的语言了，这些语言常常会被参观学校的学生、家长们不自觉的忽视，或者被陪同参观的招生教师的讲解所掩盖，但我一直认为从这些随意听到的只言片语中才能切实地了解一所职业学校的人文环境。

首先，我们可以从这些语言中知道一所职业学校的思想状态。学生的思想状态是可以在周围环境中发生微妙转变的，这种转变有正面的也有负面的，就像一片水清沙白的海滩上谁也不好意思扔垃圾，但一片满是污迹肮脏的海滩上大多数人认为这里这么脏也不缺我手里这点垃圾。道理其实是一样的，如果一所职业学校的学生在校园内谈论的是手机游戏、抽烟喝酒，另一所职业学校的学生谈论的是社团活动、技能竞赛，那么这两所学校的人文环境孰优孰劣自然很好比较。

其次，我们可以通过这些语言中获得一所职业学校渗透出的幸福感。通过与校园内随机找到的学生或老师简单交谈，问问他们对自己学校的看法就能初步得到一所学校的整体印象，因为作为学校的主体，老师和学生的意见一定是非常客观的，或许他们对专业前景、学校发展没有一个宏观的、系统的认识，但言语中对学校的各种好或不好的评价，是长时间在学校的亲身感触后获得的，推荐家长们予以借鉴。

最后，我们可以从这些语言中感受到一所职业学校内在的行为规范。个别人眼里，职业学校的学生没有文化素养可言，但我觉得无论学生走进校门时是什么状态，都是可以对其行为进行引导的，在我眼里学生没有好与坏，只是因为某种原因潜力没有被完全发掘出来而已，从学生的个人日常行为上来说，很多学生因为前段教育对行为教育方面的欠缺，在行为方式上距离很多家长眼中的“好学生”标准相差很远。但对于职业学校来说，规范学生的日常行为也是职业教育的一项重要任务。

近些年来，很多职业学校在规范学生行为的工作中都做出了有效的探索，这里所说的行为规范，不仅仅只限定于学校的管理条例，更多的是对学生人格的培养，主要表现在学生的日常用语、行为举止上，一些职业学校通过一些细节教育来培养和规范学生在入学后的行为。比如：长春职业技术学校在幸福职教体系建设中打造规矩教育的一些措施：养成师生间日常打招呼的习惯，逐渐让学生和教师在课堂之外也能建立融洽的关系。教育就是通过持之以恒的习惯培养，让学生保持一个健康、阳光的人格，可以为今后的职业生涯打下良好的基础。

**（二）读取食堂里的信息**

职业学校都有学生食堂，用来解决学生的在校用餐问题，很多家长在参观学校时往往只关注食堂的外表、大小等外观，从一所职业学校的食堂中其实也可以发现很多平时被人忽视的问题：

（1）食堂的就餐纪律：在一所管理严格、机制完善的职业学校中，学生的行为举止应该有系统的规范，就餐时是排队就餐还是一窝蜂地互相拥挤，可以看出一所学校的管理水平是否到位，教育手段是否切实有效。

（2）食堂的就餐环境：无论是公办职业学校还是民办职业学校，从食堂的卫生环境、消防通道的开通、消防防火设施布置用餐桌椅的摆放秩序、室内文化设计这些细节可以体现一所职业学校在管理制度、监督监管上是否用心，在肮脏、杂乱的环境中完成每一天的就餐，相信很多学生、家长都不会满意。

（3）食堂的规模：一所职业学校的食堂规模可以直接体现这所学校的生源规模，一所优质的职业学校会有更多的学生报考是不争的事实，而条件较差的职业学校无论如何吹嘘其自身有多少学生、每年招生多少、规模多大，食堂的规模上是没办法作假的。

**（三）读取角落里的信息**

一些家长在参观学校的过程中，顺着招生咨询老师的思路走，往往会在一路的讲解和交谈中忽略很多眼前的问题。

（1）走廊环境：很多家长在参观学校教室的时候都会不自觉的忽略走廊环境，其实一所职业学校的走廊也是学校管理手段、思想教育、行为教育的重要参考依据。走廊中的各种标语、宣传画、海报等都是体现学校内在的各种关键信息。另外，楼道内的卫生、暖气后是否有杂物，窗台的灰尘、窗帘的布置等都可以看出学校的整体管理水平、监管水平。

（2）楼梯环境：有些学校的楼梯只是提供上下楼功能，而确有些职业学校在用心建设学校的每一个细节，比如长春职业技术学校，在楼梯中间设置的分割条，划分出上下楼的各自区域；楼梯间隔处的文化类小常识，利用每一处学校空间发挥教育功能；楼梯、墙面布置学校历史或行业榜样，让学生持续地在耳濡目染中了解相关信息，能够让学生在这种温馨幸福的环境中学习和生活，在校园内的每一个细微之处感受知识的熏陶，相信家长们也会更放心。

(3)厕所环境：可能有的家长会觉得厕所这么隐私的地方还是不要去看的好，厕所还真的有很多秘密在其他地方看不到。比如：一些学生在初中就有吸烟的习惯，没有监管和严控这种习惯可能会无意间感染到其他学生，但是校园内通常是有监控的，那么，就只能去厕所了，所以，厕所里的烟头或者正在吸烟的学生就可以说明问题了。再比如：一所具有成熟管理经验的职业学校对校园卫生的维护，对清洁工的管控、打扫时间和频率都是有严格要求的，那么，如果不是特殊天气原因的话，厕所就不应该存在严重的卫生问题，至少应该没有异味，更不应该垃圾遍地。

## 参考意见

如果前往参观一所职业学校，大多数情况下是有学校老师陪同的，参观路线大多都是固定的，为避免有特意安排的嫌疑，大家可以用各种理由打乱参观流程，比如参观时间可以选在早操时间，或者临近午休时间，这个时间的学生情绪比较躁动，更容易发现问题，或者通过重复参观某一场地、教室的方式，对某一场景重新考察，如果是提前安排好用来应付参观需求的，就很难发现问题，但一定是在不影响正常教学或学生隐私的情况下参观。

图 1-10　校园一角

# 第五节 常见的择校“陷阱”

当今社会里，纷杂的信息充斥在各种媒体里，找到想要的信息不难，但信息的可信度如何，就需要科学的分辨了，对于没有这方面经验的人如何去分辨在择校时获得信息的真假，这些信息里有多少掺水的成分呢？本节将从家长们获取学校信息的主要渠道入手，为大家分析在择校问题上常见的误区。

## 一、网络上的择校“陷阱”

我们现在是独生子女的时代，在选择职业学校的时候通常只有一次机会，一些家长对职业教育没有一个清楚的概念，也不清楚职业学校应该是个什么样子，至于怎样授课、课程内容、教学方式、就业待遇等细节更是一头雾水，所以在为孩子找职业学校之前总要在网络上先搜索一下。一些职业学校正是利用这一点，为了能招到学生和多招学生，有计划、有目的地设置一些“陷阱”。这些隐藏在华丽包装后的“陷阱”主要包括下面几种：

### （一）花哨广告吸引眼球

一些职业学校没有可观的办学规模、齐备的教学设施、科学的培养体系，却有一颗“投机取巧”的心。为了学校能够维持生存，通过在搜索引擎上进行竞价排名来达到混淆视听、蒙混过关的目的，很多人往往被搜索出来的前几条信息吸引，从而点击查看。在这里需要向大家解释一下，搜索引擎是存在广告位的，这些广告位依照关键词进行匹配，按关键词竞价高低排列位置和学校本身的规模、办学实力等因素没有任何关系，所以请各位家长不要只根据广告位的先后判定学校的好坏。

当然，也有一些学校通过搜索痕迹推送广告、网盟推送广告、分类网站等其他网络营销模式，营造网络环境中的高大形象，但无论如何这些虚拟的形象是经不起考证的，只要明确实地考察、眼见为实这一原则，所有的夸大宣传都将不攻自破。

### （二）冒用校名偷梁换柱

一些学校在网络推广过程中，恶意使用其他学校的校名作为关键词，这样学生、家长在网上搜索某一学校时，显示的却是另一所学校，如果粗心的话就会被其误导。需要说明的是一所职业学校的全称是不会改变的，比如网络搜索“××职业技术学校”，如果展现出来的是××职业学校、××技术学校、××汽车职业学校等，绝对不是你想要查找的结果。所以请各位家长擦亮双眼，仔细审查，核对学校全称后点击查看，不要被其他搜索结果的学校所误导。

而另有一些学校通过建设分页面跳转、弹出广告等方式将自己的网站通过其他知名职业学校的名义进行宣传，但点击搜索结果后跳转到他们自己的页面，这种通过技术欺骗学生、家长的手段更为隐蔽，并很容易造成误认，需要大家在每次页面跳转的时候，查看网页地址是否发生转变，学校名称是否发生变更。

#### （三）凭空捏造办学实力

一些职业学校的网站上会出现一些“不存在”的信息，比如实践场地、教学设施、运动设施等，用来扩大其综合实力，达到鱼目混珠的目的，其实这些信息也很好区分：对于可疑照片，目前的搜索引擎大多已经开放了图片搜索，家长们只需要将认为有疑问的照片下载到电脑或手机中，再通过图片搜索功能查询类似图片就可以知道这些图片是不是从其他学校的网站上“借鉴”来的了。而对于可疑的文字信息也可以如法炮制，通过复制其中的任意一段话在搜索引擎上进行检索，如果另有出处而且刊登时间更早，则必定是抄袭。剽窃、盗用其他学校的信息转为己用是不道德而且违法的，所以，具有这种特点的职业学校一定要慎重考虑。

#### 解决方法

网络中要查找真实信息其实没有多复杂，百度百科、门户网站的新闻（腾讯、凤凰、新浪、网易等）都可以得到更真实的信息，再比如在学校所在省的教育厅网站，利用站内搜索学校全称来查找过去几年的信息等，都是不错的办法。当然这些信息有正面的也有负面的，家长们可以自己衡量。

## 二、学校周边的择校“陷阱”

除了通过来自网络的信息来了解职业学校外，在学生所在的初中学校及其附近，在每年的职业学校招生旺季也会获得很多相关信息，这些信息往往是更直接的，也更容易让人印象深刻，当然，这些“陷阱”的威胁也很大。

随着招生压力的不断增大，现在有很多职业学校在招生方式和招生手段上动起了“歪脑筋”，将招生与某些人的利益相连接，或者利用重新包装的词汇来浑水摸鱼，造成了招生市场的不正常竞争，也让学生和家长产生了对职业学校的不信任。其实，只要大家认清了其中的关键信息就可以避免踏入这些“陷阱”。

#### （一）个别人的“热情”推荐

很多职业学校由于其各种办学条件没有优势，在招生市场中竞争力很低，学校规模的扩大和自身发展一直备受影响。为了摆脱这种困境，其中一些职业学校开始搞暗箱操作：它们直接抓住生源的源头节点——毕业班老师，将招生变成“生意”,以物质引诱为代价让一些人为其招生。很多家长们不明就里,如果正在为难之际能有“资深”的老师站出来为孩子推荐一所“名校”就读,当然是求之不得的事了,所以在毕业时往往会听取个别老师的“细心”推荐,不自觉地成为他们利益链条上的一环。

我们欢迎初中老师们为学生推荐优质的职业学校,为学生解决学习或生活上的困难是一名人民教师的责任和义务,但一旦掺杂了利益在里面,本来的“传道、授业、解惑”就变了味道。为了孩子的未来考虑,希望家长们可以尽可能地通过多方调查得到切实的结果后再选择职业学校。

**(二)天花乱坠的路边“广告”**

每到一年的中考前夕,很多初中学校必经之路的路口墙壁、电线杆甚至超市橱窗、柜台显著位置都会突然出现一些关于“某职业学校火热招生”的广告,更有一些职业学校直接在初中附近设立固定招生地点,每天为初中学生、家长发放招生简章或相关材料。这其中不乏一些颇具实力的职业学校,当然也有一些滥竽充数的,从广告内容的描述上确实很难区分,但从广告展现的位置上至少可以排除掉一部分,一些墙壁、电线杆甚至地砖上的广告一定要记住名字,因为这些是一定要排除的学校,原因很简单,一所负责任的职业学校行事风格也一定是负责任的,这些影响市政形象的广告展示方式,一定不是一所负责的职业学校能够允许的。

那么剩下的学校又如何比较呢?单纯地将两所职业学校进行对比是非常难的,但可以通过一些手段进行衡量,如果细心观察会发现学校之间说法的不同,家长可以向两所职业学校分别咨询,通过咨询专业程度对学校做出衡量,也可以通过不同的讲解过程对各个学校有一个整体认识。

比如:一所职业学校声称其设有三年制大专班,招收应往届初中生,另一所职业学校设有3+2大专(高职)班学制五年,仅招收应届初中生,一般人看来都是大专班怎么还不一样呢?不妨分别向两所学校打电话咨询,要注意的是顺便问一下另一所职业学校大专班的情况,以及区别在哪儿。正常来说,针对初中毕业生阶段全日制的高职/大专大致分为两种:一种是在教育主管部门下开设的“3+2”(3+3)衔接高职、“3+2”高职、五年一贯制等模式,学制为5年,面向应届中考考生招生,毕业证为全日制统招高职/大专毕业证;另一种是社会上常见的成考、自考,学生在职业学校就读三年,除了中专毕业证外还能获得成考、自考毕业证。两种高职/大专的方式都是社会承认的,但单从含金量来说全日制统招自然更好,当然,就读条件也相对苛刻,孰优孰劣家长们可以根据需要自己衡量。

所以,只有通过对一些细节问题的详细咨询才能获知这些学校在办学、管理、教学方面存在的差异，家长们可以根据自己的需要选择其中更适合自己的一所职业学校。

**(三)阴影里的“扫码有礼”**

有些职业学校招生时会根据一部分家长“好奇”的心理，以扫码送礼的形式获得家长的手机信息，奖品可能是一瓶水、一个购物袋、一个笔记本等，需要付出的就是拿出手机扫一下二维码。随着现在科技的发展，很多智能设备已经普及，随之而来的安全问题却没有得到充分的重视，很多家长不知道那个所谓的二维码可能是一所学校的微信平台、招生老师的微信或QQ、也可能是某个非法程序，如果是前两项，不定期的询问学生是否选好了学校、选了什么专业的消息会随之而来，如果觉得被打扰删掉就好。但如果是后一种呢？个人信息可能会被外泄，手机里的通讯录、QQ里的联系人、朋友圈的亲戚朋友都可能会因为一个二维码而被别人获取，不定期的以你的名义为这些人发送招生信息。更可怕的是，一旦招生季过后，这些信息可能被再次转卖他人，带来意想不到的危害。

**解决方法**

无论采取何种方式引导学生、家长报名，伪装出来的强大总会心虚。所以，通常有引导性的广告宣传都会有意无意地避免大家去参观学校，而是采用提前交定金享受学费优惠或者让家长们再介绍其他生源获得其他优厚条件，归根结底都是要稳定学生，避免夸大信息被揭穿，所以家长们当然不能跟着这种思路走，一定要多走几所学校才能做到心中有数。

图1-11　学校理实一体教学

## 三、常见的承诺“陷阱”

在与一所职业学校的招生教师咨询时，问答涉及学校的方方面面，也会面临各种各样的承诺，比如承诺多长时间内拿毕业证，多长时间内上班，毕业后一定可以到某地就业等。从专业角度而言，除非是有确定的政府政策或者合作合同，否则像这样回答问题是很容易误导人的。当然，确实有很多家长“就吃这一套”，一旦没有得到肯定的承诺就不踏实，现实是这样吗？下面我就拿目前三个最常见承诺“陷阱”为例，和大家一起看看这些承诺为什么不能信？

### (一)你选择的职业学校一定是“学校”吗？

在为孩子找职业学校的时候，经常有人会听到有这样的学校，交三年学费，培训几个月就可以到某某企业上班，真的有这么好的事？真有这样的学校吗？这个很难回答，因为这本身就是个伪命题。

首先，培训几个月就上岗，这种事情是存在的，一些着急用人的不正规小微企业会委派一些学校为其招生，经过几个月短期培训并简单掌握岗位所需的基本技能后就可以上岗了，当然，这种岗位通常也都是短期的，即使签订了长期合同也会因为专业性不强，工资待遇方面比其他员工低一些。而且，如果没有刻意去报考某项考试的话，是没有任何学历证书或技能证的。

我们再回到问题本身，这类消息里最容易被忽视的问题——这些所谓的给予各种优厚承诺的地方真的是“学校”吗？对于职业学校来说大致可以分为两类：

(1)公办学校：政府办学(隶属教育局)、行业办学(隶属于水利局、财政局等政府部门)；

(2)民办学校：企业办学(隶属于某家企业或集团)、私人办学(私人注资，私人管理)。

然而，通常散发诸如“交三年学费，培训几个月就可以到某企业上班还能拿大学毕业证”这类消息的通常不属于上述任何一类，而是职业教育的另一种组成形式——教育培训机构(这类单位名称中都包含“培训”两个字)，简单来说就是某教育集团、某教育有限公司，这种教育机构通常没有固定的培训地点，更不用说校舍和师资了，在接到培训任务的时候通常会租用其他职业学校的教室和实训设备，聘用其他职业学校的老师，培训工作结束后机构与学校再无关系。

所以，我经常听到一些培训机构将招收的学生送到某企业上岗后拖欠工资，学生找培训机构索赔无果，就去职业学校闹事的新闻。其实出租场地的职业学校是无辜的，他与培训机构之间只是短期的租赁关系，合同结束后双方就没有纠葛了，问题主要出在对外宣扬是“学校”的培训机构身上：有些培训机构刻意地制造概念误区，含混的让学生们以为租借来的场地、设备、师资就是所谓“学校”的，而出了问题才知道他们报名的“学校”根本连学校都不是。

所有违背常理的广告都应该深思，所有看似美妙的远景背后都有可能是陷阱，看到这类宣传一定要慎重考虑，切勿上当受骗。

**（二）“包就业”能“包”到什么程度？**

“包就业”这个词不知道是从什么时间开始流行的，以至于现在几乎每个给我打电话咨询的家长都要问一句：你们学校“包就业”吗？说到这里，我们先要了解一个概念，包就业是什么？很多人理解就是毕业后学校给毕业生安排工作。如果只是这样的话，绝大部分职业学校都可以说自己是“包就业”的，那为什么还有人这么问呢？这就涉及法律层面的问题了，我国广告法中绝对化用语是不能使用的，所以从前随处可见的“包就业”标语不见了，让很多家长放心不下，当然需要问一下了。

其实，就业是职业教育最重视的工作，一所健康发展的职业学校让学生完成就业是没有问题的。那么现在越来越关注的“包就业”到底是怎么回事呢？需要注意什么呢？

第一，通常宣称“包就业”的职业学校会和学生签订就业合同（一般是民办学校，公办学校有为学生推荐工作的义务，所以和学生签就业合同就显得多此一举），那么就需要注意签订合同的责任人是谁，也就是谁和你签订了就业合同，是学校还是某个企业，如果合同中没有体现学校的责任和违约赔偿方式，则合同毫无意义。

第二，合同的有效期，如果合同的有效期是到学生毕业时，如果学生对学校安置的岗位不满意呢？企业拖欠工资呢？希望重新安置呢？这些基础的就业要求都得不到保障，这份合同也就没有什么意义了。

第三，履行合同的义务，签订合同之前一定要认真阅读合同关于安置就业的校方义务条款，明确校方承担哪些义务，在什么情况下校方会合法拒绝履行合同。

第四，要认真阅读并理解学生或家长应尽的义务，如学杂费缴纳、学生违纪行为处理等都可能影响合同的履行。

第五，不能听取校方的一面之词，无数的惨痛经验证明，签合同不能只听对方的解释，所有不明确的条款都需要额外再出一份补充条款并由双方签字盖章。

了解了就业合同的注意事项，还要进一步强调一下“包就业”这个词是不会出现在合同中的，所以经常会以其他近义词代替，本来也没什么问题，但有一些学校确实钻了这个漏洞，比如把合同名称定为“某学校协助学生就业合同”，协助这个词的意思就是帮助，没有强迫履行责任的意义，如果整份合同都围绕协助这个关键词展开，那么这份合同也就没有任何意义。

另外需要注意的是，很多学校将合同只作为其招生的卖点，在履行合同时要收取一笔就业安置费，然后随意找一些企业充数，学生不同意就等几个月再调换另一个同样类型的企业，总之拖到合同有效期结束，这样学校方面不用负任何责任，但学生却实实在在地蒙受了损失。

所以，我更建议家长们选择公办学校和负责任的民办学校去就读，公办职业学校通常是免学费的，而且可以享受其他助学政策，同时就业方面都是无条件调换，就业时也不会收取其他费用，既减少经济压力，又就业有保障，最关键的是省心、放心。

**（三）不用考试就能拿的“大专证”靠谱吗？**

经常能看到这样的广告：某大学本科招生，初中生读 X 年发大学本科毕业证。那其他通过高考招生的本科、高职院校，还有职业学校动辄五年甚至七年的合作本科、大专还有存在的意义吗？我来说说经常会被灌输的大学毕业证（这里包括本科、大专和高职）问题，很多家长都希望孩子未来能上大学，能有个大学毕业证，无论是未来找工作，还是未来升职都能用得上。但我要提醒这类家长，没有天上掉馅饼的好事，如果大学毕业证这么好“弄”，怎么会有那么多人去参加高考？那么这些被承诺的大学毕业证是什么呢？这些大学毕业证基本都是成考、自考的毕业证，至于这些毕业证背后的含金量如何，各位可以去网络上自行搜索，简单来说这些毕业证和正常的统招毕业证是没有可比性的，也根本不在一个层次上。

图 1-12　学校电梯实训中心

## 解决方法

很多家长在中考前会提前为自己的孩子考察学校，有的家长甚至病急乱投医找到一所职业学校就盲目报名，仿佛这样自己就如释重负，其实这样做是十分错误的。大多数孩子成绩不理想都是家长们过早对他们过度“忽视”导致的，家长们轻信了不实信息，损失不只是孩子的几年青春，因为现在孩子正处于青春期，对世界已经有了初步的个人认知，情绪上也非常敏感，任何不符合其心理需求的事情都可能导致其产生负面情绪，如果任其发展可能会影响孩子的一生，也许有的家长已经意识到了这个情况，但苦于不懂如何为孩子打开心结，一直搁置了感情正常的沟通。那么不妨合理安排一下时间，认真地为孩子实地考察几所学校，通过细节对比，为孩子找一所能够让他满意的学校，为孩子的未来幸福铺路。

# 第二章

# 选择适合自己的专业　开启幸福职业生涯

家长们在选定一所合适的职业学校以后，就要开始考虑专业选择的问题了，对于职业学校来说，挑选一个什么样的专业直接影响学生的未来发展方向。因为，无论选择什么专业，最终都要学生自己去完成学业，所以选择专业要尽量尊重学生的愿望，发挥学生的优势、爱好、特长，如果让学生就读一个不喜欢甚至说很讨厌的专业，那么肯定会产生抵触、逆反心理，严重影响今后的学习。再好的外在条件，如果本身不努力的话也是没有用的，因此需要家长正确引导孩子，了解孩子内心中真正的意愿，这样才能事半功倍地发挥孩子的主观能动性，更好地完成学习。

职教与普教不同，今天的职业教育倡导的是专业自由选择，职业教育是实用教育，目的是让学生学有所长，学有所为，让学生通过自己专业的学习，有自己的一技之长。职业教育能提供的就是自由的择业环境，早在两千多年前，柏拉图就谈到了选择职业自由的问题，他说，不同的禀赋应该有不同的职业。全体公民无例外地，每个人天赋适合做什么，就应该派给他什么任务，以便大家各就各业，竭力尽责，做好自己的工作。所以选择职业学校时，专业的选择尤为重要，初中毕业的学生对未来的发展方向和从事的职业都很茫然，这时候就需要做一个比较科学的职业规划。所谓职业规划，是以自己未来的期望职业为指导，并为之脚踏实地地采取行动。

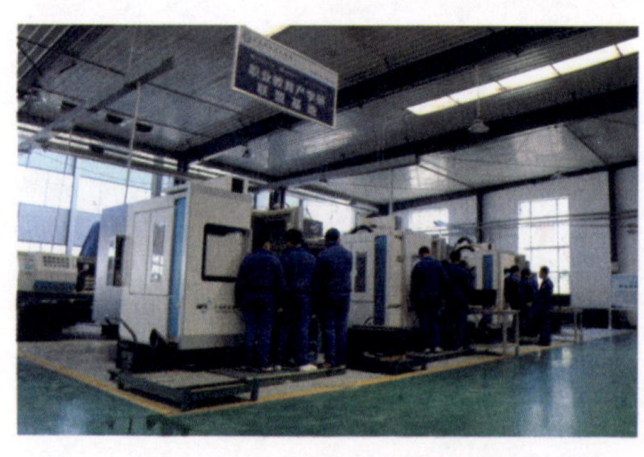

图 2-1　学校职业教育产学研联盟基地

中职学校对大多数人而言略显陌生，它既不像重点高中那样离我们这么近，也不像北大、清华那样遥不可及。中职学校的学生毕业之后绝大多数都是从事与所学专业相关的工作，所以选准适合自己发展的专业至关重要。具体而言，就是需要以未来的发展为目标，定位现在最适合学习的专业、报考的学校、最有效的学习方式等。简单来讲，做职业规划的目的就是要学生能认识自己,了解自己属于什么样的性格,自己的兴趣、特长在哪儿,未来希望从事的职业是什么。初中毕业生该如何选择职业学校和专业呢?本书的第二章将和大家谈谈选择专业的几个注意事项。

## 第一节 家庭因素和选择专业的关系

相对于选择学校和选择专业而言,最容易被忽视的就是家庭自身的因素,这里所说的家庭因素包括父母及父母的亲戚、朋友等人为因素对学生选择专业时的建设性意见或建议,以及家庭本身对专业的承受能力。

**选择专业方案一:以父母职业为参考**

父母现在所从事的职业,一般都已经在这个行业工作了很长时间,对行业发展、工资待遇、升职要求等行业内部问题看得比别人更透彻,更重要的是可以对孩子未来毕业后工作时提出一些建设性意见,所以有相当多的家长希望孩子能够继承自己的职业。

当今职业类型的多元化和国家劳动人事制度改革的不断深入,早已让“父亲退休、儿子顶替”这一类的“子承父业”越来越少。而孩子之所以容易选择和父母相似的职业,其中有一部分的影响来源于,父母在生活中对“职业态度、工作道德以及人生观”等种种观念性因素,对孩子的熏陶,从而导致孩子在长年累月的耳濡目染中,对父母的职业越来越了解。这种深入了解的结果,通常指向两个方向:

如果孩子通过父母的语言、态度,了解到他们做这份职业并不开心,职业所带来的都是负面影响,如升职无望,待遇平平等。那么孩子可能会首先避免自己进入该行业,这是父母对孩子职业观传递的消极影响。

比如面对父母苦口婆心的“好好学习考大学,将来考个公务员”,很多孩子都会条件反射般立即反驳,可能就是因为受够了父母抱怨的“人际关系复杂、茶水报纸无聊和晋升途径稀缺”。

还有一个方向,就是孩子从父母对自己职业的描述中,看到了他们对事业的热爱与激情,也观察到了父母的事业心和上进心,并且在父母的职业熏陶中,产生对父母职业的兴趣,从而也开始有志于选择和父母相同的职业。

举个例子的话,就是很多从小教导孩子金融知识的父母,可能培养出立志进入金融领域的孩子。我大学时一位同学就是如此。

人称“少年股神”的他,从小就和父亲一起炒股,大二时在一个金融类的兴趣社团担当主要职位,并开课传授自己的炒股秘籍,让众多学长学弟、甚至老师都敬仰不已。不难想象,毕业以后的他十有八九会从事相关职业,实现从职业熏陶角度上的“子承父业”。

这样看来,父母在孩子成长过程中,传递怎样的职业态度和事业观念,都对孩子未来的职业选择有至关重要的影响。所以,了解如何传递正确的职业观,就变得尤为重要。

**选择专业方案二:以父母“朋友圈”为参考**

中国社会是“人脉”的社会,人脉越广获得的相关信息就越多,对学生选择专业的参考意见就越多,对学生未来就业的帮助也越大,所以父母的“朋友圈”是我们第二个要讨论的问题。

作为家庭“人脉”的主要资源,同学、亲属、朋友三个部分涵盖了主要人脉群体,他们的工作岗位、职务、待遇可以作为家长们参考的主要事项,对一些自己不明确的如招聘标准、升迁制度、奖惩制度等细节问题可以通过“人脉”深入了解,为专业的选择打好“情报”基础,让孩子提前了解这些信息,之后还可以根据自己的想法提出其他疑问,在逐步解答过程中,逐渐明确自己如果选择了某个专业,自己的未来大概是一个什么样的状态,可以明确孩子对未来的就业信心。当然,如果就业环境并不像孩子构想的那样,也可以及时纠正他,重新考虑其他类别的专业。

另一方面,在孩子毕业走上工作岗位后,由于有熟人介绍和引导,相比于其他同期入职的孩子,他的职业生涯会避免很多误区和麻烦,能更便捷地融入工作岗位当中,今后的工作也可以避免不必要的工作失误,获得更多的行业内部信息,帮助孩子获取更大的提升空间。

**选择专业方案三:以家庭能力为参考**

在日常的咨询工作中,经常有家人这样问我:老师,我们家里困难,这学我们能上的起吗?通常来说,公办中职学校的费用相比之下是非常低的,满足相应条件还可免去学费,自己花费餐饮费用之外只有少量的其他杂费,所以对家庭的经济压力不大,况且现在国家对职业学校的扶持力度很大,贫困家庭可以享受很多帮扶政策。但大部分的私立学校都没有这样的优势,通常学费少则数千多则上万,如果选择这类学校的专业就需要家长们好好考虑了。

另外,一些本就不富裕的家长不考虑学生未来发展和薪酬,只选择那些被一些职业学校推荐的在一线城市上班的所谓“热门专业”,最终在毕业时,不仅不能通过学生毕业后走上工作岗位改善家里的经济状况,反而需要家里继续补贴学生生活费来维持其高额的生活成本,而且这种情况在短期内也看不到改变的希望,可谓得不偿失。还有一些家长贪图所谓的“高薪”专业而选择海乘、空乘专业,其实专业本身是没有问题的,但相对一些过度依恋家庭的孩子来说就出问题了,这些专业的学生毕业后通常的工作条件需要长时间不能在家,更多情况下根本就不在一个城市,那么一些家中有长辈的家庭可能很快发现想见孩子一面太难了,经常几个月不能回家一次,慢慢地就开始对孩子的工作品质产生怀疑,甚至要求孩子更换行业,那么,当初选择这个专业的意义何在?已经过去的三四年时间不是浪费了吗?

上述所说只是通过家庭承受力选择专业的几点建议,提醒各位家长,在选择专业之前需要参考家庭的承受能力和家庭对学生毕业后是否有其他期望,如果没有,那么选择专业的范围就很广,可以根据兴趣爱好、家庭环境等去挑选合适自己的专业,而如果在经济改善、亲情方面有特殊需求的时候,就需要详细研究专业的就业前景、岗位特征、薪资标准等细节问题。

## 个人意见

一所幸福的职业学校首先应该具备多样化的专业类型,给学生尽可能多的选择方向,这就需要学校具有一定办学规模与实力(如何选择参考本书第一章)。比如长春职业技术学校,学校设有6大类17个专业,所有专业全是目前行业里稀缺的专业,也是未来发展空间巨大的专业。学校倡导学生专业自由选择,教师自由选择,快乐学习,快乐成长,让在应试教育中不得志的孩子找到自己的兴趣爱好,发展自己的兴趣爱好,最后变成一技之长,终身受用。在学校专业类别齐全的情况下,考虑不同类别的专业是没有可比性的,最好先和孩子确定专业类别(比如可以先确定职业),再去考虑类别内各个专业之间的不同,从而做出比较,选出最适合自己的专业。

图2-2 学校校企合作模具生产实训基地

# 第二节　正确理解选择的专业

很多人在给孩子选择专业的时候都是翻开《报考指南》或者各学校的招生简章，在简章中直接挑选，看看哪些专业最合心意，还有很多粗心的家长连专业名称都没有弄清楚就凭自己的想象给孩子报名。其实，在选择一个专业之前，至少需要对一个专业的就业、待遇、岗位特性等相关问题有一个整体的了解，再结合孩子的特点来综合判定哪个专业最合适。下面我来和大家简单讲解一下如何理智、全面地去辨别一个专业。

## 一、正确理解专业名称

尽管中职专业名称都是一些基础门类，相比于高等院校的专业名称来说更加浅显易懂，但也不乏一些看起来名称相似却完全不同的专业：比如土建工程检测和工程测量，土建工程检测专业学习的是土建工程材料检测、土建工程质量控制等内容，培养的是材料试验员、室内装饰装修质量检验员等岗位的员工，而工程测量专业学习内容主要是工程勘测、地形地籍测绘等课程，培养的是工程测量员、房产测量员、地籍测绘员、测量放线工等岗位的员工，所以，如果没有深入了解专业特性和未来的岗位设置，想当然地把两个专业理解成一个专业，但其实二者无论在工作环境上还是工种分类上都有很大的差异。

另外，也经常有家长在咨询我的时候会问，你们学校的铁道乘务专业还招生吗？最初的时候我总会以为家长是不是找错了学校，久而久之就习惯了，显然他们把城市轨道交通运营管理专业当成了铁道乘务，虽然两个专业毕业后的工作性质看起来差不多，但城市轨道交通运营管理专业学生毕业后从事的是轻轨或者地铁的站务、票务等类型的管理工作和家长们通常意义上的铁路还是有很大区别的。

从这些事例中家长就可以知道，我们在第一次接触一个专业时，不能只凭专业名称给人的第一印象就去想当然的认为这个专业应该是如何如何，毕竟选择专业直接关系到学生的未来职业发展，请认真的了解清楚专业详情和更多细节后再做决定。

## 二、正确理解专业就业前景

在学校咨询、参观时，虽然经过了招生老师的讲解，但是很多家长还是对学校各个专业的优势不是十分了解，在自己选择的几个感兴趣的专业里，比较不出哪个是适合自己孩子的专业。那么，我建议单独把就业前景列为专业之间对比的一个重要选项，因为无论学生如何选择专业，最终都是以就业为目的，就业前景好加上适合自己孩子的专业应该受到更多的重视。

家长们需要了解的是就业前景不仅仅是指就业率，还应该包括就业满意率、就业稳定率、升职空间等就业后续问题。一所幸福的职业学校这些信息应该是学校就业工作的重要一环，只有系统地了解自己学校学生毕业后的各种动态才能准确根据这些动态及时调整办学方式、更新教学课程、升级实训条件等。而且，要对就业学生进行跟踪回访，掌握学生在企业的工作情况、升职情况、薪金情况和对企业的认可度，并通过学生在就业上岗后工作过程中遇到的各种生活和工作上的问题，对学校以后的毕业生做好就业指导，让以后的毕业生可以更好、更快地融入企业环境，遇到学生反响大、回馈负面信息比较多的企业，学校也可以果断地取消与这个企业的就业合作，让学生可以避免走入劣质就业单位。

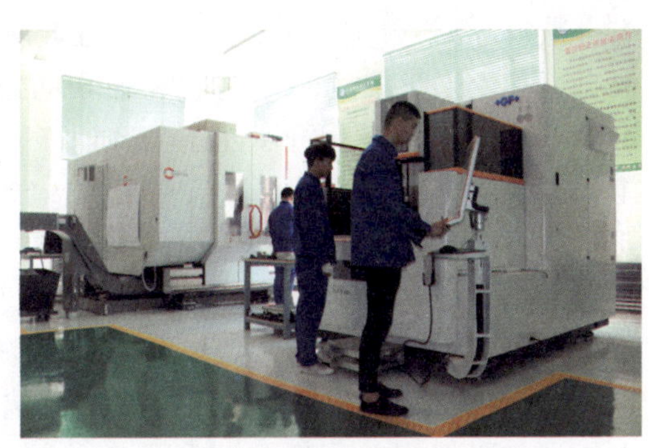

图 2-3　精密加工实训中心

所以，家长们不能单单看一个专业的就业率，就选择该专业，更应该去调查一个专业的就业综合情况，其中的因素很多，每个人的侧重点也不同，大家可以根据自己关心的重点去探讨对应的问题，一般来说这些具体信息在学校的招生部门不会有过于详细的内容，要获得这些信息需要到学校的就业管理部门去查询。

## 三、提前了解专业薪酬待遇

在了解专业相关的基本情况比如就业前景、市场需求、人才培养和对应岗位之后，很多家长觉得自己已经看到了孩子的美好未来，好像孩子以后的就业不会有问题了，这种想法对，也不对，在考察了一所职业学校后，对学校的相关就业政策和制度都有了一定程度的了解，觉得自己可以根据了解的情况给孩子规划将来上岗后的生活和工作了，但实际情况不一定和家长们想的一样。

每到学校为学生安置就业的时候，总有些学生或家长找到学校，质问就业指导老师们，为什么我家孩子的待遇没有邻居家孩子高？都是同一年上学的，你们是不是收了好处所以给别人安排得好，给我们安排得不好？

其实说白了，这种情况能够出现，第一是家长对学校不信任，从小学到中学十年间可能受到极少数缺少职业道德的教师不良风气影响，总觉得所有学校都会是这样。第二是当初选择专业的时候没有考虑薪资待遇方面的问题。

由于中职专业门类繁多，不同类别的专业之间的劳动强度、工作时间基本没有可比性，但一个道理是通用的，即技术含量越高的岗位薪资待遇越高，因为技术含量越高相对的能操作和维护的人就越少，物以稀为贵这个道理无论在哪个领域都是通用的，反之则岗位流动性大，薪资待遇偏低，因为技术含量越低，人员越好培训，相对的可选择的余地就更大。

而同专业情况下，工资高低的差异则取决于对专业技能的熟练程度上，最明显的莫过于我在2014年接触过的一对双胞胎兄弟了，两兄弟同期入学，同样报名数控专业，从表面上几乎看不出两人有什么区别，从性格上，兄弟中的哥哥略显木讷、有轻微口吃；弟弟则活泼一点，在学习上两人本来是齐头并进的，但在二年级的时候哥哥迷上了学校刚刚采购的五轴联动数控机床，整天琢磨用这个“新玩具”，渐渐的，不善言语的哥哥开始自学下料、打磨等细节工序，并自己琢磨出一套自己的工作流程。而弟弟除了上课认真听讲，老师教什么就学什么之外，就是间歇性地给哥哥打下手，其他课余时间都用在娱乐上。结果学校竞赛团队的指导教师们开始留意不到熄灯绝不离开实训中心的哥哥，选拔其进入竞赛团队，最终在2017年获得了省赛二等奖，并在当年的就业推荐中被长春光机所选中，而弟弟虽然平时成绩也不错，但毕竟没有其他突出成绩，最后选择一汽集团一家配件企业就业，兄弟两人每月工资相差一千多元，这种薪资差距可能会随着这种学习态度越拉越大。

所以，同专业毕业生之间薪资待遇的差距，往往来源于其自身对专业技能的熟练和钻研程度，在教学和实训资源上，对学生们来说是公平的，但一分耕耘一分收获，多付出一分努力总会多一分成功的希望，从这个层面上说，选择理想的专业是成功的第一步，接下来如何发展却靠的是学生自己的努力了。

其实，对于学校来说，只要没有特殊情况（比如开除学籍的学生不再享受推荐工作待遇，而技能竞赛的获奖生则享受优先推荐工作待遇），职业学校对所有学生在就业时的政策是一致的，无须担心人为因素，更多的应该放在选择专业前弄清楚这个专业对应的薪资待遇是怎样的，孩子是否能达到家长的理想预期，未来是否有变化的可能或提升的空间。

## 解决方法

家长们不了解中职学校的专业名称很正常，但是一定不要盲目随意地根据专业名称来给孩子选择专业，首先要向学校的招生老师咨询清楚，问清楚选择的专业到底是学什么的，未来的就业岗位是什么，以免耽误孩子，悔恨终生。就业率高的专业不一定是适合自己孩子的专业，专业选择一定要根据孩子自身条件量体裁衣，选择专业即选择未来的就业岗位，所以家长们一定要慎之又慎，总结这个行业的发展前景、岗位需求、薪资水平作为孩子未来发展空间的推断，并结合孩子的个人特点加以判断。

图 2-4　汽车专业理实一体教学

# 第三节　优质专业应该有哪些特征

总会有家长打电话问我：老师，你们学校的哪个专业最好？说实话，这样的问题真的不好回答，不同的人有不同的需求，也有不同的理想。有的人可能从小喜欢数学，长大了想学会计，那么会计这个专业对于他来说就是好专业。同样的道理另一个人从小喜欢摆弄汽车，如果让他来学会计，肯定是不合适的，这个时候会计专业就变成了“不好的专业”。所以，我真的没法直接说哪个专业好，而哪个专业就不好。在职业教育中，一个专业之所以能够设立，必然有与之对应的市场需求。决定一个专业的好与坏，要看选择专业的出发点是什么，那么我们在选择专业的时候就应该抓住参观过程中的细节，从细节中推理或判断某一专业的发展状态，在学校中的重要地位，从而判断出一所学校中有哪些优质专业，在优质专业中选择，至少可以做到优中选优，保证孩子获得最好的教育资源。

## 一、完备的实训体系

让我们再次把注意力转到实训体系，实训体系中包含的实训器材、实训课程、实训场地、实训时间、实训内容等，在参观实训场地的时候，恐怕最难理解的就是关于实训场地的介绍了，由于很多知识我们可能都没有接触过，那么多“千奇百怪”的东西在招生老师嘴里滔滔不绝地说出来，是真的也听不懂啊。

### (一)实训器材是否完备

我有时也会去参观其他职业学校,当然也会遇到不了解的专业领域,但其实是可以通过引导性的询问来判断某一个专业的发展是否健康,实训体系是否完整。

首先,我们可以先问一问这个专业的学生,入学时最初接触的是哪些器材,都讲授什么课程,顺便统计一下入学时器材的数量和新生人数,做一个简单的除法就能得出平均多少人使用一台实训器材,一般来说,由于刚入学的新生没有接触过相关的专业知识,所以熟练度和操作灵活性上都有待提高,且错误频出,所以必须尽可能少的人使用一台实训器材,才能保证教学进度。

其次,看常用实训器材有多少,实训课程的时间一般是多长(可以详细到每周多长实训时间,或一天几节实训课),无论什么专业,在职业学校中,脱离了实训教学的专业一定是有缺陷的专业,即便毕业后可以就业,也一定是技术含量很低的岗位,如果选择了这样的专业,那么未来就需要担忧了。而如果常用实训器材齐全的话可以追问学校的竞赛成绩如何,前一个章节已经说过关于技能竞赛的内容,各位家长可以参考。

最后,应该警惕一些学校用模拟实训代替器材实训,现在的大多数专业都可以通过电脑软件来模拟实训过程,可实训的目的是为了让学生将来走上工作岗位时可以尽快熟悉工作环境和实践操作,而不是仅仅通过使用大量的模拟设备来完成实训课程教学。无论如何先进的理论学习和模拟实训,都不可能也无法代替实训器材,无论如何逼真的模拟都不可能让学生在实践操作方面有任何的提升。

### (二)实训课程的设置

每年开学之后,总有一些其他职业学校的学生给我打电话询问:老师啊,我很后悔没有听你的话,现在这个学校成天上数学、语文课,一点儿意思都没有,我还能上你们学校吗?好吧,后悔药是有的,但是有期限,这个我们下一个章节后面再谈,现在我们要说的是这些学生之所以在其他的一些职业学校待不下去的原因主要是其课程开设的内容有问题。众所周知,职业学校的学生大部分来自于中考的落榜生,也就是说,大部分的职业学校新生基础知识都是很差的,对初中已经开设的那些课程由于听不懂、不爱听等原因早就失去了学习的兴趣,可偏偏有一些职业学校喜欢“迎难而上”,可能由于师资力量不够或实训器材不足等原因,用廉价的基础教学代替日常的实践教学,但学校“糊弄”学生,学生也不会没有反应,或者转学,或者逃课,总之教学秩序越来越差,即使有的学生想要认真的学习一门技术也会因为环境影响无法安心学习,所以,如果发现一些职业学校的日常教学中缺少实践教学的课程,就说明这所学校的整个教学体系有这样那样的问题了。

那么,从哪些方面可以观察出来呢?满足哪些条件的实训体系才是好专业的标志呢?我们可以从下面这几个细节来观察:

1. 实训场地

和其他教学设施一样,实训场地作为衡量一个专业的教学实力的重要考察内容,首先要看实训场地规模的大小,如果是学校的主打专业,那么在一所学校的全力建设下至少应给有一个以上的独立实训场地,且实训场地的建筑面积可以满足本专业所有学生的实训要求。

2. 课程内容

一个专业的实训课程不仅要贴近毕业生就业岗位的要求,保证学生能够熟练掌握今后生产、经营过程中所需的基础知识、操作过程,还要从学生的群体特征出发,激发学生的兴趣,由浅入深地展开专业课程。在多年的参观考察过程中,各种各样的新生课程我都见过,最典型的莫过于两类:一类是和初中授课方式一样,用课本教学方式连上几周课,然后让学生接触实训器材,其实几周云里雾里的课程下来,等到接触实训器材时前面学的知识早就忘得差不多了,通常还要老师一边指导操作一边解答已经教过的知识,教学效果很不明显。而另一类是实践教学代替书本教学,学生们在实训场地上课,老师直接用其中一台实训器材现场分布指导,每讲授一个部分,学生们直接分组按照要求在实训器材上操作一个部分,这种授课方式通常会取得更好的效果。两类授课方式在各所职业学校中普遍存在,可能在细节上略有差异,个人建议还是选择实践教学方式比较好。

3. 实训环境

合格的实训课程不只是传授学生专业技能,也是职业素养养成过程中最重要的一环,实训器材的操作步骤、器材的安全注意事项、对实训器材的爱护,以及上课后实训场地的卫生等,都是培养职业素养的体现,没有经验的家长可以通过观察实训场地内的卫生情况来简单辨别。另外,同一工作流程下,观察不同学生的操作过程是否一样也是个不错的方法。

图 2-5　激光加工专业学生实际操作

### (三)竞赛成绩证明专业强弱

在成熟的实训体系下,很自然的可以磨炼出一支具备参加竞赛水平的团队,职业学校在参加竞赛中可以获得一定的经验积累,和同类学校之间的平等切磋也可以获得更多的值得借鉴的教学经验,所以,技能竞赛其实是一所职业学校展现自身,同时也是相互学习的一个过程,而竞赛成绩也直接体现出一所职业学校的实力。

1. 竞赛获奖层次

一个专业的竞赛获奖能力可以直接代表其教学实力,那么,竞赛获奖的层次就代表着在同类学校专业中的核心竞争力,我们来简单做个比较,某职业学校在省级机电专业竞赛中获得三等奖,另一所职业学校在同一竞赛中获得一等奖,那么一般而言说明这所职业学校的机电专业实力比前一所职业学校要强一些,而如果第三所职业学校在同年国家级机电竞赛中获得一等奖,那显然第三所学校的机电专业比另外两所职业学校都要好。

第一章的内容中已经介绍过竞赛级别的分类(国家级、省级、市级)和组织形式,这里就不再赘述了。需要向家长们说明的是,在选择专业时应该注意出现在招生简章或其他招生材料中的照片,正规的职业学校都会比较重视技能竞赛,所以通常会将最主要赛事的获奖信息放在突出位置,比较这些照片的获奖级别和获奖专业,可以帮助家长们很容易找出哪个学校的某一专业办学实力更强。

2. 竞赛参与频率

在我所见过的招生简章中,很多学校将技能竞赛的获奖成绩写的含糊其辞,作为一名招生教师,职业好奇心总促使我去挖掘信息背后的真相,经过长时期的“刨根问底”,我发现这类学校的职业技能竞赛成绩呈现两种极端,一种是竞赛获奖次数和奖项太多,没办法详细写,另一种是很少或者根本没有能拿得出手的获奖成绩,所以不能写。所以,就引申出一个问题,一所职业学校参加技能竞赛成绩到底如何,获奖成绩在哪里能查询或者体现?

在学校参观时,每个专业的实训车间、实训场地内应该有本专业近期技能竞赛的获奖情况,建议家长们将这些内容用手机拍摄下来,方便和其他学校的同类专业进行对比。

浏览学校的网站时,在专业介绍栏中也会有详细的专业相关信息,家长们可以自行查找。

另外,在学校微信平台上也会有实时更新的竞赛获奖信息,因为微信平台目前还不支持用户翻阅关注之前的内容,所以有需要的家长们就要提前关注一些职业学校的微信平台,才能方便对比。

3. 学生竞赛获奖频率

其实,在我们查看一个专业展示的图片过程中,可以通过查看获奖学生出现次数的方式，了解一个专业的参赛团队水平是否均衡。因为，一个专业如果能够在技能竞赛中获得出色的成绩，除了是一所学校的教学实力、实训实力的重要体现外，也是竞赛团队选拔制度的重要体现。这里想说明的是，因为竞赛成绩可以作为对口升学免试入学的依据，所以也会有学校为一些“有关系”的学生安排竞赛的机会（当然获奖都以团体奖项为主），似乎这样做看来万无一失，又不会太影响学校的成绩。我们需要注意这种情况，它直接导致了学生群体中的不健康竞争和“特权学生”的出现，在这种学校环境中学习每个负责任的家长都应该会不赞同。

那么如何去发现呢？为了保证学生可以在技能竞赛中保持稳定的成绩，正常的竞赛团队选拔是分梯次的，如参加竞赛的 6 人中 2 人来自三年级，3 人来自二年级，1 人来自一年级，从而让竞赛团队不断的完成新旧交替。而如果竞赛团队中出现了“关系生”，那么既要基本保持一定成绩，又要照顾相关学生，就无法按照新老交替的要求去组建参赛团队，而需要挑选学校技能最强的几个学生组成参赛团队，才能让“关系生”浑水摸鱼。

以我个人经验来说，如果专业竞赛获奖图片较多的话，就可以从对比中查看是不是个别学生出现的次数比较多，如果是，那么很有可能竞赛团队中有不健康的选拔模式存在。因为，在新老交替的正常参赛团队中，一名学生参加技能竞赛的时间通常为一年多一点的时间（也有一年级的优秀学生可以参赛的，但极少），获奖的次数最多不会超过三次，如果一个专业的获奖照片中大量出现同一个人，那就要考虑有没有弄虚作假，或者其他不公平情况在里面了。

## 参考意见

建立了完整的实训体系，才能让学生通过日常的实训来磨炼未来的日常工作技能，这个学习过程十分重要，不能回避，更不可取代，很多实训体系不完备的职业学校会以各种各样的理由回避关于实训课程的各种细节问题，请各位家长提高警惕不要被绕进去，一定要随时把握话语主动权，时刻记得“我是来参观学校的，有不明白的地方要弄清楚”的参观理念。

图 2-6 会计专业学生模拟企业管理角色教学

## 二、学校的特色项目

每一所学校都有比较侧重培养的一个或者几个专业，这些专业往往可以获得更好的教育资源、更多的教育投入和更高的关注度，教学质量和就业前景自然而然地也要比其他专业相对好。那么我们来看看怎么从看似差不多的专业中把这些好专业“揪出来”。

### （一）特色培养模式和教学模式

一所学校的优势专业会获得更多的教学投入和关注，相对的为了强化自身的人才培养体系，会不断地更新培养模式，从而继续保持其强势发展地位，所以从特殊的培养模式中就可以发现这种端倪。下面给大家简单介绍几种常见的特色培养模式：

1. 学徒制培养模式

现代学徒制是通过学校、企业深度合作，教师、师傅联合传授，对学生以技能培养为主的现代人才培养模式。与普通大专班和以往的订单班、冠名班的人才培养模式不同，现代学徒制更加注重技能的传承，由校企共同主导人才培养，设立规范化的企业课程标准、考核方案等，体现了校企合作的深度融合。现代学徒制有利于促进行业、企业参与职业教育人才培养全过程，实现专业设置与产业需求对接、课程内容与职业标准对接、教学过程与生产过程对接、毕业证书与职业资格证书对接、职业教育与终身学习对接，提高人才培养质量和针对性。

2. 分流培养模式

很多学生在入学时对所选专业认识不够，并不清楚完成专业学习后对应的具体岗位是什么或者在学习一段时间后发现自己不适合这个专业，正常情况下这些学生要么重新学习其他专业（这样会浪费一年时间），要么坚持学习这个不适合自己的专业。20 世纪 80 年代由北京大学提出“分流培养”的概念并开始实施后，全国各类院校纷纷效仿，不断研究和实践分流培养模式的实施。分流培养模式通过分部教育的方式，启发学生的兴趣点，通过一年的统一基础课教学来发现学生的兴趣点，根据兴趣点确定专业方向，再来引导学生学习专业知识，保证了兴趣和专业在最大程度上的统一。当然，这种培养模式也存在很多苛刻条件。

首先是对专业门类有要求：并不是所有专业都可以互相转换的，通常只有门类内几个相关专业可以互相转换，比如加工制造大类中的机电技术、数控技术、机械加工技术、模具制造技术等专业在专业的基础课程中存在很大程度的重叠，可以利用第一年的实践统一学习基础课程，完成基础课程的相关实训训练，再通过一年时间的观察考核决定学生第二年具体应该分流到哪个专业继续学习。

其次是要求学校几个相关专业都具有一定的办学实力，因为基础课程在一年级已经完成，分流后的学生需要学习更深层次、更有针对性的专业课程，如果没有一定的办学实力很可能会面临无课可教的窘境，而从体制上建立一种能够让学生自由选择发展的培养体系也是学校办学理念向学生发展转变的一个有力证据。

3. 小班教学模式

在很多西方发达国家都使用的是小班教学，用于提升知道教师对学生的关注度，很多人觉得这是西方发达教育的一种体现，但我觉得之所以这些被广泛崇拜使用是因为这种教学方式与其人口衰减有直接关系，过少的学生数量让其被迫缩小班级人数，久而久之形成习惯后，在这种规模的基础上开发了与之配套的教学方法。

在很多学校参观时，都会有老师说这种西方的教学模式如何先进，如何人性化，其实我觉得小班教学这种模式只有在中国才能展现出真正优势，因为，这里所说的小班是相对大班来说的，正常开设的大班（也就是标准班）通常为 40 ~ 45 人，而小班通常为 10 ~ 20 人，这样做的好处就是能体现出小班的灵活性，比如：同样的一门课程，进行 3 人一组的实践操作练习，15 人编制的小班分成 5 组就够了，操作过程中老师只需要关注 5 个组的操作过程，有什么失误和遗漏老师方便及时纠正；而如果是 40 人的大班，需要分成 13 个组，一位老师通常照顾不过来，我们可以简单计算一下，13 个组，即便每个组只知道 5 分钟，每个组都讲一遍也需要一个小时，所以小班的优势就显而易见了。

这里给大家介绍的教学模式和培养模式只是职业学校中比较同行的几种，这些方法是在职业学校数十年的运行和管理过程中不断摸索和积累中得出的，所以在具体实施上可能会有不少细微的差别，但总体来说，相比正常的“上课——实践——实习——就业”的教学和培养模式来说，这些新办法通常只出现在各自职业学校的优势专业当中，所以更值得我们关注。

**重要提示**

这里需要提示的是：很多规模小的学校也采用小班教学的方式混淆视听，但其根本原因是师资、生源、实训设备都缺乏，只有用小班教学的方式才能缩减投入，在学生实训时只让十几个学生同时上课，家长们可以通过检查实训器材数量是否能满足 40 人的标准来衡量，因为正常学校的实践教学即使是分成小班进行也是数十人几个班一起，每个指导教师只负责自己分管的十几个学生。所以，正常小班教学的场景应该是几十名学生、三四个老师同时在进行实践课的教学。

**(二)升学体系**

家长们对职业学校有很大的偏见,很大程度上是因为职业学校学历低,没有提升空间,孩子进了职业学校可能一辈子只是个基层工人。其实这种想法是完全错误的,作为基础教育的有力补充,职业教育除了对口升学考试之外(相当于职业学校的“高考”),也能参加单独招生考试和高考。随着教育改革的不断深入,近年来,五年一贯制、三二分段、“3+4”衔接本科、“3+2”衔接高职等一大批职业学校的新型升学方式正在改变原来由“高考”主导的升学格局。

现在,很多职业学校都把升学作为其招生的一大卖点来宣传,其实我要说的是,透过这些学校的升学体系就能明确这些学校的实际办学能力如何,哪些专业是这所学校中相对优质的专业了。

(1)挑选设有“3+4”衔接本科的专业。作为教育改革在职业教育中的一种重要探索,“3+4”衔接本科模式一经推出就受到社会和教育主管部门的广泛关注。各省优选省内知名职业学校和高等院校在一些优势专业领域展开合作,通过中考成绩录取,7年系统教学(3年中职加4年全日制本科)的方式,让应届中考学生也能体验职业学校带来的招生便利。

由于“3+4”衔接本科是各省非常重视的项目,但是无论从衔接专业的选定还是职业学校、衔接高校的甄选都是非常严格的,可以说能够承接“3+4”衔接本科的学校都是各地区最具代表性的职业学校,选择的专业也都是所属职业学校中最优秀的专业,所以,如果没有其他方法验证专业是否优秀,可以用此种方法来验证。

(2)怎样在“3+2”衔接高职专业中优中选优。另一种衔接模式就是广泛在职业学校中存在的“3+2”衔接高职了,虽然学历提升上比“3+4”衔接本科低了一个层次,但其申办过程和审批流程依然非常严格,所以具有“3+2”衔接高职办学能力的专业也可以作为优质专业的一个有力证明。但是,相比于“3+4”衔接本科来说“3+2”衔接高职无论从专业类别、专业数量、招生人数上都要多很多,那么怎样才能从中选出更好的专业呢?

首先要看招生人数,由于审批招生计划是需要经过严格审查的,一些稍微实力欠缺的专业不能申报“3+2”衔接高职,而即便获得审批也基本是基础计划数(通常为40人),要申请更多的计划就需要专业自身的竞争能力了,比如专业每年的竞赛获奖情况、实训条件、基础建设、师资力量等都在审核的范围之内,只有具有相当教学实力的专业才能获得更多的招生计划。

其次看对应高校的高考录取分数线,除了上级主管部门对职业学校要进行综合审查之外,承担衔接任务的高等院校也会对其合作学校、合作专业进行严格的核查。但不可否认的是,确实有一些高等院校将一些高考招生困难的专业计划下放给一些职业学校,以维持其招生规模,对于这种情况各位家长可以通过登录衔接高校的网站,查询高考中这个专业(注意查询的专业名称应该是转段后的专业名称)的高考录取分数线,看看这个专业的录取分数线在该高校的整体录取成绩中处于一个什么样的区间,如果高考录取分数偏低,那么就需要谨慎选择了。

最后可以看看对应高校中该专业是否有继续升学的机会,如果职业学校与高等院校双方是本着强强联合的态度去认真做好一个衔接项目的话,选择的专业一定是本学校各方面表现最强势的专业,那么家长可以看看这个专业在衔接院校中是否有硕士点或者博士点,可能很多家长不理解:我的孩子连高中都考不上,还谈什么硕士、博士?其实不是这样的,在大学中,一个专业如果是学校的重点培养专业,那么一定会获得更多的教学资源,相应的未来维持其学术地位,这类专业通常会建有硕士点甚至博士点,在这里我们可以把硕士点或博士点当作一个考核的证据来采用而已,不过,这里要提醒一下,如果学生报考的是衔接专业的话,毕业后是有考研资格的,如果觉得有必要的话,也可以试试考研甚至考博。

(3)“升学班”中怎样选择专业。现在不少职业学校都建有各种类型“升学班”,作为为应往届毕业生提供除衔接模式之外的另一种升学模式,和衔接模式完全不同的是这类“升学班”学生只注册中职学籍,要想升学大体上有对口升学、单独招生考试、高考三种考试升学模式,这三种模式的具体报考方法会在后面的章节介绍,这里就不一一赘述了,我们一起来看一下怎样在“升学班”中选择专业。

作为职业学校毕业生,学生通过职业学校升学最重要的依然是选择专业,因为对于职业学校而言,三种考试升学模式中,高考显然对职业学校的应届毕业生而言是最没有优势的,通常意义上的“升学班”也主要应对的是“单独招生考试”和“对口升学考试”,抛开具体的报考细节不谈(报考相关事宜在下面的章节有介绍),这些考试都是通过学生在职业学校选择的专业参加相应考试、录取来达到升学目的的,且不可跨专业报考,比如一个学生想通过对口升学考试来达到学历提升的目的,那么如果他在职业学校中的专业是汽车运用与维修的话,他在对口升学考试中报考的专业也只能是汽车类相关专业,而不能报考诸如影视传媒、动漫制作之类的专业,所以选择一个合适的专业就非常重要了。

首先要看这个学校升学率高的专业是什么,如果一个专业可以保持稳定的高升学率,至少说明这个专业的教学实力特别是应试教学实力是过硬的,也从一个侧面说明这个专业的师资力量、教学底蕴是非常优秀的。

其次要看往届升学班毕业生的都考入了哪些高等院校，是通过什么方式考入的，这里需要说明一下，一些学生在获得了对应等级的竞赛成绩后可以免试或者降低分数线录取，通过这种方式升学的学生只能说明某个专业的实训能力、实践教学能力很不错，和升学教育无关。如果某个专业的往届毕业生都考入了一些知名的高等院校，那么报名这个专业，将来升学的概率就会较大。

**参考意见**

很多家长都喜欢给孩子报考能够获得更高学历的模式，觉得这样孩子将来可能会获得更多的发展机会，这种想法不能说不对，但要具体问题具体分析，一些孩子的文化基础很差，让他们去学习衔接模式的专业会有很大的学习压力（衔接模式的基础文化课比重相比中职专业来说还是很大的），很容易出现厌学的情况。而如果选择中职专业就不会有这种情况发生，可能学生在学习的过程中逐渐喜欢这个专业，在毕业时自动自觉地想要提高学历，这时再参加“升学考试”其实也是来得及的，这其中的利弊请家长们谨慎选择。

**（三）职业学校中的特色专业**

本小节说的特色专业是相对其他职业学校来说开设较少或最能代表学校整体实力的专业，这些专业通常具有悠久的办学历史，丰富的文化底蕴，在教学方式、人才培养方面都比较成熟，所以非常推荐家长们选择，那就让我们一起来看看怎样辨别这样的专业。

（1）学校名称中的提示。一些职业学校的名称有很强烈的指向性，我们就可以从这些职业学校的名称中看出一点线索，比如某医科学校，这所学校的医学类专业一定是强势专业，而计算机、电子商务一类的专业显然相对就弱一些；某水利水电学校，那么这所学校的水利及电力专业应该就是相对好一些的专业了。

（2）招生简章中的提示。从一些职业学校的招生简章中，我们也可以获得一些有用的线索，比如招生简章中的配图，一般来说，一所学校中相对较好的专业往往也是学校宣传工作的重点，所以在制作招生简章时出现的频率也会更多一些。

（3）技能竞赛中的提示。如果一个专业是职业学校重点扶持的专业，那么一定是学校的重点建设对象，相应的基础教学设施、实训设施及配套的教学方案一定都是这所学校内最好的，学生的技能竞赛成绩自然也会更好，通过学生竞赛获奖的相关信息也可以推断出哪个专业更好。

**参考意见**

无论从哪个角度说，选择一所学校中的强势专业都是最好的选择，在选择专业时切勿盲目从众，即使是确定了职业学校中几个较好的专业也要看看适不适合学生的需要，请务必仔细从孩子的性格、愿望、长处等方面来认真衡量、谨慎选择。

## 第四节　专业与就业的关系

很多学生和家长在选择专业的时候最关心的就是就业岗位、就业单位相关的信息，这是非常正确的，但还不够详细。决定一个专业是否适合学生学习还要看这个专业的综合就业能力和薪酬待遇，下面我从下面几个方向给大家详细说说就业的一些问题。

### 一、专业就业面决定未来就业难易程度

职业学校的学生和大学学生一样，所学的专业未必是一辈子的职业，很可能随着社会经济的发展，要转向其他的行业。如果专业过于狭窄，不具备转型的基础，也不具备可持续发展的能力。另外，挑选专业也要看得“深”一些，应该是社会未来发展的朝阳事业，而不是眼前的热门职业。2015 年前后，由于国家宏观政策，受阿里巴巴上市的影响，国内电子商务专业突然大热，各个学校蜂拥而上。到如今，电子商务专业的毕业生就业已经看出呈现就业难的问题了。

现在很多家长在咨询专业的时候将焦点集中在学校是否会推荐工作，其实，只要是正规的职业学校都会给学生推荐工作的，就业的好坏主要取决于专业如何选择，因为，每个专业都有自己的应用范围，应用范围越广自然就业面也就越广，反之则越窄，但专业性更强。那么，究竟是报考“一技之长”专业，还是选择“万金油”专业，成了不少学生和家长的两难抉择。每个人都在试图找寻最适合自己的职业，当你现在还不太清楚自己究竟具有什么样的特长和追求时，不妨选择一个就业面相对较宽的专业，在日后的专业学习中逐渐确定自己的职业理想与方向。

#### (一)适合女生学习，就业面广的专业

现如今越来越多的女孩子也加入了就业大军，但是相对比男生，女孩子可能不太擅长数理化，那么在规避这些数理化的时候，无疑放弃了很多工程、建筑工程以及医学等热门专业，那么女孩子在选择专业的时候，该怎样选择未来职业发展不错的专业呢？下面给大家推荐几个常见的适合女生学习，就业面广的专业。

1. 会计电算化专业

会计工作是经济管理工作的核心内容。会计作为通用的“商业语言”，在经济全球化、国际经济交往日益频繁的今天日显重要。会计学所特有的计量、记录、报告，即俗称的记账、算账、报账、用账工作蕴含了管理中的“核算过去”“控制现在”“预测将来”的基本职能，这些工作贯穿于经济管理的全过程。任何一个单位，只要存在经济活动，就需要会计工作。因此，会计电算化专业的就业对象包括各类企业、事业单位、政府机构、团体、部队、中介机构等。毕业生不仅可在这些单位从事财会工作，还可从事审计、咨询服务工作，也可经过进一步培养后，从事相关的科研与教学工作。

图 2-7 学前教育专业

2. 学前教育专业

近几年，学前教育专业受到中央重视，学生热捧，很多职业学校也相应地开设相关中职专业，一些有实力的职业学校更是开始主动和高等院校联合办学，取得了良好的办学成绩。学前教育是就业率排名较高的专业之一，幼儿教师需求量日益增大，具有幼儿教育专业学历的教师更是供不应求，很多幼儿园都需要提前下“订单”。学前教育是一门综合性非常强的学科，就业范围广，学生不但可以从事幼师，还可以去一些亲子机构，早教中心发展，另外还能自主创业。学前教育行业发展迅速，在未来十年对幼儿教育专业人才要求会更高。

3. 数字媒体专业

据权威部门数据显示，数字媒体专业的就业率超过 93%。现在影视后期制作行业人才缺口达到 20 万左右，这其中当属特效剪辑师、新闻专访最为缺乏。同时此类行业薪资普遍比传统行业高很多，据权威调查报告，影视后期制作、新闻采编、播音主持行业月收入 7000 元以上的人员达到 60%，比起其他行业高出许多，而大部分影视公司福利体系完善、奖励机制多样化更是吸引人，可见数字媒体行业可谓是香饽饽的行业。

图 2-8 数字媒体专业小型影棚

4. 高级护理专业

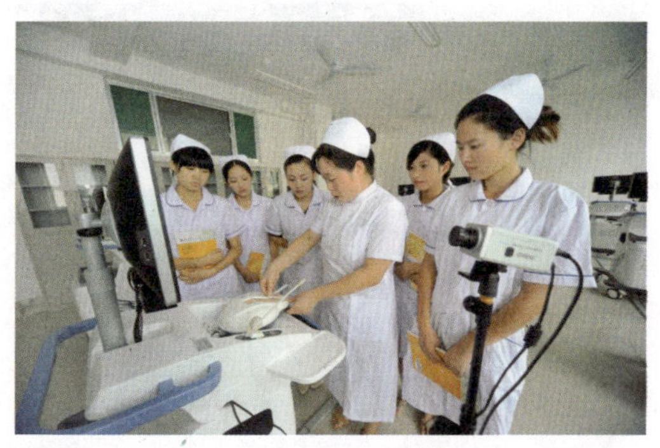

图 2-9　高级护理专业

高中毕业生学高级护理专业也是不错的选择。随着社会经济的发展及全面建设小康社会目标的逐步实现，广大人民群众对健康的需求、对卫生服务的需求越来越高。我国护理人力资源短缺明显，远远不能满足人们健康保健的需要。我国每年需要各层次护士 15 万人。在国际上“护士荒”的情况也十分严峻，全球将急需 232 万护理人才，国际人力资源公司已经把目光瞄准中国。

**（二）适合男生学习，就业面广的专业**

都说三百六十行，行行有状元，条条道路通罗马。只要在选择的时候能够有一个正确的认识，加上后期学习的努力，学好一门技术，以后的生活肯定是不错的。在选择的时候，选好一个就业面广的专业，可以帮助将来要顶门立户的男子汉们更好地开启自己的生活。所以相比女生选择专业，家长们更重视男生的专业选择，我的意见是结合学生自己的眼光爱好，从务实的角度出发选择专业，切勿总想着一步就能登天，那仅仅是幻想，改变自己的命运，在于抓住眼前的机遇。根据我个人的经验，给大家简单推荐几个常见的男生就业面广的专业。

图 2-10　物流专业实训

1. 物流专业

现代物流业的前景看好。据中国物流与采购联合会统计，全国已有 30 多个省与城市做出了物流业发展规划并出台了必要的产业政策，国家发改委正在编写中国物流业发展大纲，并提出了物流业发展的产业政策初步意见。由于有政策的扶持，物流企业与企业物流开始步入快车道。80% 企业物流已开始部分外包，外包的比例与外包的领域将逐步扩大，涌现出包括海尔物流、宝供物流、招商局物流在内的优秀物流企业。

2. 数控加工专业

劳动保障部有关负责人说，由于科学技术的发展特别是计算机技术的普及，数

图 2-11　数控专业学生实训

控加工技术已成为现代制造技术的核心。近年来,我国制造业取得了很大的发展,数控机床等数控加工设备在我国机械制造企业中得到越来越广泛的运用。然而,与迅速增加的数控制造设备相比,我国从事数控加工的技能人才显得十分缺乏,据有关部门的统计,其缺口曾达到 60 万人,其中也包括主要从事数控程序编制的数控程序员。

3. 汽车维修专业

目前,国内维修企业的从业人员技术素质普遍偏低,总体的技术水平不能适应汽车新技术的发展需要。我国目前技术工人队伍结构中,技师以上、高级工、中级工、初级工的比例仅为 4∶8∶31∶57,而发达国家的比例为 11∶23∶49∶17,显然,我国中高级技术人才短缺情况十分严重。其中尤其以汽修、数控等热门专业为代表,被称为"高级蓝领"的高级技工已经成为稀缺资源,"高级蓝领"出现断层的消息屡屡见诸报端。从这一系列数据看来,学习好汽修,掌握一门过硬的本领,就业前景非常广阔。

图 2-12　汽车专业学生实训

4. 机电一体化

高精尖强度专业(大部分工科专业),像应用电子技术,机电一体化此类专业,自己的技术水平决定着自己的未来。就业前景比经济管理类专业好,一开始相对容易找到工作,但工资待遇较低,一般都是一线工人。如果工作时技术扎实,坚持学习,考个好职业证书,当个白领或金领问题不大。

图 2-13　机电实训中心

## 二、选择专业时的就业误区

职业教育的特点不同于基础教育,

中职学校的学习和就业密不可分。因此专家建议,家长、学生在选择中职升学志愿时,也应该考察学校毕业生的就业状况,包括就业率和就业去向两个方面。就业率是量,反映各学校毕业生第一时间走上工作岗位的百分比。就业去向是质,反映毕业生走向哪些行业、企业的情况,可以从中推断就业单位的性质、工作环境、经济收入、远景期望。

### (一)切忌浮躁的就业心理

然而现在的学生都存在比较浮躁的心理,往往不知道自己能干什么,却总想着能上班就拿高薪、早升职,做什么事都目空一切,总以自己为中心,这些都是现在学生的"群体性心理疾病",需要在今后的学习中逐渐规范。不过在我看来这些心理疾病的"传染源"似乎往往来自于他们的父母从小的思想灌输,我觉得这种望子成龙的思想本身无可厚非,但这种思想压力必然会造成学生无形中设想不现实的未来场景,从而对其择业目标造成影响。

无论选择什么专业,学生就业后都要经历从一个企业新人到企业老员工的蜕变过程,在这个过程中学生可能会遇到各种各样的问题,我通常会让我的学生们铭记一点"这是我的工作,坚持和努力是生活的两个常态"。未经世事的学生通常会有一些不切实际的想法,希望自己可以一步登天,却不知道所有获得都是在坚持和努力中一点点积攒的。只有调整心态,把心思放在每天的工作上才能逐渐摸索和磨炼自己的工作技能以图未来发展。

对于入学前的学生也是一样的,在选择专业时,不要期望报名了某个专业就可以走捷径,毕业就能从事某种岗位,对于一个中职毕业生来说,最应该做到的就是放平心态,中职毕业,从事的一定是基层工作,和学生的长相、家庭、成绩没有关系,只有岗位上的不同。只有彻底了解了未来可能从事的岗位,才能根据实际情况选择合适自己的专业。

### (二)切忌盲目从众挑选专业

很多人对职业学校的了解可能是从某人家的孩子是某个职业学校毕业的,现在已经成挣多少开始的,当然,这种真实的事例是一个学校最好的宣传手段,但是很容易让人产生误区,因为随着社会科技的发展,很可能在几年前"火"的一塌糊涂的专业今年就不受欢迎、就业也成问题。就比如 2015 年"阿里巴巴"在美国上市,带动了国内一大批从中职到本科的各类学校争相开设电子商务专业,但电商市场的激烈竞争和用工饱和,迅速把电子商务专业拉下"神坛"。其实,这种盲目跟风的心理在新生和家长中是广泛存在的,经常是某人说这个专业好,就报名这个专业,改天听说那个专业好,就报名那个,转来转去让学生本身也无所适从。我觉得，作为一个对孩子负责任的家长，首先应该明确自己想要的是什么，拿选专业这件事情来说，可能没有一个专业能满足家长的所有需求，那么就选择其中和预想最接近的一个，不能瞻前顾后，这样不仅不能让孩子在一个稳定的环境中学习，更让孩子觉得不知道接下来要换到哪个专业而对本来感兴趣的专业渐渐地转为冷淡。

**（三）切忌片面追求“快就业”**

随着生活节奏的加快，很多人开始追求“快餐式”的生活，于是各种一站式服务应运而生，在职业学校里也有这种教学模式，一些职业学校以“代培”“委培”的名义向学生收取各种费用，然后经过几个月的短期培训后安排到企业去上班，经过几个月的无工资实习后正式上岗，其实这种“快就业”的方式如果没有和企业签署长期用工合同的话，是没有任何担保的，有很多不正规的企业钻法律空子，在免费利用完学生的实习期后就以各种理由不和学生签署就业合同，类似的事例很多，大家可以去网上查找。

所以，在选择专业时，不要过分“求热”，包括热门地区、热门专业。所谓的“热门”就是选择的人多，人多代表竞争激烈，如果学生自身分数没有优势，录取的机会就小。此外，专业选择不要过于看重就业率这一指标，要综合各方面的条件来做出选择。很多家长会把“就业率”作为专业选择的首要条件，但是“就业率”只能反映一次性就业的数量，而就业质量很难通过数字表达，其实有时候就业质量往往与就业数量成反比。学生毕业时，往往会出现想要你的单位你不想去，你想去的单位不要你的尴尬局面。所谓专业的高就业率在这个时候对你是没有意义的。况且就业情况会随着国家经济、政治及社会发展的变化而变化，现在好的专业不代表三年之后好，更不代表十年之后也好。我用一个实例向大家做进一步分析。有一个家庭，两个女儿，姐姐学习不好进了一所中职学校，学的是计算机专业，当时计算机专业还很火，她毕业后去了一家外企公司，做软件工程师，月薪5000多元（在当时已经是很高的工资了）。时间很快到妹妹中考了，父母就逼她也像姐姐一样也去中职学计算机专业。妹妹虽然心里不愿意，但迫于父母的威严和“好心”，就听从了父母的意见。但是妹妹的学习情况并不理想，成绩不好，也越来越学不下去，一回到家就和父母发脾气、闹矛盾，甚至一年多不想跟父母说话。父母带着内疚的心情找我咨询。经过了解，才知道其实妹妹的文笔非常好，而且艺术创造力也很强，作文在初中时经常在班里被老师当范文读。而父母却坚持说搞文学没出路，应当学工科，这样就可以像姐姐一样学有大好就业前景的计算机专业。结果由于对她来说计算机专业课程繁重深奥，好多课程都只是勉强维持及格，自己感到无颜面对老师和同学，文学的爱好也逐渐消磨殆尽。其实，为了高薪而不考虑兴趣和特长选择专业的做法不是理性选择的行为，父母为妹妹志愿选择运用的策略仅仅考虑升学目标的实现，而忽略了就业目标和终极需求目标的实现，在就读和就业时必将为这份人为的不理性埋单，实在是遗憾。

正常的中职专业，学制是三年，会在学制的最后一年安排学生到校外相关企业进行实习，实习期间也要签署实习合同，发放金额不等的工资（相对正式员工的工资要低一些，但可以保证学生在实习期间内的日常生活费用），实习期结束后，如果学生想留在这家企业则可以与之签订劳动合同（通常第一次签约为三年，再续签为五年）。

## 参考意见

从我的经验来说，务实、稳健的择业选择才是最好的，选择一个能够提供稳定收入、稳定工作岗位的专业，会让学生在毕业后稳健的步入职业生涯。

图 2-14　我校学生赴海尔集团就业

额外的几点提示：

1. 专业的技术含量高才能有好工作

中职类学校的专业门类齐全，为社会培养多规格、多品种的人才，因此专业之间差异性很大。同属技能型操作人才，学数控技术的与学烹饪技术的大不相同，学表演艺术的与学 IT 技术的也完全不一样。现代社会的职业分工越来越精细，职业能力越来越专一和明确，专业各有特点，不能简单分为好和不好。但是从社会经济、技术发展的趋势来看,在不牺牲本人兴趣爱好的前提下,选择知识与技能含量高,毕业后从事复杂劳动的专业,相对较为合适。

2. 性格决定你属于哪个行业哪个专业

人的性格特征分为技能型(身体运动技能及机械操作能力强,喜欢规则明确的活动及技术性的工作,擅长与事物而不是与人打交道)、研究型(擅长归纳思考,偏爱数理统计工作;喜欢创造、挑战;独立倾向明显,对人际交往缺乏兴趣)、社会型(语言能力强,善于社交、合作,友善助人,热情,责任心强。擅长与人打交道而不是与事物打交道)、艺术型(喜欢创造、想象,爱表现自己。比较喜欢独立行事,不太合群,比较感性、直觉较好、情绪化、理想化)、事务型(喜欢有序、明晰的事务性工作,细心、顺从、有耐性、有条理,不喜欢主动决策)、经营型(具有领导、规划才能、喜欢影响、管理、控制他人、自信、好冒险、喜欢同人而非琐碎事务打交道)。如果学生的性格是技能型的,那比较适合工科类的专业,如焊接技术、城市轨道车辆检修、数控技术、水利类等专业;如果是经营型的性格,则比较适合学商业营销类专业,如汽车营销、市场营销、酒店服务管理等。学生可以对照以上各性格特征,确定自己属于哪种性格。

3. 用科学的方式确定自己的职业倾向

简单地说就是弄清楚自己将来适合从事什么样的工作,想从事什么样的工作。如果学生心里已经有了明确的职业理想,比如想当建筑师,那你可以直接报考相关专业,并在大学里朝着自己的理想去奋斗。但是,如果学生对自己的职业倾向不是很了解,那你可以通过一些网站和专门的职业生涯规划机构,利用他们的技术为自己进行职业测试,有些技术经过广泛的应用,已经比较成熟。举例来说,MBTI(Myers-Briggs Type Indicator)是当今世界上应用最广泛、最权威的职业倾向测试工具。它是由美国的心理学家 Katherine Cook Briggs (1875—1968) 和她的心理学家女儿 Isabel Briggs Myers 根据瑞士著名的心理分析学家 Carl G.. Jung (荣格)的心理类型理论和她们对于人类性格差异的长期观察和研究后设置的。它已经被翻译成近 20 种世界主要语言,每年的使用者多达 200 余万人。学生如果在正规的具有职业 MBTI 施测师资质的指导下进行测试,将会使被测者在很大程度上加深对自己性格以及对未来职业发展方向的了解,引导被测者探索自我、认清自我。很多网站上也有 MBTI 职业倾向测试的试题,学生有空时可以上网搜索做一做,以便能更好地了解自己的职业倾向。

## 参考意见

一个合适的专业,可能无法满足你的所有需求,但却可以根据自己最期望的几个要点来逐一测试，直到发现最适合自己的那个。

图 2-15　钓鱼台国宾馆校园招聘会

# 第三章

# 幸福职教的吸引力

职业教育体系是一个国家成为经济强国和实现经济社会可持续发展的重要组成部分。国际竞争是产业—人才体系的综合竞争，加快发展职业教育、加强技术技能人才培养作为实现社会稳定、振兴市场经济、提升综合国力的重要战略已经成为社会共识。

我国目前高度重视发展壮大实体经济、打造制造强国，这就需要大量面向一线的生产、管理、服务的应用型人才和职业技能人才。习近平总书记提出，各级党委和政府要把加快发展现代职业教育摆在更加突出的位置，更好支持和帮助职业教育发展，为实现“两个一百年”奋斗目标和中华民族伟大复兴的中国梦提供坚实人才保障。

国家大力发展职业教育的进程中，技术技能强国的梦，正是每个职业教育工作者的“中国梦”。中国梦具体表现是国家富强、民族振兴、人民幸福。作为职业教育怎么做到人民幸福？那就是打造幸福的职业教育体系，就是打造学生幸福的未来，让学生学己所想、用己所长、做己所望。

图 3-1 “中国梦”文化广场

那么幸福职教的幸福感在哪里？什么是幸福职教的吸引力？相信读完本章您会对今天的职业教育“刮目相看”！

## 第一节　升学优势

很多人认为职业教育没有升学优势，职业教育是为那些在应试教育中表现不佳的学生提供的，读完之后便成为社会上的打工仔，职业教育的学历毫无含金量可言。其实不然，一所幸福的职业学校打造的升学体系，就是可以给在初中学习成绩不理想、想提前给自己未来制定职业规划的学生一次重新选择、自由选择的学生提供学历提升的机会，职业学校通常采用“技能＋学历＋就业”的集团化立体式办学模式，让学生们在学习专业技能的同时，也可以通过“3＋2”高职模式、“3＋4”本科模式、对口升学、单独招生、高考和出国留学等渠道，实现技能学习和学历提升两不误，很多学生由于种种原因，可能受制于基础教育的框架，自身的特长和梦想没有达成，但通过职业教育这一渠道可以经过自身的努力达到希望的效果，这也为很多希望报考公务员、研究生的同学提供了基础条件。许多人通过职业教育，同样实现了学历的提升，成功录取到心仪的梦想学府。

所以，中考失利的考生用不着垂头丧气或感到人生无望，进入一所幸福的职业学校后，学校有多种模式供学生自由选择，满足学生对于升学和就业的各种需要，只要不懈努力，职业学校的学生也能快乐幸福地步入高等学府，圆自己的大学梦。

那么，一所幸福的职业学校升学途径有哪些呢？

### 一、中职——高职“3＋2”衔接模式

各专业学制为5年，即3年在中职学校，2年在高职院校。本模式招收初中毕业并参加当年中考的应届考生。在中职学校修满3年，并符合条件，颁发中职学校毕业证书，通过由省教育厅按对口衔接院校人才培养方案转段验收合格后，进入高职院校，修满2年并符合条件，颁发全日制高职毕业证书。如果中途由于个人原因或本人意愿不转段继续学习，须在中职学校修满3年或在高职院校学习一年后颁发中职学校毕业证书，并按相关中职专业毕业生待遇推荐工作。

### 二、中职——本科“3＋4”衔接模式

各专业学制为7年，即3年在中职学校，4年本科院校，招收初中毕业并参加当年中考的考生，在中职学校修满3年，并符合条件，颁发中职学校毕业证书，通过由省教育厅按对口衔接院校人才培养方案转段验收合格后，进入本科院校，修满4年

并符合条件,颁发本科毕业证书和学位证书(此毕业证为国家承认的全日制本科学历)。

这种办学模式最大的收益群体是哪些中考成绩在二类高中录取线以上,并渴望获得更好升学渠道的学生。对于这些学生来说,如果选择二类高中可能未来在高考过程中也无法考取中职——本科“3 +4”衔接模式中设置的相关专业,因为这些衔接专业都是省教育厅几经审核后最终敲定的,一定是职业学校和对接本科院校中最有优势的专业,就拿长春职业技术学校与长春工业大学合作的机械工程专业来说,这个专业正常的高考录取分数在500 分左右,但是这样的高考分数,对于一个中考只在二类高中录取线(中考成绩通常在450 分左右)的学生来说,真的非常困难。参加过高考的人应该能够理解一个概念,中考分数相较高考分数来说,通常都会降低30 ~50 分,也就是说要想同样在高考中考取长春工业大学的机械工程专业,学生的中考分数应该保持在530 ~550 分,更要在三年高中学习的过程中,一如既往的保持积极的学习状态,这对于一个中考成绩在二类高中录取线的学生来说是十分困难的,所以通过中职——本科“3 +4”衔接模式来达到学历提升的目的,是所有应届中考考生需要郑重考虑的一个问题。

很多家长对于中职——本科“3 +4”衔接模式不够了解,可能会和社会上广泛宣传的成人、自考本科弄混,这里需要说明的是中职——本科“3 +4”衔接模式是教育部批准的,针对职业教育的试点项目,在学历的含金量上是可以保证的,对于学生完成中职阶段学习后的转段工作来说,相当于办理了中职毕业考入本科的录取手续,和高中毕业考入本科大学完全相同。学生在7 年学习期间内,由衔接试点的中职学校和本科院校,统筹制定对口专业理论知识课程和技能训练课程衔接贯通教学体系,系统化培养本科层次高素质高技能人才。

学生入学后可享受中职学校学生相应的国家免费政策,进入高等教育阶段后根据对接院校不同,可享受相应的助学贷款、生活补贴等相应的国家政策。需要注意的是,从中职学校进入本科,尽管无须参加高考,但本科高校是有入学标准的,对在中职学校3 年的各科学习成绩、思想品德表现、技能等级都有明确要求,特别对数学、英语及专业核心课程将进行综合测试。

如果认为自己进入到“3 +4”衔接模式就进入了本科保险箱,那么这种想法一定是不可取的。混日子、成绩差的学生是不可能进入本科阶段继续学习的,被“3 +4”本科录取的学生更应该珍惜来之不易的学习机会,必须努力学习,方可有好的成绩为以后的职业生涯打下良好的基础。“3 +4”衔接模式的最大好处就是:学生在中职(高中阶段)就开始学习部分专业技能,这要比直接通过高考上大学的学生在专业技能学习上更有优势,特别在以后就业和未来职业发展上优势更加明显。

## 三、对口升学

对于很多学生来说,学历问题可能并不是入学第一时间需要考虑的问题,但随着学生对专业了解的深入,对未来岗位要求理解的不断加深,可能会对自己的学历有更高层次的要求,为了给优秀的职业学校毕业生提供上大学深造的机会,国家会从高校招生计划中选择部分专业,拿出专门的招生计划,对希望继续深造的职业学校毕业生进行对口专业的学历考试,考生可以根据自身专业类别来选择报考院校(不能跨专业报考)。对口升学科目一般为文化基础课程与对应专业课程,各省情况不一,而且有些省每年情况也不一,有意向报考对口升学考试的学生需要提前和所在职业学校联系,获取报考相关资料、考核报考学校和专业,达到学历提升的目的。

对口升学是职校学生之间的竞争,无形中既降低了升学难度,又能让学生发挥各自的专业长处,相对高考而言,考上大学的概率更高,可以满足接受职业学校教育的同学们学习深造的理想。

实际上,对口升学内容简单,凡职业学校中职毕业生,都可直接参加对口升学考试。在职业学校学的是什么专业,就可以参加该专业或相关专业的对口升学考试。一旦被高校录取,就可以与高考录取考生一样继续在这个专业学习和深造。

职业学校对口升学的考生升入大学后,培养的目标基本上是社会上急需的各种高级实用型人才,而不是研究型人才。这些学生毕业后,他们既具备扎实的理论知识,又有一定的实践操作能力,因此就业前景会更加广阔。

## 四、单独招生

单独招生全称为“高等职业教育单独招生考试”,单独招生是由国家教育部单独对中等专业学校应届毕业生高考招生的一种形式,高等职业教育单独招生考试(简称单招),参加招生录取的学校主要是一些独立设置的全日制普通高职院校,除少量招收本科师资班外,其余的招生计划均为普通专科。

单独招生考试本是为广大职业学校和技工职业学校毕业生设计的一种招考方式,现在普通高中毕业生也可报考,其志愿填报和专业课加试都有特殊要求。

单独招生考试的考试采取 3 + X,“3”是指语文、数学、外语,“X”是指综合专业课一科或专业基础课、职业技能课两科。文化课语、数、外的考试时间与普通高考一致,在 6 月 7 日和 8 日进行,但考试内容和要求一般会简单一些。

专业课加试一般在高考之后进行,由具备单独招生资格的职业院校负责组织。

专业课加试要求的程度从一个侧面反映出职业学校的招生情况，热门职业学校和专业由于报名考生较为集中，相对加试要求比较高。学生所报专业与原来所学专业跨度最好不要太大，以减轻专业课考试压力。有别于普通高考的是，高职单招分为13大类而不是文理科。

考生报名时选择一项作为自己的专业，通过学习专业基础知识后进行考试。高职单招考试项目有：语、数、英、专业基础知识。总分和普通高考相同为750分。虽然语、数、英考试的内容是高中的知识，但是相对于普通高考来说是简单些的。还有就是因为高职单招是省内的统招考试，各个省份出的考卷不一样，所以高职学生只能报本省的高职院校而不能报外省的高职院校。

在高职院校“单独招生”政策下，参加单独招生考试录取的考生与参加高考录取的考生享受同等待遇。单独招生院校的范围正在逐年扩大，包括100所国家示范性高职院校、100所国家骨干高职院校、各省级示范高职院校以及国家高等职业教育综合改革试验区所在高职高专院校开展单独招生试点。

## 五、高考

国家明文规定，符合下列三个条件的人员，可以申请报名高考：遵守中华人民共和国宪法和法律；高级中等教育职业学校毕业或具有同等学力；身体状况符合相关要求。

这意味着接受职业教育的学生在正常完成学业的情况下，是可以申请报名高考的。不过，在职业教育的正常授课课程中，一般不会设置高考课程内容，更倾向于应用型、技能型的课程。职业学校学生想要通过高考进入自己梦想的学府，便要和全国一千多万高中考生一起竞争，用勤奋和努力，在这场千军万马过独木桥的战斗中取得胜利，对于职业学校学生，这听起来很难。然而，这并不是没有可能的事情，职业学校里并不乏这样的励志典范。在职业学校校园里，往往能看到彻夜苦读的学霸，他们一心一意得为了高考做准备，最终取得了可喜的成绩，顺利录取心仪的高校。

每每看到勤奋用功的学生实现了自己的大学梦，看到家长由衷的笑容，我的内心是十分欣喜的。俗话说得好，英雄不问出处。谁说职业学校的学生就一定比高中的考生差，不能在高考中取得好成绩？吃得苦中苦，方为人上人，这个道理无论在何时何地都不会过时。

## 六、出国留学

现在的很多职业学校与国外的知名高校联合办学，相比于高中毕业的出国留学，由于教学模式不同职业学校的留学门槛更灵活，专业更好，可以自由选择。同样采取“3+2”高职、“3+4”本科的办学模式，对不同分数的孩子量体裁衣。比如说长春职业技术学校，多年来与韩国的知名高校合作，毕业生满意率极高，学校和九台农商银行合作为出国留学的学生提供助学贷款，解决了困难学生出国留学的费用问题。

选择出国留学，可以很好地锻炼自己的个人能力，在异国他乡，所有的事情都要靠自己解决，凡事亲力亲为，留学生涯会让学生学会独立生活。所以选择出国留学，对学生的生活能力、理财能力和交际能力都是不错的锻炼机会。

出国留学回国后更容易找到工作。尤其是在私企或者外企中，海归的竞争力要高于国内毕业生。而且，留学生能更方便的移民，很多国家都期望通过吸引留学生来增加移民数量，因此提出了很多针对留学生的优惠政策，所以对有移民打算的同学来说，选择留学来实现移民是个捷径。还有一个不可忽视的好处，就是开阔眼界。国外和国内无论是生活环境还是人的价值观都有很大的差异，在一个新的环境中生活可以体验全新的风土人情，领略不同的民俗文化，可以开拓个人眼界。

## 结　语

幸福的职业教育，可以让学生在升学模式上自由选择。如今，职业学校的学生上高职、读大学、出国留学的渠道已经完全打开，初中毕业生可以将中职学校的学习作为一个新的起点，努力利用幸福职业教育提供的多种升学途径，做好充分的准备，只要努力，职业学校的学生也可进入高等院校继续学习，毕业后享受高等院校学生同样的就业待遇。

总体来说，学历还是非常重要的，毕竟很多工作或者职位，学历都是“敲门砖”。如果学历低，发展空间必然受限，未来收益也会相应降低，能够凭借低学历真正闯出名堂的人可以说寥寥无几。

机会向来只给有准备的人。幸福职业教育的升学优势已介绍完毕，希望心怀梦想的学生们重视国家提供的机会，为了自己的梦想奋力一搏。学会了做人，学会了求知，学会了生活，并为此不懈努力，前途就会一片光明。例如长春职业学校的办学理念“养成规矩、塑造人格、增强技能、提升学历”就是为让学生大胆地把握机会锻炼自己，好好地做人，好好地求知，好好地生活。只要永远不放弃自己，人生将会变得丰富多彩，绚丽多姿。

图 3-2　我校与韩国全州纪真大学签约

# 第二节　教学优势

如果把读书看作一种投资，那么接受职业教育是一种投入最小、产出最大的投资。幸福的职业学校，学校一方面采用先进的人才培养模式，以“立德树人”为根本，实施“专业联动，分流培养”的人才培养模式，学生自由选择，学校进行引导式教育。另一方面，采用先进的教学模式，建立真实的生产性实习实训环境，坚持“学生能做的事，不让老师做，老师能做的事，不让社会做”的实践性教学理念，为学生真实生产性实训创造条件，全面实行“理实一体”教学。按照国家教育部的要求，坚持以人为本，坚持德育为先，坚持能力为重，坚持全面发展，全面实施素质教育，培养创新能力和实践能力，是职业教育改革发展的战略主题。

本节就带您看看一所幸福的职业学校的教学优势到底有哪些？

## 一、现代学徒制

学徒制是一种历史悠久的职业教育的模式。目前，这种起源于民间传授技艺的形式，在今天又被赋予了新的内容、新的形式，逐渐发展为现代学徒制。

在过去的职业教育体制下，学生虽然掌握了丰富的理论知识，但往往缺乏实践经验，导致毕业生不能满足企业的技术技能需求。为应对这种局面在参考传统的师徒授业模式和西方教学特点的情况下，根据现代职业技能培养需要产生了现代学徒制教学模式，这是一种提供交替式学习和培训的学习模式。在现代学徒制的教学环境中，通过职业学校、企业的深度合作与教师、师傅的联合传授，一个师傅带一个徒弟,徒弟一直跟随到企业就业,学生可得到以技能培养为主的现代人才培养教育。随着学生技能的进步,所得工资也会逐步提高。值得一提的是,职业学校、学生、企业三者的关系和权益由法律合同保障。这无疑架起了职业学校与行业之间的桥梁,使职业教育更具有社会性、实践性、专业性和操作性。由此可见“现代学徒制”的存在有其必然性。

简而言之,现代学徒制就是围绕 1 个标准,签好 2 份合同,用好 3 块资金,解决 4 个问题。这 4 个问题都是企业和职业教育要解决的问题:企业招工难的问题;企业用工稳定的问题;劳动者收入的问题;以及劳动者自我价值实现的问题。通过现代学徒制,学生既能学到在社会上有用的技术,还能领到学徒工资,减轻家庭负担;企业也能得到大批优质员工,为人才储备注入新鲜血液。所以,现代学徒制大有可为,这是显而易见的。

图 3-3　现代学徒制教育基地

## 二、专业联动 分流培养

以长春职业技术学校机电技术应用专业为例:“专业联动,分流培养”作为一种适合中等职业学校的人才培养模式,在长春职业技术学校展开了大胆的探索与实践。“专业联动,分流培养”体现了专业群内相关专业的有机整合,一方面同学们可按照自己的意愿和兴趣爱好选择专业及专业方向,同时也实现了资源利用最优化,使人才培养专门化,培训与就业直通化,显著地减少了学生的辍学率,提高专业人才培养质量,学生基本上能按照自己所学习的专业及方向就业,满足机电行业企业不同类型人才需求,缩短学校人才培养与企业人才需求之间的距离。学生选择自己感兴趣的具体专业与方向,然后通过一个学期的学习,在了解了专业间未来工作岗位及职业特点的不同以后,再次进行专业调整,选择学生自己最感兴趣的一个专业进行学习和技能提升,从而实现自己专业发展及

图 3-4　汽车实训基地

职业生涯规划。

“横向联动”即专业层面人才培养模式。机电专业作为电类专业的核心，通过与电子技术应用专业、电气运行与控制专业间的软硬件资源共享，实现专业群范围内的专业资源联动。除此之外，机电技术应用专业决定在下设的工业机器人应用、电梯运行与维护和机电技术应用三个专业方向，实施了专业联动，分流培养。

## 三、小班教学

教育体制的改革以及社会对人才学历的要求提高，导致社会、家长以及舆论存在一种重学历轻技能，重普高轻职高的观念，导致中职学校的生源质量降低，思想和文化素质普遍不高，有些家长也将中等职业教育当作是普高淘汰生的收留所。受到以上诸多因素的综合影响，中等职业教育普遍存在学习成绩差、课堂纪律涣散、学生学习兴趣低下、厌学情绪膨胀、专业技术能力差等现象，中职学校以及教师也是苦不堪言。小班教学经过 20 多年的研究和发展，它的优势也逐渐浮出水面。

图 3-5　电梯专业学生与老师课上讨论

小班教学可以提高教学品质，促进教育机会均等，在学生平时实训的过程中，老师可以手把手地教学生。在小班教学环境中，非正式及个人的气氛更为浓厚；学生与学生之间、学生与教师之间的关系更为密切；教师更加关心学生，更能注意个别差异，也更加关注学生的人格发展；家长与教师的互动更为频繁；学生更加有机会参加社交活动。

## 结　语

职业教育与普教不同的就是打造了当前行业需要的专业课程，重在加强学生实践动手能力培养，在课程多样化的同时，教学模式也是不断创新，本章只列举了 3 种有代表性的教学模式。学生进到职业学校后，从专业的选择到课程选择再到教师的选择都是自由选择，让学生感受到学习的快乐与幸福。

# 第三节 办学优势

## 一、校企合作

职业教育的目标是培养生产、建设、管理和服务第一线需要的高素质技术技能人才,深化校企合作是我国职业技术教育发展的重要战略选择。然而,在中高职院校开展校企合作的实践中,普遍遇到的一个难题是学校积极性高而企业参与的热情相对来说不高。究其主要原因,是我国现阶段的很多企业参与教育、投资教育的意识淡薄,仍然处于偏重经济利益的发展阶段,从而导致存在校企合作过场性和短期性,未能主动的深层次的参与中高职院校的建设;同时国家政策层面缺乏较为完善的校企合作激励机制和与产业技术改造升级相融合的校企合作制度保障体系。随着我国经济社会发展转型,增长方式的转变和企业的技术人才强劲的需求,中高职教育校企合作的自然融合与深化将是必然。中高职院校需要从行业和产业的实际情况出发,探索出适合校情国情的"互动共赢"的校企合作运行机制,实现中高职教育模式的转型。

图 3-6 长春职业技术学校与德国柏林职业教育集团签约

## 二、产教融合

产教融合,就是指职业学校根据所设专业,积极开办专业产业,把产业与教学密切结合,相互支持,相互促进,把职业学校办成集人才培养、科学研究、科技服务为一体的产业性经营实体,形成职业学校与企业浑然一体的办学模式。

“产教结合、校企一体”的办学模式，是当前职业学校开辟的一条新的发展之路，产教融合有利于激发学生的创造力、创新力，并为学生工读结合、勤工俭学创造条件；有利于提高教师的业务水平；有利于促进地方经济繁荣发展；有利于促进职业教育的健康发展。

具体实施办法是：

(1)以职业学校现有的专业实习工厂和主要机加工设备为载体，引入企业加盟，职业学校出厂房、出设备；企业带工人、带产品，双方结合，进行产品生产、人才培养。在生产中结合教学需要，让教师和学生参与生产，在生产中学习技术。

(2)企业安排生产工人、技术人员、管理人员作为兼职教学人员，根据产教结合教学计划，实施生产中的教学工作。职业学校安排有关教师跟班参加生产兼指导、辅导学生学习生产技术。

(3)校企合作前，双方考察选择。对企业可考察产品生产、法人代表(或出资人情况)，注册资金、设备情况、管理情况等。职业学校应向企业提供必需的资料和考察情况。

图 3-7　技能名师走进校园

## 三、国际合作

可别以为职业教育是紧闭国门的教育，实际上，职业教育的办学理念一直紧跟时代步伐。在全球化大潮流趋势下，职业教育也在国门大开的潮流中积极寻求对外合作，促进职业学校学生对国外人文相关背景的了解，着力培养具有全球化视野的技术人才。

以长春职业技术学校为例，该校秉承“立足国际视野，彰显职教特色，培养国际人才，服务区域经济”的目标，坚持走国际化开放办学之路，不断引进国内外优质教育资源,提升学校国内、国际知名度和竞争力。2014 年长春职业技术学校与韩国知名院校 VISION 大学合作开办“3 +2”衔接高职、“3 +4”衔接本科项目,旨在拓展中职学生就业新途径,另外与九台农商银行合作为留学生提供助学贷款,学生通过贷款的形式支付首年学费,并以勤工俭学的形式支付剩余留学费用,毕业后由韩方安置就业,获得大专、本科学历。

图 3-8 韩国全州纪真大学到校参观考察

## 四、普职对接

普职对接是普通教育与职业学校间为解决专业师资缺乏、场地及设备不足,本着资源共享、共育人才之目的,是一种新型的人才培养模式。引导学生树立正确的职业观和就业观,做好人生规划,控辍保学,并积极探索普通初中教育与中等职业教育共同发展,促进我区初中教育多样化发展,满足不同潜质的学生发展的需求。

下面就以长春职业技术职业学校与长春市净月高新实验职业学校和长春市五十五中学(以下统称试点校)合作开展职普对接工作为例,了解一下普职对接:

长春职业技术学校为落实教育局职业教育“十个打通”的策略,早在 2012 年就与长春市第 55 中学进行职普对接的合作,第一次合作有 24 名学生通过职普实验班进入长春职业技术学校订单班学习。2016 年、2017 年长春职业技术学校根据国家、省《中长期教育改革和发展规划纲要(2010—2020)》精神,引导学生树立正确的职业观和就业观,做好人生规划,控辍保学,促进初中教育多样化发展,满足不同潜质的学生发展的需求,又与长春市净月高新实验学校和长春市 55 中学,合作开展职普对接工作。

双方定于每年 3 月开始,通过召开学生家长座谈会,招生动员会等宣传形式,征求九年级学生家长意见,并引导学生进行分流,然后由学生提出申请。经学校考核、家长同意后，根据孩子的志愿及需求选择单独编班，开办长春职业技术学校职普对接试验班。

实验班的学生正常开设初三课程，同时再由长春职业技术学校安排职业体验类校本课程，并送教到校。实验班的学生在拥有初中学籍的同时，经本人同意，可随时优先预注册到长春职业技术学校中职的各个专业，也可以正常参加中考报考长春职业技术学校的“3+4”本科和“3+2”高职的各个专业升学。

职普对接实验班的管理由长春职业技术学校和试点校共同管理、共同育人，学生正常学习初三课程，同时由长职负责职业体验类课程的开发、授课。对接实验班学生的整天或整周职业实践体验课程由长春职业技术学校统一安排吃、住、行。

试点校的课程设置以学生发展需要为本，以学生的兴趣培养为中心。在现有国家统一规划学科课程的基础上，增加职业体验类课程，实施“宽基础，活板块”的课程目标，把课程分为：基础学科板块、人文学科板块、职业体验类板块。

基础学科板块：语文、数学、外语、体育。

人文学科板块：历史、政治、音乐、美术。

职业体验类板块：汽车发展史、安全行驶、交通法规、中餐折花、接待礼仪、美容造型、手工制作、点钞、沙盘模拟、企业经营、智能机器人、激光技术、摄影摄像技术、影视制作技术、微电影制作。

职普对接已实施两年，两年间已有两所试点学校百十余人参加职普对接模式学习，通过学习，这些同学大部分都进入了长春职业技术学校的订单班学习，还有一部分同学通过中考已考入“3+2”高职院校，模式的开展有利的解决和控制了初中学校学生流失的问题，使学生无序的流失变成了有序的管理。也为这些学生提供了实现人生目标的机会，圆了他们的升学梦、就业梦。

## 结　语

为适应人才市场需求变化，职业学校大力发展办学规模，培养当前社会上需求大、行业紧缺的人才。从个人发展看，职业学校学生由于职业素质较高，具备较强的专业技能，社会视野开阔，因此往往能抓住转岗、升学进修、职务提升、跳槽寻找更高工资职位等各种机会，人生发展道路广阔。由此可见，职业学校学生在人生规划方面更胜一筹，进入职业学校进行学习是人生中的不错选择，职业学校已成为打造求职本领的摇篮。

提到职业教育，有毕业多年的学生这样回答：“主要还是人的关系。本人读职业学校时，学习努力，毕业工作职业学校安排。进入公司几年后就管理7、8个手下，全部是大学生。现在自己成立公司创业，照样给大学生发工资。一边工作一边再学习，进大学进修，现在照样有不错的大学文凭、各类证书。还是人的问题。设定目标，努力学习，努力工作，钻研业务，提高水平。在哪里都能混出个样来。”

在此，我想对各位家长说，在对待子女升学还是辍学，考普高还是上职业学校的问题上，犹豫不决会错失良机，果断选择将带来新的希望。古人说得好，爱其子，必为之计长久。我们爱孩子，所以不会因孩子学习上的一时失误而求全责备；我们爱孩子，所以不会放弃孩子成才的每次机会！为了孩子的长久幸福，为了家庭的生活美满，相信各位家长一定会为孩子做出明智的选择！

图 3-9　学生风采

## 第四节　培训优势

职业教育举办的短训班以培养就业型、技能型的实用型人才为宗旨，常年招收实用技术短训班，主要开设有计算机应用与维修、电工、钳工、焊工、服装制作、餐饮服务、家政服务等专业，为有志青年成才，为农民脱贫致富。

为了保证输出的学生能被留得住、用得上，职业学校秉承“先做人，后做事”，“先树德，后学技”的宗旨。办学人员把德育工作始终放在首位，并渗透到各项教学活动中，特别是在实践课教学中，注重培养学生吃苦耐劳的精神、艰苦创业的意识和尊重他人、遵纪守法的品格。培训结束，经考核合格发给培训证书；经鉴定合格发技能职业资格证书，并负责推荐就业。

在就业压力剧增的情况下，大量的职业学校学生以其良好的素质和技能，深得用人单位好评，很快就被用人单位一抢而光，这里面倾注了职教人的心血和汗水。

职业学校通过对学生开展职业教育和技能培训，能够有效提高学生的文化水平和就业技能素质，促进职业学校学生通过市场化方式实现就业，持续有力地推进学生就业进程。职业教育开展的短期培训及培训班不仅面对职业学校的学生开放，也面向社会人士开放，使落后农村的无业人员也能拥有一技之长，进而纳入国家的就业体系，提升农村经济活力，改善农村人民生活，促进农村人口就业。

培训班的课程大致包括以下范围：

**(一)计算机应用初级班**

培养办公室文员,能应用计算机,熟练的进行文字处理、文档保管等工作。

学习办公自动化、Windows、电子表格的课程和操作技能。

**(二)计算机应用中级班**

培养中级程序设计员、图形处理、动画制作 、广告设计与制作专业。

学习 VF、internet 网络使用及管理、photoshop、Flash 等计算机编程知识,选修图形处理、动画制作等常用软件。

**(三)酒店管理与餐饮服务**

培养酒店、饭店服务的初、中级的服务与管理人员。

学习礼仪、普通话、前厅与客户服务、饭店管理、餐饮服务、家政服务的知识与技能。

**(四)缝纫操作工**

培养目标:熟练掌握服装缝纫技术,会使用电动缝纫机的技术人员。

学习服装制图、裁剪技术、服装设计基础、电动缝纫技术。

**(五)服装制作**

培养目标:能根据不同面料特点、不同消费对象的需求,进行服装设计、缝制和生产的技能人员。

学习服装款式设计、平面款式图绘制、服装结构设计及样板制作、服装工艺制作及设备使用等。

**(六)电工、焊工、钳工班**

培养掌握工厂电工、焊工、钳工操作技术的初、中级技术人才。

学习电工(照明电路、控制电路、家电维修)、焊工、钳工的基础知识和操作技能。

**(七)电子操作技术**

培养具有使用手工工具、仪器、仪表从事电子仪器仪表组合装配与调试技能初、中级人才。

学习电工学理论知识,电子技术(模拟、数字)基础理论知识,仪器制造工艺,手动、气动、电动工具、焊接技术等技能知识。

**(八)数控技术**

培养从事编制数控加工程序,并操作数控车床进行零件车削的职业技能的初、中级人才。

学习机械制图、车工工艺、数控车床、加工中心、数控电火花机床、数控线切割机床和数控冲床等设备的工作原理、结构特点、维护保养和程序编制。

培训结束，经考核合格，签发相应结业证和劳动部门签发的职业资格证书，并负责推荐就业。不合格者，可接受再次培训，直至合格。

图 3-10 我校大合唱展演

## 第五节 就业优势

谈到职业学校，就不能不谈到就业问题。当前社会就业压力大，下岗人员多，就业机会少，是大家有目共睹的。多年的高考扩招让大学生成为一个庞大的群体，以致出现了很多人眼中大学生毕业即失业的现象，其实这并不是社会人才过剩、不需要大学生，而是一部分大学生没有找准自己的职业定位，更主要的是大学教育中缺乏实践教学，致使很多大学生在从事本专业对应岗位的过程中力不从心。目前我国经济发展远未达到专业人才过剩的程度，而是专业人才短缺，有文凭无技术不能算是社会需要的人才，专业化、技术化的高素质人才在今后的社会中会越来越受重视，有一技之长的人将得到越来越高的回报。

“条条大道通罗马”，成才的路有千万条，关键是我们如何理解成才这个概念。随着国家劳动人事制度改革的不断深入，城市户口已不为人们倾慕、计划经济体系下的学校毕业分配制度不复存在、“铁饭碗”也已成为过去，成才靠的是过硬素质，凭技术立身、靠能力创业已成为当今时代的共识。现在的职业学校倡导打造终身就业的理念，就业跟踪服务，社会互通机制，让学生从入学到毕业再到就业，最终做到用己所长，职业学校正在通过优质的就业体系，打造幸福人生。

## 一、职业教育的就业理念

“加快发展职业教育，让每个人都有人生出彩机会。”这是习总书记就职业教育发展做出的重要指示。职业教育就是要帮助在应试教育中成绩不理想的学生、教育体制不完善的农村孩子走向出彩人生。如今，某些就业单位招聘条件并不高，中职、高中学历就可以，有时，在招聘会上，整个会场可能只有一家就业单位的招聘条件上标有研究生以上的字样。例如像洲际酒店开出招聘管理人员的条件也只写有专科以上。曾经有一家企业主管招聘的负责人和我说：我们招聘的岗位是按需求来定的，本科毕业生并不一定就适合所有的职位，反倒是你们职业学校的学生技术扎实，服从管理，我们更愿意招聘。

一些就业单位其实不愿意招聘应届的毕业生，因为大多数应届毕业生都很浮躁，进了就业单位后，他们不考虑如何沉下来提升自己的技能，而是四处寻找跳槽的机会，就业单位花费了很多的人力与物力却没有得到应有的回报。还有一些毕业生以为进了就业单位就会有很好的薪金，其实不然，刚进入就业单位得到的薪金是有限的，只有在自身素质与业务能力不断地提升后，才有可能获得高薪，想要求薪酬方面“一步到位”在所有就业单位都是不存在的。此外，对于学生来说更应看重的是就业单位的工作环境、能提供的学习机会；其次才是薪酬，还有就是能够提升的机会有多大。

三百六十行，行行出状元。只要在选择的时候能够有一个正确的认识，努力学好一门自己喜欢的专业技术，以后的工作和生活就可以得到基本的保障。现在，对于职业学校学生来说，很多职业的发展都很不错，比如餐饮业，尤其是川菜、火锅这些，厨师现在就是一个很有前途的职业。再比如，做酒店行业，只要“坚持”，就能成功，可能当新人时，经常被人差使，习以为常就行，坚持微笑，保持正能量；坚持学习，勤于提问；坚持脚踏实地，酒店行业内能学会坚持就会得到很多晋升的机会。只要做到在校期间认真学习，注重培养自身技能，现在职业院校学生就业是没有问题的。不好就业的都是那些不但什么都不会，还不认真的去学习，不想从基层做起，眼高手低的人。

职业教育的本质是为学生就业服务的，通过职业教育的系统教育，让学生对职业所需的专业技能达到未来岗位需求是职业教育的基本目标，对于中等职业教育来说，学生的就业是完全有保障的，不仅因为现今社会对专业技能型人才的大量需求，更因为职业教育在近几年的转型过程中做出的改变，从原来的基础教学模式，转变为先进的实践教学模式，职业教育正在向实用型教育转变，由此带来的是职业教育毕业生在求职市场中的供不应求，很多家长最担心的就是学生未来的就业问题，可能与大学毕业生的就业现状相比来说，家长们对职业教育的就业充满疑问，觉得大学生就业都很难，职业学校的学生就业会不会更成问题。这就需要家长们从供求关系上看待就业问题了。首先，社会对岗位的需求来自于企业发展的需要，职业学校培养的学生是针对特定行业、特定岗位的，所以在招聘环节中往往是最受重视的。其次，职业教育对于学生实践操作能力、职业素养、工作准则的教育是贯彻在日常教学中的，经过长期的系统教学，职业学校的学生已经养成了熟练的实践技能、完善的工作流程，初步具备了所需岗位的专业技能需求，不需要企业重新进行系统的岗位培训，所以企业出于实用角度考虑对于基础岗位的需求往往来自于职业教育的学生。

对于职业学校的学生来说，就业只是职业教育提供的基础条件，对于学生未来的发展，职业学校也可以提供一套成熟的方案，比如现在很多职业学校正在推广的终身教育，让学生不仅仅停留在通过系统的技能学习找到适合自己的工作，更可以通过职业学校这个平台达到学历提升、技能提升、职位提升的目的。通过职业学校这一有效资源，让学生即使在毕业以后，也可以从多方面对自己进行再次教育和提升，从而在职业生涯发展方面起到更直观的效果。比如，学生毕业后通过职业学校的培训项目，可以获得岗位所需的技能证书；毕业生通过学校的各种升学方式提升学历；或者学生在了解一种岗位的技能需求后，通过职业学校得到更多的就业资源，从而获得职位上的提升等。

所以，对于学生、家长们来说，职业教育可以为学生提供的不仅仅是一个就业平台，更可以为学生的整个职业生涯助力添彩，职业学校更可以成为可以让学生终身受益的平台。

## 二、订单培养

订单式培养也叫“人才定做”。订单式培养模式就是校企合作办学模式，即以订单委托培养的形式与企业联合办学、办专业、办班，企业参与办学全过程，学生毕业后就进入该企业工作。它是指培训机构针对单个用人单位需求人数较少，岗位较分散的实际，自行开发并经劳动保障部门同意后组织明确就业岗位去向的技能培训；用人单位也可向劳动保障部门提出用工需求，由劳动保障部门有计划地委托培训机构根据用人单位用工需求组织实施。经考核鉴定后，用人单位与符合补贴条件的培训对象签订 1 年及以上劳动合同，并为其缴纳社会保险。

任何企事业单位对于“人才”都是来者不拒，但几乎大部分单位的人员流动都是频繁的。单位在招聘上投资如此之大,却招不到适合的“人才”。

“人才流动”,这个词已经在世界范围内扎根,可不懂得使用它的人不光是大学生,多数年轻人会在心里改变它——“人才频繁流动”,因为就像知识一样,是需要交流的,频繁交流才能快速提高,人也是一样,否则就难以晋升为“人才”。

大学生、社会人,因为专业的限制,很少出现多元化的“人才”,而那些多元化的“人才”,都是经历社会的风风雨雨而磨炼出来的,会花很长时间。然而国家、社会,都急需得到综合性的“人才”。所以职业学校,为能满足国家和社会的需要,不断地对专业人员进行“补充式”(充电)的培训。但培训是短暂的,内容是简便的。以至于从大学里走出的所谓人才,都是理论、技能单一的人,是无法满足国家和社会对于综合型人才的要求。

世界上财力、实力等都非常雄厚的企业,纷纷开始建立自己的大学,如:麦当劳的汉堡大学、摩托罗拉大学、西门子大学、惠普商学院、松下商学院、台湾的宏基 Aspire 学院、中国的海尔大学等。这些企业建立大学的目的不仅仅是为自己培养人才,更多的是为社会培养人才,希望人在刚成材的时候就开始用心修剪,用心的栽培。可是企业想要成立大学,仅是为自己培养人才,它的投入都是巨大的,没有几个企业可以实现。

最终,国家、社会和大部分企业又都把目光投回了职业学校,把多元化、综合型人才的培养重任交给了职业学校。

学生从进校起,职业学校就应将其就业作为项目进行组织规划,包括校企共同研究人才需求走势、定位学生修习方向、规定合理的专业设置、实施系统的职业规划和就业策略、对用人单位跟踪调查和积极反馈等。

图 3-11　学生到一汽轿车股份有限公司就业

## 三、自信的职业心理

“升学或就业”的抉择曾经让无数职业学校生不知所措，所以，学生在自主选择的前提下不妨听取、考虑一下老师提出的意见。有的时候学生对自己的认识往往并不客观，会一味地想去升学或者就业，这时候老师基于对学生的了解而做出的判断往往会比较实际。成绩比较好、接受和理解能力强、对学习文化知识表现出浓厚兴趣的学生，通常老师会建议他继续学习，准备升学考试，力争考取高职；对于动手、操作能力比较强的学生，职业生涯规划专题老师会建议他在略宽一些的范围内考取多个职业证书，取得相应的执业资格，拓宽就业面，成为在职场上应变能力比较强的初、中级技术工人；而另一部分学生，老师就建议他们瞄准本专业，将本行吃透，将来凭自己的一技之长在社会上立足。

由于现今社会上人才“高消费”现象比较严重，造成了人们对高学历的追逐，“学历高就是好”这样的观念产生的影响较深，职业学校毕业的、刚刚走上工作岗位的学生容易产生自卑感。其实，走上工作岗位的第一步就是要调整好自己的心态。首先要对自己充满自信，坚信自己选择职业学校并不是考不上普通高中的“无奈之举”，自己掌握了至少一门的专业技术或知识，要满怀自信。

同时，更要对自己有一个清醒的定位，不要因为工作初期的顺利或者挫折，而产生盲目自大或自卑的情绪。其实从一定意义上来看，职位和人才一样，并没有“好”或“不好”之分，只有“合不合适”的问题。所以他建议刚走上工作岗位的职业学校毕业生，当你选择了一个自己比较适合的工作，如果没有特殊的原因就尽量不要草率跳槽，尤其不要进行跨行业、跨领域的转换。如果这样，会造成自己经验的90%以上被浪费掉，同时你要花费比别人多一倍的精力去学习新的东西，一旦短时间内不能适应这种改变，很容易导致再次跳槽。这种跳槽一旦形成恶性循环，你就将不会有直接的发展和提升的机会；随着年龄的增长，找到自己位置的难度就会越来越大了。

## 四、终身就业

职业教育是以能力为本位的教育，以培养实用型、技能型人才为目的，主要培养‘一线’所急需的技术、管理、服务人才，学生在校学习的知识和技能，毕业后能马上用到工作岗位上去。那么职业学校里面推荐就业是真的吗？在此，我可以很负责地告诉你，毕业推荐工作是真的，不仅毕业推荐，而且终身推荐就业！

传统意义上职业学校就业老师的终极任务就是推荐、安置毕业学生，通常不会有后续服务，更不会对已经就业和实习的学生提供职业帮助、职业提升和职业规划，从而导致学生在企业的稳定性差，企业用人成本和难度增大，最终结果是学生和企业都不满意，双方都很失望。

现在的职业教育为了降低企业用人成本，让学生能快速适应企业要求，打造终身就业体系，例如长春职业技术学校打造的幸福职教体系中建立的终身就业服务，学校下大决心与企业一起，对就业、实习的学生实施：职业帮助、职业提升、职业规划，终身管理学生的职业发展和职业生涯，持续为企业定制和培养真正需要的优秀人才！针对企业和学生具体特点，职业学校通过“私人定制”，推出企业和学生的个性化方案，帮助学生实现终身就业！终身幸福！

## 结　语

现今的各个领域都在飞速的发展，一个人要想在行业中乃至岗位上立于不败之地，甚至还想寻找更加适合自己的职位，不断充实自己是必不可少的手段之一。进入某一领域，就要脚踏实地地在这个领域中把自己做“专”，成为该领域中的专家，从一个领域的底层开始做起，熟悉并精通行业中方方面面的业务。行行出状元，只要脚踏实地地走，每条路都是通往成功的，今天的职业教育为你的人生保驾护航。

例如长春职业技术学校每年还会邀请优秀毕业生返回母校“现身说法”，传授工作的经验，为在校生树立榜样。学生在签订劳动合同后，学校还会不定期回访，保证学生在工作岗位上得心应手。在学生上岗前，进行“一对一”贴心指导，上岗后，不定期对毕业生进行实地或电话回访，保证每一位毕业生用己所长，工作幸福，生活幸福。

图 3-12　学生到中国中车集团长客装备有限公司就业

# 第六节　助学优势

职业教育成本低，家庭负担轻。为了改善职业学校的办学条件，大力发展职业教育，国家及各地方政府相继出台了发展职业教育的相应政策。比如对家庭困难学生给予减免学杂费，各职业学校也有各自的奖学金，对涉农专业实行全免政策。

## 一、企业奖学金

除了国家奖学金外，不少企业为了提升自身品牌竞争力，培养优秀员工储备，在职业学校设立企业奖学金，提升品牌效应。企业通过设立企业奖学金，把奖金颁发给每一位优秀学子，不仅能借此激励学生，还能在校园里大力弘扬企业文化与价值观，为优秀员工储备打下基础。学生受到激励后，也会不断加强自身专业水平和素质修养，争取将来毕业后能在职业生涯中绽放光彩。

图 3-13　我校获得奖学金的学生

## 二、金秋助学

“金秋助学”是一项关注民生、关心教育、关爱学生的德政工程，也是体现爱心、温暖人心、凝聚信心的民心工程，符合条件的特困职工子女将获得助学金。职工可按照要求，向所在工会提供全套材料进行申报，未建立工会组织的单位职工可向社区或街道进行申报。

金秋助学活动是长春职业技术职业学校继“双扶慈善助学项目”之后启动的又一重大助学举措。几年来，长春职业技术职业学校一直致力于解决困难职工及困难农民工子女上学难和就业难问题，始终以“培养一个孩子，帮扶一个家庭”为目标，对促进社会和谐稳定做出了贡献。

长春职业学校与市总工会共同商讨“金秋助学”项目，成为市总工会人才培养基地，在困难企业、困难职工、困难农民工人才培养方面长期合作。职业学校还积极探索可持续职业教育新模式，满足多行业、多工种的需要，提供年均2000人次以上的培训服务；建立培训富余劳动力和农民工项目，培训专业涉及汽车、客车零部件的装配、电焊工、站务等；与高新技术开发区、经济技术开发区等合作，为社会再就业和新农村建设做出了贡献。

**事　例**

金同学家住在当地的农村，家中田地较少，父亲重病，她是一个勤奋好学的孩子，父母没有钱让她读书。因为是农村户口，金秋助学给了她继续学习的机会，成为我校一名轨道检修专业的学生，金秋助学不但免去了她的学费，书本、保险、校服等都已经为她解决了。她立志一定要好好学习专业知识，将来凭自己的能力回报社会，回报那些关心她、帮助她的老师同学们。这就是金同学：一个家贫志不短的好孩子。

图3-14　我校深化会，校企联合助学活动

## 三、国家免学费政策

以长春地区为例，学校对所有农村及县镇、城市涉农学生和部分家庭困难学生

免除学费。对长春市区户口学生每年免收1000元,共免3000元。农村(含县镇)及城市家庭困难学生(占在校生总数的10%)可享受2年共计4000元助学金。

**事　例**

王同学,长春乐山人,这几年来对国家的助学政策感受深刻。他的心里都有说不出的高兴,每年免收的4800元的学费不只是因为其帮助他解决了或多或少的经济困难,更表明我国的教育事业正逐步地赶上国际水平。人们得到高素质的教育,这是有利于个人、社会以及国家的。

他说:其实,许多人都错了。学校的学费是贵,一年的学杂费也许是农村一大家子人一年辛勤劳动也挣不来的。但是,他们忘记了还有国家,国家的助学政策是不容许任何一个有志青年因为经济的原因而辍学的!国家出台了许多切实可行的政策来帮助许许多多有经济困难的学生,如国家免学费、国家助学金等!是的,我与我周围的同学都是一个个鲜活的例子。在接受国家助学金的同时,我们的心里是极不平静的。古语有云,无功不受禄。还是学生的我们没有为社会、为国家做出贡献,这样就接受了国家的一笔资金心里当然是不安的。但是,想想看,我们也无须如此的庸人自扰,因为若干年后,相信凭借自己的知识和能力,是可以为国家做出自己的贡献的。是的,我们有信心!这个信心来自国家,来自学校,也来自我们辛勤付出的父母。我们相信,个人的力量汇集起来,是可以发挥出巨大的能量的。目前王同学已经到一汽集团工作,在工作中得到了领导和同事的一致好评。

## 四、精准扶贫

对就读职业学校建档立卡的家庭经济困难寄宿生给予生活补助,保证上级的贫困寄宿生补助全额准确的落实到位,让那些家庭贫困的孩子能够安心读书、读得起书。争取引导社会各界捐资,多渠道筹集贫困生资助资金。积极推动社会力量采取"一对一"的方式帮扶贫困学生,减少因学返贫现象发生。

创设"精准扶贫"是职业学校深入贯彻落实精准脱贫工作会议精神的重要举措,为全面提升贫困农民就业能力,促进劳务输出由体力型向技能型、数量型向质量型转变提供了平台。

比如对象是长春地区"建档立卡"的贫困家庭实施精准扶贫,免除学费、教材费、职业资格认证费、公寓费、公寓备品费、校服费、城镇居民基本医疗费,每年补助各种费用共计7200元。

### 事　例

精准扶贫是爱心工程，长春职业技术学校15数控技术应用“3+2”衔接长春工大班的刘同学，他出生在一个不富裕的农民家庭，家中父亲靠打零工维持生活，母亲病重常年卧床，本就无太多收入，而刘同学自出生起就体弱多病，那时年幼，家人带着他四处求医问药，他也因此整日药不离口，常年与病魔为伴……

在县政府的指导下，村委会为他的家庭填写了扶贫手册，每年对他的家庭进行补助，精准扶贫也是爱心接力！来到长春职业技术学校后学校在为他免除学校各项费用的同时还对他进行了补助，刘同学说，一定要好好报答国家，报答学校，报答那些帮助他，关心他的老师同学，是他们为我本来平凡而又黑暗的生命带来了温暖和阳光！今后要做一个对社会有用的人。现在他已经衔接到长春工业大学读书。工业大学还会继续接力！让同学们感受到家的幸福！

### 结　语

既免学费又创收，特困学生享资助，经济负担轻。近年来，国家对职业教育高度重视，把职业教育纳入了教育兴国的重要战略，给予了更多的政策优惠和扶持，包括全免学费、贫困生享助学金等。既达到了培养学生适应社会和提高动手操作的目的，又解决了学生的经济困难。这比上普教交高额的择校费和资料费划算得多，国家对职业学校教育的重视程度大大提高。

## 第七节　职业体验优势

普教学生对职业教育较陌生，充满了新鲜和好奇，为了让这些学生更直观深入了解职业学校优势专业的特点，展示职业教育的魅力和价值，职业学校以“热情迎接，精心准备，贴心服务，展现风采”的活动指导思想，派出各专业精兵强将，以“理论—参观—实践”的教学模式，深入浅出地把各门课程的精髓展现给同学。这些体验课程往往生动有趣，深入浅出，到结束时，总会让学生感到意犹未尽，纷纷期待有再次的体验。职业体验，在每一个同学心中播下了职业梦想的种子。

职业学校发挥专业优势，加强与普教课程衔接和融通，主动为普教学生职业技能类选修课和职业生涯规划教育提供支持，为学生的健康成长搭建了多元化的学习平台和良好的发展空间。学生能就职业体验、快乐成长、普职渗透、生涯启蒙等热度话题在职业院校中找到相应的答案。

图 3-15　学生形体训练

## 一、学生校外实践基地

为了培养学生的创新精神和实践能力，引导学生在活动中实现课程的发展价值，注重强调过程与方法、情感态度与价值观；具备基本的生活自理能力，提高交往协作能力、观察分析能力、动手实践能力以及对知识的综合运用能力和创新能力；初步掌握参与社会实践与问题研究的方法；获得亲身参与综合实践活动的积极体验和丰富的经验；初步养成合作、分享、积极进取等良好的个性品质，培养对社会生活的积极态度和参与综合实践活动的兴趣；形成对社会、对自我的责任感，为学生的职业规划和人生发展奠定基础，促进学生的社会化。通过探索综合实践活动课程开发和实施的有效途径、经验，为中小学的课程设置与实施提供有效的示范和引领等原因，国家大力发展学校校外实训基地。

以长春职业技术职业学校校外实践基地为例，我们来看看这些体验基地能给学生们带来什么样的帮助和启发：

长春职业技术学校“长春市学生校外实践基地”是于 2016 年被确定为长春市学生校外阵地体系先行先试项目。2017 年 6 月 20 个实践基地正式对外开放，先后接待了长春市汽车产业开发区第五学校、长春市 55 中、长春市净月高新实验学校、长春第二中学分部等 10 余所初中学校近 300 名学生来进行认知和体验。学生在汽车安全体验中心，通过汽车模拟驾驶、实车动感模拟驾驶实训，让学生们从根本上了解汽车驾驶在不同路况下的基本技能要求和直观动感乐趣。急救体验中心具有心肺复苏仪、急救包、单价、夹板等急救设备，可完成心肺复苏、包扎、固定、搬运等急救练习，强化急救意识，掌握急救技能，危急时刻显身手，帮助了他人，挽救了生命。数字媒体设计大师启蒙训练中心包含创意空间、小型影棚、中型影棚、造型实训室、美术实训室、传媒工作室、广告设计实训室、广告制作实训室、影视工作室和影视后期实训室。通过摄影摄像、影视后期、平面设计等课程的体验让学生提升对数字媒体课程的兴趣。形象设计体验中心一方面让学生提升自身的形象，另一方面让学生体验童话人物造型、欧式人物造型、公主人物造型、晚宴人物造型、时尚人物造型、民族人物造型、职业人物造型等形象，让来到中心的学生体验一种高端、优雅、美丽、时尚的形象设计课程，打造完全不同的自己。还有礼仪培训中心、茶艺培训中心等，让体验的同学感受不同的教育，寻找更好的自己。通过体验丰富了学生的知识，开阔了视野，对职业教育与职业学校有了一个全新的认识。

(1)汽车安全体验中心：本体验中心以学生感知，兴趣为出发，通过汽车模拟驾驶，实车动感模拟驾驶实训，让学生从根本上了解汽车驾驶在不同路况下的基本技能要求和直观动感乐趣。在二者的基础上渗透对车况特点及结构特点的重点掌握，更好地为所学方向，就业去向及根本的社会生存方向指明道路。让学生体会“玩中学，学中玩”的兴趣，让学生达到“学必会，会必谦，谦必让”的技术素养全方位发展。

图 3-16　长春市学生校外实践基地——汽车安全体验中心

(2)汽车养护体验中心：汽车养护体验中心总面积 340 平方米，其中包括德系、日系、美系、韩系、法系、国产等 20 余辆用于体验的车辆，配备举升机、扒胎机、换油机、动平衡机等国内外先进的汽车养护用设备，工具以及各类养护用品，可以满足 50 人同时进行体验学习。学生在该体验中心可亲自动手进行汽车发动机系统、转向系统、变速器系统、空调系统、制动系统、舒适系统等各大系统养护体验项目的操作。多样的体验项目都来源日常的车辆保养内容，有助于学生了解日常汽车养护的内容，体验汽车构成。除此之外，学生可以获知很多关于如何正确养护车辆的小常识和降低油耗的小技巧。

图 3-17　长春市学生校外实践基地——汽车养护体验中心

(3)工业机器人体验中心:工业机器人是面向工业领域的多关节机械手或多自由度的机器装置,它能自动执行工作,是靠自身动力和控制能力来实现各种功能的一种机器。其应用领域非常广泛,毕业生可就业于工业机器人安装,调试,操作,维护,集成应用及设备管理等工作。工业机器人体验中心由国产的华中数控焊接机器人和机械拆装机器人、瑞士 ABB 编程机器人、德国 KUKA 四门两盖机器人生产线四部分组成。通过工业机器人体验中心课程学习和体验,使中学生趣味性亲身体验工业机器人的焊接、装配、打磨、点胶、搬运、压铸及堆垛等作业,也使中学生对机器人智能在生产实践中应用感性认识,培养学生职业兴趣,为中学生职业生涯规划打下良好基础。

图 3-18　长春市学生校外实践基地——工业机器人体验中心

（4）机器人科普创新体验中心：本中心开设了四驱小车拼装课程，乐高机器人拼装编程，36氪机器人拼装编程以及 OS 多关节人型智能机器人的复杂程序编写等课程。角宿萼团队以饱满的热情、专业的教授、耐心的指导为青少年的发展提供更多的可能性。机器人科普创新中心致力于青少年科技启蒙与创造力的培养，面积 300 平方米，目前是长春市最专业的机器人培训中心之一，拥有资深教育团队，吸取西方青少年科普教育的优秀教学经验，结合丹麦乐高，make-block 等公司优质教学设备，研发推出科普创新项目，形成了一套完整的青少年体验式智能机器人课程培训体系。该体系覆盖 12～18 岁青少年的学习需要，打造趣味体验，学生在团队协作中去探索，去求知，去创造。

图 3-19 长春市学生校外实践基地——机器人科普创新体验中心

（5）激光加工体验中心：激光加工技术被誉为 21 世纪新四大发明之一，作为先进制造技术已，广泛应用于汽车、电子、航空、冶金、机械制造等国民经济重要部门。该中心拥有焊接、雕切、打标、切割、光路调试等典型激光加工，调试及方针设备，开发了一系列具有趣味性、科学性、实践性及创新型的体验项目，为学生提供参观体验，使学生在体验活动中认识一门技术、学习一种技能、尝试一次创新、体验一回成功，在探究中感受快乐，在体验中丰富人生。精密加工体验中心占地面积约 600 平方米，配置国际上最先进的五轴五联动立式加工中心一台、四轴四联动卧式加工中心一台、高精密磨床一台、高精密慢走丝床一台、精密三坐标一台、精密磨床一台、工业级数控车床等总价值达两千多万元。承担了多项吉林省教育厅、长春市教育局和校级的课程，精密加工体验中心主要承担教学，科研及高精密零件生产等任务。承担工程有数控加工、数控多轴加工、中小职业学校校外活动体验课共 3 门，实验，生产项目有 40 多个。

图 3-20　长春市学生校外实践基地——激光加工体验中心

(6)精密加工体验中心:20 世纪 60 年代为了适应核能,大规模集成电路、激光和航天等尖端技术的需要而发展起来的精度极高的一种加工技术。高精度与高效率精密加工和超精密加工虽能获得极高的表面质量和表面完整性,但以牺牲加工效率为保证。通过体验加工,学生会对高端数控加工有所了解,为今后职业选择奠定基础。

图 3-21　长春市学生校外实践基地——精密加工体验中心

(7)机械制造体验中心:机械制造体验中心拥有吉林省高端数控加工设备,目前有数控车、数控铣、龙门铣、线切割、加工中心、车铣复合等高端数控机床共 100 余台,供学生参观体验加工使用。在体验中心学生会真实看到最前沿数控加工,真切体会数控加工所带来的无穷魅力。

图 3-22　长春市学生校外实践基地——机械制造体验中心

(8)电梯安全体验教育中心:电梯安全体验教育中心运行依托于我校机电技术应用专业电梯维保方向,占地面积 200 余平方米,建设投入近百万,有奥的斯、日立等国际一线品牌垂直电梯,自动扶梯和自动人行道共 7 部,可同时容纳 40 人进行体验。学生可在中心教师指导下近距离接触电梯,电梯的结构和工作过程将不再神秘。学生可在(教师指导下)亲自在电梯系统中设置故障,深入了解电梯,理解电梯的工作过程。通过多媒体课件和视频资料,学生可以生动直观地了解电梯事故的成因,掌握突发情况下的紧急应对方法和措施。

图 3-23　长春市学生校外实践基地——电梯安全体验教育中心

(9)急救体验中心:城市轨道交通专业的急救体验中心具有心肺复苏训练仪、急救包、担架、夹板等紧急救护设备,可完成心肺复苏、包扎、固定、搬运等急救练习强化急救意识,掌握急救技能,危急时刻显身手,帮助他人,挽救生命,为和谐社会发展做贡献。

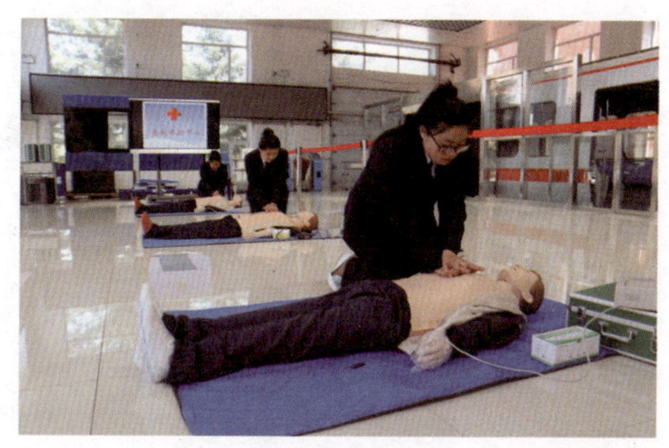

图 3-24 长春市学生校外实践基地——急救体验中心

(10)沙盘模拟企业经营体验中心:沙盘模拟企业经营体验中心用沙盘的形式,通过筹码推演和角色扮演企业经营过程,让学生体会企业经营场景,学习资金预算、广告策略制定,找到提升企业的运营效率,以及创造价值的能力,在沙盘大赛国赛一等奖和省级银牌教练的指导下,透过实战训练,洞察企业成功的重要因素,培养学生分析问题的能力和团队合作精神。

图 3-25 长春市学生校外实践基地——沙盘模拟企业经营体验中心

(11)数字媒体设计大师启蒙训练中心:中心师资力量雄厚,实训设备卓越,训练场地宽敞。包含"1 间 2 棚 7 室"(创意空间、小型影棚、中型影棚、造型实训室、美术实训室、传媒工作室、广告设计实训室、广告制作实训室、影视工作室和影视后期实训室),占地面积约 2000 平方米,设备储值 400 多万元,日均容纳 200 余人次的沉浸式互动教学体验。通过数字媒体设计大师启蒙训练中心理实一体的课程体验,提升学生对数字媒体技术应用专业的兴趣,为学生今后的求知、合作、发展打下良好的基础,为中国未来的数字媒体设计大师的培养奠基。

图 3-26　长春市学生校外实践基地——数字媒体设计大师启蒙训练中心

(12)现代物流技术体验中心：现代物流技术体验中心的建设与现代物流产业发展紧密结合，通过软件与硬件的集成实现对物流企业全方面运作的真实模拟体验。现代物流技术体验中心充分考虑物流企业运营特点，以现代物流运作为基础，引入先进的企业设备运用到一线教学当中。实训企业全部物流核心活动，如装卸、运输、储存、流通加工、包装、配送、物流情报等。学生通过体验，实现角色演绎，使用物流设备：如平衡重式叉车、装卸搬运设备、立体式货架、流利式货架、语音拣选、自动分拣、RF 手持终端、打包加工设备等，配合仓储管理系统搜集物流情报，完成物流作业。体现现代物流的智能化和高效化。学生通过体验，实现理实一体化教学，践行以学生为主体，以能力为核心的职业教育理念，提高学生的物流岗位操作技能。

图 3-27　长春市学生校外实践基地——现代物流技术体验中心

(13)现代酒店服务体验中心：现代酒店服务体验中心主要由中餐实训室、西餐实训室、客房实训室、餐饮包房，以及客房五部分组成。其中，中西餐实训室通过营造仿真教学环境，完成餐厅服务的基本职业技能训练、餐台设计方法以及针对餐厅服务员的技能鉴定和技能比赛的训练。客房实训室能满足客房中式铺床、西式铺床、客房打扫清洁、对客服务等各项专业技能的教学实践和针对客房服务员的技能鉴定及技能比赛的训练工作等。学生在餐饮包房和客房中通过角色扮演的方式进行轮岗体验,了解现代酒店服务技能。学生可以在充满酒店文化特色的环境中体验、学习,感受不一样的岗位活动与魅力。一颗细腻心,两只勤劳手,从细微之处着手,注重每一个细节。通过餐饮体验中心课程的学习、体验,学生能够集优雅与品味于一体,体验餐饮主题文化的独特风韵。

图 3-28　长春市学生校外实践基地——现代酒店服务体验中心

(14)形象设计体验中心:形象设计体验中心教学环境幽雅,设施设备先进,学习气氛浓厚,配备以高端多媒体教学手段和手拉手师徒结对的小师傅陪练的实践方法,让学生能够在高品位的艺术氛围中进行学习和创作。形象设计体验中心一方面让学生提升自身的形象,另一方面让学生体验童话人物造型、欧式人物造型、公主人物造型、晚宴人物造型、时尚人物造型、民族人物造型、职业人物造型等形象,让来到中心的学生体验一种高端、优雅、美丽、时尚的形象设计课程,打造完全不同的自己。

(15)礼仪培训中心:礼仪培训中心由仪态实训区和仪容仪表模拟区两部分构成。以文化传播和形体训练为载体,结合社交礼仪、商务礼仪等特色课程,通过“严,细,练,变”的培训体验,在短期内提升学生的形象气质,增强优雅仪态的表现能力,培养学生养成良好的礼仪习惯,达到“今天就改变,和昨天说再见”的良好效果,为今后在职场中树立完美的个人形象,彰显良好的职业形象奠定基础。

(16)茶艺体验中心:兴趣是推进学习新事物的动力。茶艺体验课程主要内容分为四大部分:感受茶文化、学习茶之礼、品鉴茶之味、体验茶之美。通过体验了解中国茶文化的发展历史和茶叶的基本知识,学习中华传统礼仪,正确区分不同茶

图 3-29　长春市学生校外实践基地——形象设计体验中心

图 3-30　长春市学生校外实践基地——礼仪培训中心

类，学会不同茶类的冲泡方法，能够完成至少一种茶艺表演，热爱并传承中华传统文化。

## 二、企业实践课

全面完成教学的任务，使学生做到理论联系，同时拓宽同学们的视野，丰富课外的社会知识。职业教育为在校每一个学生都做了长期的计划——每学期一次的社会实践。学生利用寒暑假，深入企业基层，进行了企业就业的相关社会实践。

通过企业实践课上的体验，学生能对企事业单位有了进一步的认识和了解。在实践中，学生能学到很多职业学校里学不到的东西。职业学校与社会存在着太大的差异，同时也让学生早点步入社会，提前给自己做好工作的心理准备，以避免以后毕业后出现断层，对现实产生茫然的感觉。

图 3-31　长春市学生校外实践基地——茶艺体验中心

其实在现实中，只要有能力就会得到企业的重用。而这种能力不仅仅是技术上的，更重要的是与身边人的交际能力。

通过不断的学习，学生在企业实践中健康成长，充分认识正确的人生观、世界观。在繁忙的实践课中，在老员工的带领下，学生能收获良多。企业实践课激发了学生继承和发扬爱国、进步、民主、科学的光荣传统，在学习和成长中进步。用知识大力传播科学技术、文化知识和现代文明。宣传弘扬科学精神、民族精神，引导青年学生认识国情、了解社会、服务社会。在活动开展中，提高学生的团队协作意识、社会活动能力和实践能力，实现全面发展。

## 结　语

每名职业学校的学生最美好的 15 ~ 20 岁这段青春，应该是交付给自己喜欢的事的，“写字、画画、游泳、表演、跳舞、魔方、英语、摄影、写作、看书”……无论是什么，我希望同学们将这段经历变成财富。从现在开始，如果喜欢自己的专业，那就抓好每一分钟在学校的时间，放假时间多多实习，抓好上课的时间认真吸收，对老师表示尊重，课余时间大胆做自己喜欢的事。

现代企业招聘新员工时最看中的是他们哪些方面的东西？经过实际调研，比较一致的意见是：会吃苦，能服从；有一技之长；具有团队合作精神。在这一方面，职业学校的学生更具有经验优势。职业学校的学生 15 岁就开始接受职业技能培养，早早进入社会，阅历丰富，容易从磨炼中走向成功。综观当今商业，创业最成功的人士，都有一个共同的特点，就是他们社会经历都非常丰富，不少企业主回想当年都是十七八岁就去闯天下的，他们往往都是靠丰富的社会经验和一定的原始积累发展壮大企业的。职业学校的学生在这一点上跟他们是有相似之处，如果是大学生，就业起码要比我们职业学校的学生晚一些，如果走相同的创业道路，职业学校毕业的学生肯定会输于大学生吗？我想未必，在实际创业道路上职业学校的学生赢的概率可能更大。

职业教育就是学者有其能，能就是技能，有技能就能就业，从就业提升到创业，这是每位事业成功者的成长规律。职业学校存在的最大意义是，为需求提供人才，为断层提供方案。事业成功不在高学历，而在具有进取、创新、吃苦、拼搏的能力，众多成功人士的事例充分说明了这一点。职业教育由学生选择所喜欢的专业，突出动手能力和技能，一般动手能力强的学生，选择职业教育更有利于其终身发展。很多职业学校毕业生凭借一技之长，成了技师、工程师等技术骨干或企业高管、经理、董事长，找到了一条幸福的人生之路。

人生机遇，贵在把握，抉择未来，时不我待！适合自己的，才是最好的！希望每一位初中毕业生都能在老师和家长的指导支持下，选择适合自己的高中阶段教育学校，以创造更美好的未来。

图 3-32　我校“明德正气”文化广场

# 第四章

# 选择职业学校和专业 中考志愿填报很重要

对于初三学生来说，填报中考志愿这一环节直接影响他3～5年甚至一辈子的人生走向，很多家长对此一筹莫展，不知道怎样去决定志愿填报的方向。有的家长觉得，要想考大学，一定要考上高中，就算是三类高中也要一定上。有的家长认为：孩子成绩不好，只能在职业学校里选一个了。抱着这种观念，很多家长只把职业学校当作中考志愿填报当中的备选项，却不知道单就升学这一问题来说，对于二类高中录取线以下的学生来说，职业学校相比高中具有更大的优势，具体体现为；升学的优势(有七种模式可以继续上大学深造)，自由选择专业方向，自由选择教学模式，(分流培养，现代学徒制等)，自由选择课程模式(非核心课程自由选择)，设备在专业老师指导下自主申请使用，以实现学生更高效更快乐的学习。

在教育改革的大环境中，职业教育已经走在了前列，在学习过程中受教者的主观愿望和利益得到更大的尊重，升学和就业模式选择更灵活，校园活动更丰富多彩，在长春市全力打造“美丽中国，幸福长春”计划的过程中，职业学校的学习生活过程无疑也是一种幸福。

良好的学生管理、师生活动、文化建设、校园建设，以培养学生健康的体魄，阳光的心态，向上的信念，良好的习惯，善良的品行，睿智的头脑，终身教育、终身就业等方面的保障都是实现幸福职教的魅力所在。

也许很多家长不了解、不清楚这些优势，在面临中考志愿填报的时候无法把控学生对未来的职业期望，本书的第四章内容来和大家说说职业学校是怎样升学的，为什么中考成绩在选择了职业学校以后“性价比”才更高。

## 第一节　中考志愿填报的构成

在填报中考志愿时，很多家长都不知道报考流程，对职业学校的报考相关内容更是不甚了解，通过接触学生和家长后得知，很多初中学校只关注关于高中方面的志愿指导，对职业学校的相关报考指导一知半解，甚至有很多只凭直觉进行的错误指导。所以，在这一章节和各位家长们详细说明一下中考报考特别是职业学校报考的构成。

## 一、中考志愿填报应该注意的内容

中考全称是初中学业水平考试，目的是全面、准确反映初中毕业学生在学科学习方面所达到的水平，考试结果既是衡量学生是否达到毕业标准的主要依据，也是高中阶段学校招生的重要依据之一。凡欲取得初中毕业证书和报考高中或职业学校的考生均须参加初中学业水平考试。

参加中考学生一般要在每年 3 月左右报名，取得报名资格后才能参加中考。报名资格：具有本市初中毕业年级正式学籍并具有本市户口或本市有效居住证的应、往届初中毕业生，均可报名。报名条件要求：

(1)报考中职学校和高职学校的考生，必须热爱祖国，品德良好，遵纪守法，身体健康，并且具有初(高)中毕业证书或同等学力，户籍在吉林省内。

(2)初中在校生(应届毕业生除外)不得报名。

(3)因触犯刑律而被追诉或正在服刑者不得报名。

中考报名结束后就要开始高中和中职—本科“3 +4”、中职—高职“3 +2”衔接模式的填报志愿，吉林省本科和高职衔接模式填报志愿的时间是由各地区、各县市根据各自的情况自行确定的，填报的时间也不一样，有 5 月填报志愿的，也有 6 月填报志愿，但所有地区都是中考前填报志愿。一般情况下，除了只要初中毕业证的一部分学生和仅报考三年制中专的学生不需要参加中考填报以外，凡报考高中、中职—本科“3 +4”、中职—高职“3 +2”衔接模式、“3 +2”普通高职模式、五年一贯制模式的考生都需要填报中考志愿。

中考志愿填报分为提前批(中职—本科“3 +4”、中职—高职“3 +2”衔接模式报考)、高中一批、高中二批、高中三批、省内后段(“3 +2”普通高职模式、五年一贯制模式报考)报考五个阶段；实行平行志愿或顺序志愿的投档原则进行录取。只有通过省、市、区招生办的中考报名、通过了相关考核并办理了录取审批手续的学生，才能算作被中职学校正式录取，取得正式学籍。中考是大多数学生考高中、上中职的途径，在报考中职学校的过程中，报考三年制中专的学生是不需要参加报考的，但很多初中老师想当然地也认为其他中职模式也是不需要报考的，这是完全错误的。

首先，中职—本科“3 +4”、中职—高职“3 +2”衔接模式报考属于报考批次中的提前批次，录取顺序也在高中之前，这一点是需要注意的，因为中职—本科“3 + 4”模式的录取分数通常与二类高中一致，具备二类高中录取线以上分数的学生都可以报考，但录取顺序在二类高中之前，如果考生没有最终做好决定，那么还请与职业学校或家庭内部协商后再做决定，因为中职—本科“3 + 4”模式录取后是对应高校的全日制本科统招计划无法退档的，而且一旦录取 3 年内都不能通过其他方式（高考、单独招生、对口升学等）进行升学。另外，中职—本科“3 + 4”、中职—高职“3 + 2”衔接模式仅限本地区考生（包括市区、下属县市及乡镇）报考，外地区考生是不能报考的，比如吉林省吉林地区的考生没法报考长春地区的中职—本科“3 + 4”、中职—高职“3 + 2”衔接模式，但长春市、德惠市的考生则可以报考。

其次，吉林省“3 + 2”普通高职模式、五年一贯制模式的报考在高中录取之后，被称为中考后段报考，报考时间通常在 8 月末左右，由于需要照顾全省的中考平均分，所以录取分数线也相对较低，没有达到当地高中录取分数线，又希望升学的考生可以参加报考，由于报考时间不固定，所以考生需要提前联系报考的职业学校，确定具体报考时间或登录吉林省教育考试院网站，查询报考时间。需要注意的是由于省内一些地区体育加试总分偏高或根本没有体育加试环节，在中考后段报考环节中考生的体育分不计入总成绩。

很多家长在咨询报考时都会问：我的孩子今年中考 × ×分，能报你们学校吗？我想这是个概念误区，中考填报志愿和高考的原则是一样的，无论考生分数高低其实都可以报考，最终决定环节是录取，所以，中考分数才是最终决定能否被录取的唯一决定因素，但由于正式公布分数线之前，职业学校无法确定自身录取线，所以也就无法准确地告诉家长到底能否被录取，让很多家长特别迷茫。其实各位家长大可不必紧张，通常中考录取线的浮动不大，按照我们的经验，高于往年二类高中录取线 10 分左右的学生报考中职—本科“3 + 4”模式基本是不用担心的，而高于三类高中录取线的学生报考中职—高职“3 + 2”衔接模式也可以被录取。反倒是有一些不具备竞争力的职业学校往往愿意答应家长，说 × ×模式 × ×专业一定能录取，这才是家长们最应该警惕的。

## 二、中高职衔接模式报考和志愿填报都有哪些要求？

根据省教育厅《关于印发开展中高等职业教育衔接试点工作的施方案的通知》（吉教职成字〔2014〕5 号）和《关于做好 2014 年中高等职业技术教育衔接试点工作的补充通知》（吉教职成字〔2014〕7 号）文件，2014 年吉林省开始中高等职业教育衔接试点招生。下面给各位家长讲解一下衔接模式的报考中应该注意的问题：

中职—本科“3+4”衔接模式:各专业学制为7年,即3年中职学校,4年本科院校,招收初中毕业并参加当年中考的考生。在中职学校修满3年并符合条件(无违纪行为,且各项考试合格),颁发中职学校毕业证书。通过由省教育厅按对口衔接院校人才培养方案转段验收合格后,直接升入对应的本科院校,与高考考生待遇一样,修满4年全日制本科并符合条件,颁发全日制统招本科毕业证书和学位证书。

中职—高职“3+2”衔接模式:各专业学制为5年,即3年在中职学校,2年在高职学校学习。招收初中毕业并参加当年中考的考生。学生在中职学校学习3年,通过由省教育厅按对口衔接院校人才培养方案转段验收合格后,进入高职学院,修满3年并符合条件,颁发高职学院毕业证书。如果中途由于个人原因或本人意愿不转段继续学习,须在中职学校修满3年后颁发中职学校毕业证书。

这两种衔接模式是2014年开始在吉林省招生的,所有参与衔接模式的职业学校和高等院校都需要经过吉林省教育厅的严格审查办学资质和相关衔接专业的办学实力,所以衔接模式中的学校和专业是当地最好的选择。同时,也由于所有衔接模式的招生计划来自于高等院校的全日制统招计划(与高考招生计划相同),这就要求所有想报考衔接模式的学生必须像高考的学生一样填报志愿,志愿填报要求必须先获得中考报考资格,在报考条件上还需要注意,考生只能报考本地区的衔接模式,报考志愿时通常在初中学校统一进行网上志愿填报,但考虑到一些初中学校没有指导填报衔接模式的经验,为避免填报错误导致无法录取,请各位家长与报考的职业学校联系后,在报考网站上自主填报(通常为当地招生办网站),衔接模式的志愿填报与高中同时进行。

报名方式与时间:

中职—本科“3+4”衔接,中职—高职“3+2”衔接填报志愿的时间为:5月25日~5月29日(因年份不同可能略有变动)。

报名办法:

与报考高中一样,报考中职—本科“3+4”衔接和中职—高职“3+2”衔接的考生也必须网上填报志愿。考生登录本地中考报名网址进行志愿填报,以长春地区应届中考学生为例:考生在规定时间内登陆“长春招生信息网”,填报考生基本信息和报考院校、专业志愿。考生可以选择三所职业学校按个人意向依次填报,每个学校最多可填写六个专业。虽然志愿填报栏中最多有三所学校和六个专业志愿可供选择,其实考生可以在实际报考中根据个人实际情况报考,也可以只报自己喜欢的一所学校一个专业,如果分数较低的话,则建议考生同时填报多所学校志愿。填报志愿时第一志愿、第一专业尤为重要,一定是自己最心仪的、最喜欢学的学校和专业,因为第一志愿录取概率更大,实际上志愿填报最起作用的就是第一志愿,请考生和家长谨慎填报。

在志愿填报过程中,最错误也最容易出现的问题就是盲目跟风,有的学生看别人都报什么专业自己就报什么专业,或者朋友、同学告诉他们选什么学校,自己也跟着选什么学校,甚至有些学生把自己根本不了解、也不想去的学校和专业填报在志愿栏里,仅仅为了把志愿栏填满,也是不严肃的。更有的家长和学生甚至把填报过程委托给别人,自己漠不关心,这是极其错误的。在2014年的中考志愿填报中,我就遇到过这样的一个学生,学生家长很早就和我联系希望报考长春职业技术学校与长春工业大学合作的“3+4”衔接本科机械工程专业,通过不断地深入了解,家长和学生对两所学校和专业都很满意,尤其是了解到机械工程专业有硕士点、博士点之后,对学生的未来发展充满了信息,可就在中考志愿填报的过程中,由于家长和学生都不了解志愿报考流程,委托另一个同班同学的家长填报志愿,结果只填报了三类高中志愿,最终也没有被心仪的学校和专业录取。2017年,学生在三类高中参加高考,虽然这名同学付出了很大的努力,家里为他报了各种类型的补习班,但高考成绩还是与当初选择的长春工业大学机械工程录取分数相差40分之多,家长特意和我打电话诉苦,说家里孩子已经很努力了,可就是一念之差让孩子走错了一步。

所以说,网上中考填报志愿提交后是无法修改的,一旦被一所不喜欢的学校或专业录取很可能会耽误学生一生的发展轨迹。

## 三、中职学校的招生如何录取?

中职学校的招生分为:普通中专、中职—本科“3+4”衔接、中职—高职“3+2”衔接、“3+2”高职和5年制高职,不管是哪种层次的招生,学生和家长填报志愿后最关心的重点是能否被录取。吉林省的录取工作是在省招生委员会领导下,由省教育考试院统一组织实施,实行网上远程录取。首先进行中职—本科“3+4”衔接模式的录取,其次进行中职—高职“3+2”衔接学校的录取。然后再进行“3+2”高职和5年制高职的录取,最后普通中专的录取。衔接本科、衔接高职和普通高职录取最低控制分数线由省教育考试院研究确定。

中职—本科“3+4”衔接、中职—高职“3+2”衔接、“3+2“高职和5年制高职的录取,分数线上采取“平行志愿投档—阅档—审批”方式进行,即:省教育考试院进行平行志愿投档(投档原则:“分数优先,遵循志愿”,即投档时按考生成绩从高分到低分,依次检索考生填报的多个志愿学校,一旦符合投档条件则可以被成功录取;对于总分相同的考生,则按照语文、数学、外语、理化、思品和历史先后顺序进行成绩排序)，招生学校网上远程阅档并提交院校录取意见(预录取、预退档)，省教育考试院审批后完成录取。中职学校录取采取“投档(或录入)一审批”方式进行，即由省教育考试院根据志愿投档(或招生学校自行录入或导入至组织生源信息)，省教育考试院审批后完成录取。

录取工作结束后，招生学校向考生发录取通知书，省教育考试院统一打印录取名册。录取名册须有领导签字并加盖“省教育考试院中专录取专用章”方为有效。学生毕业时省教育厅依据省教育考试院审批录取名册进行验印，考生纸质档案材料建立后，由县级招生办公室保管。被录取考生在报到前凭《录取通知书》到当地县(市、区)招生办领取档案材料，新生报到时交给招生学校。

**报考提示**

需要特别说明的是，如果考生在第一次录取时没被录取，也不要轻易放弃，省考试院对于职业学校的中职—本科“3 +4”衔接、中职—高职“3 +2”衔接未完成的招生计划，将根据录取实际情况在提前批次录取结束后统一安排征集志愿，而“3 +2”高职和 5 年制高职也会在中考后段录取工作结束后公布尚有剩余计划的学校和专业，考生可以在征集志愿上继续进行报考。

图 4-1　工业机器人实训中心

## 第二节　体会幸福职教　初中毕业生也可以直接上大学

吉林省中职—本科“3 +4”衔接模式已经开展了整整 3 年，在 3 年时间内各职业学校都在利用与高等院校直接对话的契机，不断完善和提升自身的教学实力，为更多的应届初中毕业生解决升学问题。时间追溯到 2014 年，作为首批承接长春职业技术学校本科试点衔接模式的学校，在学校一号楼四楼的阶梯教室，座无虚席，有些学生和家长都站到了走廊里，500 多名家长鸦雀无声地聆听着学校关于中职—本科“3 +4”衔接模式的报考说明会，家长们对这个模式赞不绝口：国家这种升学模式让孩子们太幸福啦，不用受高考的折磨就能上省内知名高校，我的孩子就应该学这个模式，那一年长春职业技术学校的招生爆棚，当年该校本科班招收 159 人，平均分 472.5 分（位列全省第一）。2017 年，经过反复审核和技能考核，他们分别转段到长春工业大学、长春师范大学和长春大学，开始了他们幸福的大学生活。与此相同经历的学生还有很多，职业学校通过和高等院校的强强联合，为初中生提供了许多种升学模式可供选择，尤其是两种衔接模式运行的 5 年过程中，有上万人通过职业学校的衔接升学模式升入高等院校，为省内应届初中毕业生提供了比高考更便捷的升学渠道，那么他们当年的志愿是如何填报的呢？

## 一、衔接模式志愿填报流程

既然我们已经知道了衔接模式的两种形式，那么怎样合理的搭配两种模式才能让学生的中考分数被最大化地利用呢？为了让大家更全面地了解如何填报衔接模式，我们先从以下几个方面进行了解：

### （一）全面了解衔接模式，精准地收集志愿信息

中职—本科“3 +4”和中职—高职“3 +2”衔接模式是吉林省中职教育和高等教育的合作项目，家长和学生对它的了解和认识还很少，特别是家长想知道多少分能报考？参加模式招生的中职学校有哪些？联办的大学、专业有哪些等。精准地收集信息是志愿填报工作的第一步，做好了这一步，才能为填报志愿提供科学合理的依据，收集信息可以从三条渠道入手：

1. 省教育厅、省、市招生部门下发的文件和《报考指南》

中考报考前后，省、市教育主管部门和招生主管部门都会下发当年招生文件，统一编辑成《××年中考报考指南》（简称《报考指南》）并免费下发到每一位考生手中（个别考生因特殊情况没有领取的，请联系当地招生主管部门），考生可以通过《报考指南》查看当年的招生信息，尤其是中职—本科“3 +4”和中职—高职“3 +2”衔接模式是 2014 年吉林省教育厅批准，首次在省内部分国家级重点中职学校实施的衔接试点模式，考生和家长对衔接模式以前根本不了解，所以必须精准地了解衔接试点模式内容、培养模式、转段要求、模式的优势和当年的招生计划等，这是考生填报志愿的权威核心资料，请考生和家长们务必引起高度重视。

2. 省、市招生考试机构的官方网站或指定网站

吉林省衔接模式的招生录取工作是按各地区为单位独立进行的，不同地区之

间由于实际情况不同，录取政策、录取分数等往往相差很大，所以每个地区的考生只关注自己所在地区的有关政策就可以。每个地区的政策并不一定以纸质的材料发给每一位考生，但可到省、市招生主管部门官方网站或指定网站查询志愿模式，录取政策、信息公开公示等，这也是广大考生收集志愿信息的一个重要阵地。

3. 中职各招生学校的招生简章，网站和微信平台

通过招生学校的招生网站，家长和考生可以了解到本年度学校的招生计划、招生层次（本科、高职或专科、中专）、办学类型、人才培养模式、教学模式和就业等。招生简章和微信版的招生简章有关招生志愿填报要求和录取原则等招生章程一定要彻底理解透。以“3＋4”衔接本科志愿填报为例，凡报考“3＋4”衔接本科的考生必须参加当年的中考，必须在网上填报志愿，且中考成绩必须达到普通高中的最低录取分数线。一旦被录取，不能再录高中志愿，不能再调剂专业和学校。考生对此类原则性的问题一定要仔细琢磨，选择对自己最有利的方式报考，一定要对之进行精读、细读。

### （二）初步选出心仪的职业学校

收集好志愿填报的有关信息后，就要明确方向，初步选出心仪的学校，这个心仪的学校怎么选择，究竟用什么办法去筛选？本书的第一章已经阐述了选择职业学校的几个关注方向，下面单就报考问题和大家讲解一下择校问题。我们先来举例说明：

范同学中考成绩428分，考生是长春市的，2014年全省有21所中职学校参加本科试点模式的招生，试点模式的考生招生范围是长春地区的考生，所以外地区的学校他报考不了，筛选掉其他17所学校，就剩7所长春市的学校，在这7所学校中，根据考生的分数和个人的特殊要求，不断缩小选择范围，最终选出3所学校。该考生是男生，他把女生专业护理、计算机、服装设计工艺三个女生专业的学校删除掉，他最想学机械加工类专业，最后筛选剩3所学校：长春职业技术学校，长春机械工业学校和中铁十三局技术学校作为初选学校。他重点了解了这三所学校的办学类型、办学特色、教学模式、招生条件和收费标准、地域地点、学校软硬件条件、内涵、文化特色及品牌等后马上对长春职业技术学校“自由选择，幸福生活”的教学模式产生了浓厚的兴趣，最后选报了长春职业技术学校，现在该生已转段到长春工业大学机械工程专业。

所以，我们可以在初步筛选出几所职业学校后，根据个人兴趣选择出的专业作为基准点，对比专业实力的强弱和学校实力来给专业志愿做一个排名，按照意向越大排名越靠前的标准填报志愿。

### (三) 预测学校的投档线水平

初布选出心仪的学校后,我们要做的事情就是预测学校的投档分数线也就是录取分数线,一般来讲,学校、专业、办学成果和社会知名度越好,学校的投档分数线就越高,其次一定要看学校的招生计划的人数,计划人数越多,那么报考的人数就越多,录取分数就越高,再次就要看自己的分数啦,考生分数越高越能报考越好的学校,越好的专业,分数稍微差些,就在学校和专业之间选一个稍微好的,如果分数刚刚贴近最低分数线就应该选最低的学校以不落榜为准。2014 年中职—本科 3 +4 衔接模式投档录取分数线是 300 分,当年有 21 所中职学校招生,300 分应该说不是很高,一般学生都会达到,但这 21 所学校实际录取分数是有差别的,举个例子,普通高中的最低录取分数线是 427 分,但是像长春市第十一高中学、长春市市实验中学、吉林省省实验中学的录取分数就比较高,长春市第十七中学、长春市第一中学的录取分数就相对低些,中职类学校报考也是一样,有些学校比投档录取分数线都高出 80 ~ 100 分,有些学校高出 30 ~ 50 分,有些学校踩着最低投档线录取,各学校的录取分数都是不一样的,这跟学校的社会影响力、办学实力和专业等是息息相关的。一般来说,对于中考成绩 400 ~ 500 分分数段的学生,所有中职学校、所有专业都可以报;中考成绩 350 ~ 400 分分数段的可以在专业和学校之间选一个,比如填报长春职业技术学校最好的专业与长春工业大学联办的机械工程专业,这个成绩可能考不上,但是就想选择这所学校,怎么报呢?这种情况就可以把长春职业技术学校所有专业都填报,就可以了。300 ~ 350 分分数段学生,基本上是刚刚进入分数线的考生,在报志愿时尤其一志愿“抬抬脚”不管分数多少就报一个自己喜欢的学校和专业,但是二志愿一定要报一个稳妥的也相对比较喜欢的专业,就万无一失的。分数线以下的考生就不要报考这个模式了,吉林省多年不变的录取原则就是考生必须达到省教育考试院规定的最低录取线才能被录取。

### (四) 锁定自己的目标学校和专业

前面我们已经预测了学校的投档水平,接下来就要根据预测结果来锁定自己的目标学校和专业,这是志愿填报流程中最为重要的一环。

**2015 年长春市中职—本科衔接试点模式计划**　　表 4-1

| 衔接中职学校名称 | 衔接院校名称 | 衔接专业 | 招生计划 |
|---|---|---|---|
| 长春职业技术学校 | 长春大学 | 汽车运用与维修 | 40 人 |
| | 长春师范大学 | 城市轨道交通车辆运用与检修 | 40 人 |
| | 长春工业大学 | 机电技术应用 | 40 人 |

续上表

| 衔接中职学校名称 | 衔接院校名称 | 衔接专业 | 招生计划 |
|---|---|---|---|
| 长春机械工业学校 | 长春工业大学 | 数控技术应用 | 40 人 |
| | | 模具制造技术 | 40 人 |
| | | 计算机应用 | 40 人 |
| 长春市农业学校 | 吉林农业科技学院 | 畜牧兽医 | 40 人 |
| 长春二中专 | 长春中医药大学 | 护理 | 40 人 |
| 长春一中专 | 吉林工程技术师范学院 | 服装设计与工艺 | 40 人 |
| 中铁十三局技师学院 | 吉林工程技术师范学院 | 机电技术应用 | 40 人 |

对于大多数中考成绩在 300～400 分之间的考生来说，填报志愿时可以根据预测结果可以确定一所“冲一冲”的学校，一所“稳一稳”的学校，一所“保一保”的学校，显然“冲一冲”的学校对专业就要尽量放低姿态多选专业，“稳一稳”的学校尽量选择自己比较满意的专业，“保一保”的学校则要力保选上自己心仪的专业。

在这个环节，以学校优先为标准来填报志愿的考生似乎更容易做出选择，难的是专业优先的考生，需要为其精准锁定专业，其难度可想而知。

（1）先来说说学校优先的情况。根据预测，如果有甲、已、丙、丁四所学校你都可能够得着，此时建议考生根据学校的类别、专业、就业、办学条件、学生管理、学校文化、学校环境等做一个排序，一定把自己最想去的好学校排在第一位，以此类推就行了。个人喜好的就是你最好的选择。如果四所学校你都要“冲一冲”，那我建议你舍弃这个方案，凭经验，至少应有两所保底的学校，才能称得上一份成熟的方案。

（2）再说说专业优先的情况。专业优先的考生一般指的是非某个或某类专业不读的考生，他们为了成全自己的专业，可以稍微降低学校档次和报考层次。请看下面的案例：

张同学是 2015 年 103 中学考生，当年中考成绩 430 分，最心仪的专业机电技术应用专业，该生的成绩已进入当年的本科最低录取线（427 分），他最想报考的是长春职业技术学校与长春工业大学联办的机电技术应用专业，但那年长春职业技术学校招生火爆这个专业最低录取线 457 分，他进不去，为了保证上本科，他不得不放低姿态就在 2015 年“3 +4”计划中再做选择，没办法改报了其他学校这个专业。

刘同学，2015 年长春外国语学校考生，中考成绩 427 分，是位女生，就想进长春市二中专“3 +4”本科学护理专业，那年护理本科专业最低分 467 分，由于成绩不够，该生还非常想填报学这个专业，最后放弃本科，只能选择长春市二中专的专科护理专业。选学校还是选专业，就某种程度上来说，应该是首选专业，可以说专业更具有深刻的影响力，因为好的专业可以为你提供受用一生的生存技能。好专业决定你的一生，而不是好学校决定你的一生。选择完专业后其实学校就很好选。比如，想选城市轨道交通类专业学生，你一定会锁定长春职业技术学校的，如果选择幼师专业的学生，长春师范高等专科学校是最明智的，如果选择服装专业一定到长春市第一中专去学习。

**（五）如何登录系统填报志愿**

志愿方案正式确定以后，就要登录系统填报中考志愿。衔接模式是每个地区、县、市都有独立设置的中考志愿填报系统，不同地区、县、市的中考志愿填报系统网址都是不同的，进入方式也是不同的，在此想特别提醒考生注意以下五点：

1. 阅读须知

各批次、各层次的志愿填报时间可能会有所不同，每年各批次、各报考层次报考要求也不尽相同，考生在填报志愿前，既要认真阅读市招生办公室出版的《报考指南》，也要登录指定网站或志愿填报系统查看流程。

2. 按流程填报

下面以长春市衔接模式报考为例，看一看报考流程：

这是2014年长春市志愿填报要求：

时间：填报志愿的时间与报考普通高中填报志愿同步，每年5月25日～29日，考前需要填报志愿。

报考批次：

提前批：中职—本科3+4衔接模式

第一批：高中

第二批：高中

第三批：中职—高职3+2衔接模式

中职—本科3+4衔接填在提前批上，每个学生可以填报3所中职学校，每个学校可以最多报考6个专业。中职—高职3+2衔接高中第二批后面，每个学生可以填报3所中职学校，每个学校最多报考6个专业。

这是2017年长春市志愿填报批次改为三个批次：

提前批：中职—高职“3+2”衔接模式

第一批：高中

第二批：高中

2017年与2014年志愿填报有两处不同的地方，一是2014年填报批次4个，2017年变成3个，其二提前批填报内容2014年中职—本科“3+4”衔接，2017年改为中职—高职“3+2”衔接。

敬请考生对于每年这样的变化部分特别留意。

## 图　解

### 长春2017年“3+2”衔接模式报考流程范例

第一步：长春地区（含长春城区、德惠、榆树、九台、农安、双阳）考生在5月26日~30日登录长春招生信息网（www. cczsb. com），进入考生填报系统，进行网上报名。

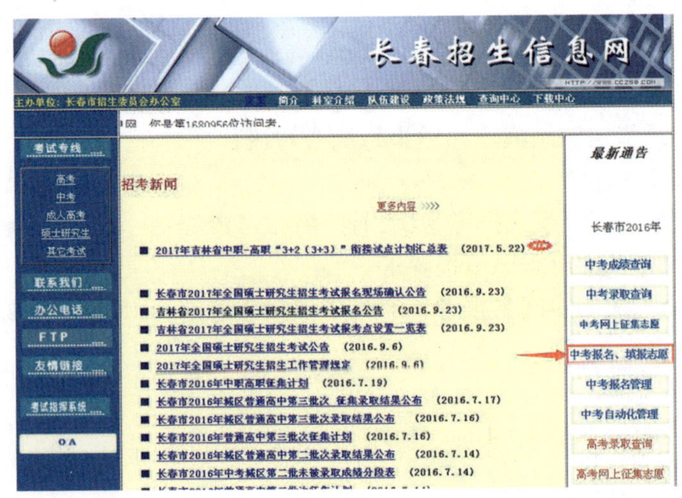


图4-2　考生填报系统首页

第二步：输入“报名序号”，密码（没改动之前为考生身份证号后六位），进入报考界面。如果更改密码一定要记住！

第三步：查看志愿信息，点击“开始填报志愿”按钮，首先选择填报“3+2中职——高职志愿（提前批）”。在志愿一的空格内，点击出现学校列表，选择心仪学校。点击专业一，选择专业（具体以开网登录后的界面为准）。每个考生可以报三个志愿（即学校），每个志愿（学校）可以报三个专业，一定将你最喜欢的学校和专业放到第一志愿。

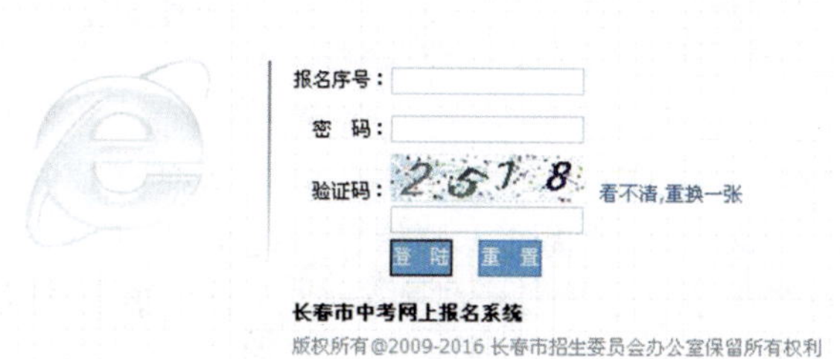

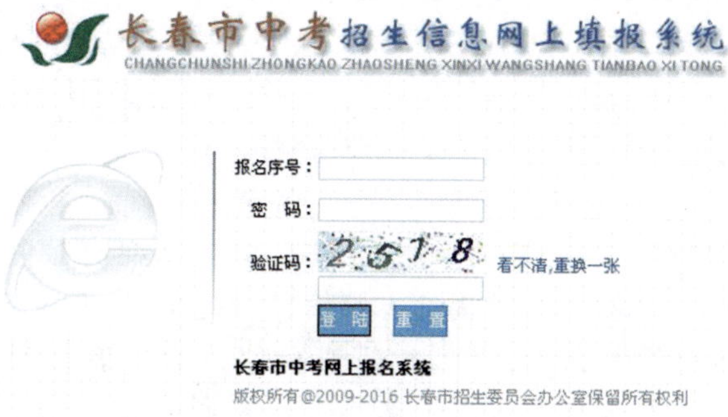

图 4-3　考生填报系统登录界面

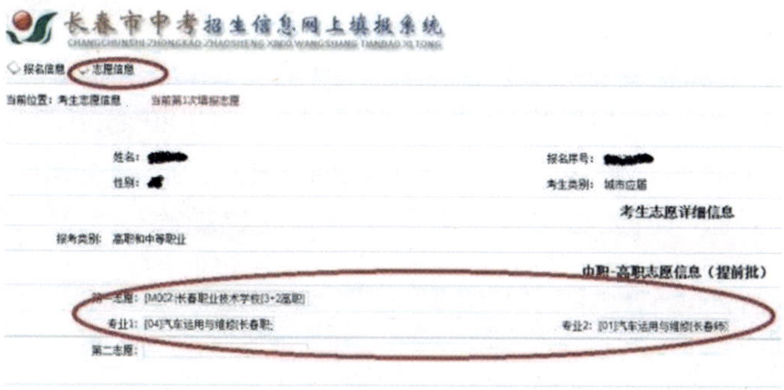

图 4-4　考生填报系统志愿选择界面

第四步：志愿填报完毕后，点击“保存”按钮，如有变化还可以修改；反复确认志愿信息无误后，再点击“提交”按钮，完成志愿填报。

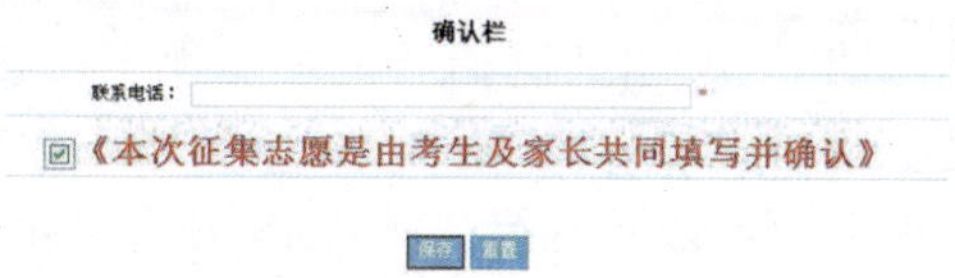

图 4-5　考生填报系统保存界面

第五步：

（1）录取时间：7 月 12 日 16：30 公布录取结果，请及时关注。

(2)补录办理时间:7 月 13 日 ~7 月 19 日,未被高中和“3 +2”中高职衔接学校录取且达到录取分数线的考生,须携带准考证、身份证、户口本到报名学校办理补录相关手续。

(3)补录时间:7 月 21 日 16:30 公布补录结果。

3. 志愿修改

填报志愿后,只保存没提交的考生志愿,在填报志愿有效时间内可以进行修改。确认志愿信息无误的考生,须提交志愿信息。提交后,考生不能修改志愿。如果因特殊原因需修改考生志愿,可到学校进行修改或凭有效身份证明到所在县(市)区提出书面申请进行修改。牢记考生登录密码。考生初始登录密码为身份证号后 6 位,登录后要及时修改密码。如果忘记密码或者发现密码不能正常登录,可凭有效身份证到所在县(市)区招生办书面申请恢复初始密码。填报志愿的关键点就是志愿的顺序,从高到低排序,第一志愿非常重要,要立足于第一志愿,分数高的学生这一点更加重要;第二志愿是保底志愿,要把握好;通常来说在考生中考成绩达到规定分数线的基础上时,第一志愿录取率约 80% ,第二志愿录取率约 20% ,第三志愿录取率非常低;一定要把心仪的学校报为第一志愿,不喜欢的学校就不要填报,一旦报考就无法更改录取学校。专业也如此一定要把最喜欢的专业报为第一专业,已经录取的专业不能调剂,中考分数较低的考生可以通过服从学校和专业调剂的方式,增加录取概率。

4. 留联系方式

考生在填报志愿时,务必留下自己或家人的正确联系方式,并在录取期间保证通讯方式的畅通。从历年的情况来看,很多考生对待联系方式的填报不认真,电话号码不是少了一位就是多了一位,就算填报正确,所留下的联系方式在录取期间关机或没接电话的考生比比皆是。在此想为大家举个例子,2016 年长春 108 中学考生,报考了长春职业技术学校与吉林交通职业技术学院联办的汽车运用与维修专业,投档时成绩不够,但可以给他调剂到电气自动化专业,他没报这个专业还不服从调剂,学校准备将其退档,但考虑到退档后他可能无书可读,结果学校给他打电话时,发现所留电话是个错误的号码,没有办法,学校忍痛割爱退了他的档案。其实,除了这种情况,还有很多情况下通信方式的作用至关重要,如每年“3 +4”和“3 +2”录取后,各招生学校为保证报到率,大都会跟考生本人或家长联系,口头确认是否接受录取,如果联系不上考生或家长,学校很有可能采取退档处理。一旦退档,要想再恢复投档那就非常麻烦了。每年都有少数考生,在录取期间出去旅游,通信不畅,信号不好,不能和招生学校有效沟通甚至都不知道已被学校录取,导致被退档,十分可惜。

5. 尽早完成填报

由于填报人数众多，系统可能会发生拥挤导致无法填报，或者由于系统本身出现故障，导致一时半会儿不能填报。碰到这种情况，考生一定要及时联系当地招生机构，及时向他们报告沟通。还有就是尽量把填报时间提前，不要众人都挤在最后一天的最后一个小时填报，万一出了问题，后果不堪设想。

## 二、志愿填报的操作案例

**案例一：**

王同学2014年参加中考，平时在学校成绩不佳。家长通过亲戚知道了长春职业技术学校当年有这个中职—本科“3+4”衔接试点模式，而且该校首次在吉林省招生，于是就提前准备选择这个模式，原本模拟考试水平只在300分左右的王同学，中考最终考到了420分。由于在报考时，王同学选择把长春职业技术学校的机械工程专业报为第一志愿，中考结束后顺利进入了长春职业技术学校的本科班。在三年的学习期间，他学习了普通车床和数控车床的操作技术，学到了专业技能，个人能力和个人素质在许多老师的培养教育和同学们帮助下，也有了长足的进步和发展。2017年他以优异的成绩和过硬技能顺利通过了学校的转段考试，升入了长春工业大学机械制造专业，同时今年工业大学这个专业已新升格为一本专业。

反观王同学从前的同学，曾在中考中取得486分，高过王同学，高中毕业也只是考上一所普通二本大学、学的也是一般的专业，还有些比他分数高的同学因为厌学而使得高中成绩不佳，最终上三本院校和高职院校，就这样与大学失之交臂。

如果王同学不做这样的选择，其结局跟他们会是一样的。王同学原本成绩在班级中排名是比较靠后的，所以可以推测出更多的结果是，即使高中勉强读上，却很难跟得上功课，最后要么辍学，要么因为考不上大学就在家里待业了，或者去找一份不需要学历的服务性质的工作。对比自己曾经的同学，王同学现在很幸福，已成为长春工业大学校园里的一名学生并学到了自己喜欢的专业。

点　评

多年招生工作，我见过很多很多这样的例子，而这个例子很有普遍性、代表性。有无数家长和学生，他们大多数都是400～500分分数段学生，可以说由于当时选择不慎，原本是可以选择中职—本科“3+4”或”“3+2”高职衔接模式直接上大学的，但考生和家长却做了错误性的选择，最终造成学业不顺，结果不好。这样的例子比比皆是。中职—本科“3＋4”衔接和中职—高职“3＋2”衔接模式的优势在于连读的学生，跳过高考独木桥激烈的竞争，学生从中专毕业后可以直接升入公办普通本科院校和高职高专院校的热门专业就读。还为部分对相关专业感兴趣的同学提供了一条直接升入本科院校和高职高专院校的机会，规避了进入高中三年后学习成绩波动大的风险。2014 我省首批中职—本科衔接试点项目的招生在 21 所中职学校实施，全省计划招生总数 1350 人，到 2016 年已经增加到 26 所中职学校参加试点模式的招生，同时实施的还有中职—高职“3＋2”衔接试点，刚开始有 24 所中职学校参加此模式的招生，计划招生总数 1340 人，发展到 2017 年有 88 所中职学校招生，招生计划总数达到 16540 人，我省的衔接教育已完全打通并已初具规模。它也是国家为初中毕业生新开辟的另一种升学路径。

**案例二：**

李同学中考 560 分，保送重点高中，却高考失利落入三本。李同学从小就品学兼优，中考以 560 分的优异成绩被省实验中学实验班录取，当年为自己的父母赚足了面子。自己也是壮志满怀，从没考虑到学习会成为自己上高中障碍。上了高中之后，虽然他的成绩也还是不错，但是青春期叛逆，李同学开始迷上了网络游戏，虽然头脑聪明，但是分散了精力体力，让他的成绩无形中还是退步了。高考之前的模拟考试，他的成绩一直稳定在 520～530 分之间，但是由于种种原因，加之考试时的一些心理因素，最终高考成绩只有 501 分，由于高考志愿报高了，以至于最终只能被自己的第三志愿录取，上了一所民办大学。而与他同班的同学，大都考上了一本院校。其中有几位同学选择了中职—本科“3＋4”衔接模式也都转段升入普通二本本科院校，而如果当时李同学考虑全面，在中考之前就报考“3＋4”衔接本科的话，最终到一所吉林省内好的普通二本院校是没有难度的，而且还能选择最好的大学，最好的专业。

**案例三：**

胡同学 496 分考上大学，学习得心应手，2014 年，家住长春市净月开发区的胡同学同学以 496 分的成绩，落榜重点高中，按照往常的经验只能选择一所普通三类高中就读，但通过朋友介绍了解了长春职业技术学校的“3＋4”衔接本科模式以后，得知这是教育部在吉林省的试点项目，是全日制统招的正规本科计划，并非报纸、电视上常见的自考，也和成人本科完全不同。胡同学在和家人到长春职业技术学校考察，充分了解轨道交通行业的发展前景和将来的工作岗位待遇后，最终选择了该校城市轨道交通检测与维修（交通工程）专业，胡同学因为是净月农村户口，中专三年的学费是全免的，因为成绩优异，还两次获得企业奖学金（一些用人企业在学校设立专项奖学金用于奖励品学兼优的学生）。在 2017 年 9 月胡同学顺利转入长春师范大学交通工程专业，与高考同期考入的其他新生一样接受全日制本科教育，唯一不同的是免去了为了应对高考而必须花费的时间和精力，却得到了其他同班同学所没有接触过的专业基础知识，从而在学业和考试过程中显得得心应手。

### 点 评

选择中职—本科衔接模式就能够规避落榜的风险。高考更多考验的是学生的学习能力，三年的学习与努力，一考定胜负，对于心理素质不佳的考生是个巨大的人生考验，学习努力而且能力也强的孩子高考失利，而与心仪的大学专业失之交臂，这样的案例不在少数。中职—本科“3+4”衔接和中职—高职“3+2”衔接模式的优势在于连读的学生，跳过高考独木桥激烈的竞争，学生从中专毕业后可以直接升入公办普通本科院校和高职高专院校的热门专业就读。还为部分对相关专业感兴趣的同学提供了一条直接升入本科院校和高职高专院校的机会，规避了进入高中三年后学习成绩波动的风险。它也是国家为初中毕业生新开辟的另一种初中毕业生直升大学的另一种路径。

**案例四：**

丁同学，农安五中学生，中考成绩351分，4年后在全省职业技能大赛获奖，丁同学2014年参加中考，当时报考之前，他的父亲到学校开报考会，初中班主任介绍了“3+2”高职衔接模式，丁同学当初本来想法是跟其他同学一样选择农安乡镇的一所高中，而且他的成绩也一定能考上，报考之前父子长谈了一次。丁同学从小比较独立，也比较有自己的想法，未来对于他来说是一片光明的，但是对于只有十四五岁的他来说，很多问题和困难，是他没法预见的。爸爸并没有勉强孩子，而是把两条不同的路给他摆在面前。一条路，进入高中，学习数理化知识，与千千万万的学子去PK，去埋头学习，最终选择一个适合自己的专业，去考专科；另一条路，未雨绸缪，趁着初中成绩还可以，提前做好未来5年的计划，选择一下“3+2”衔接高职院校专业。抛开偏见，丁同学毅然决然地表示长春职业技术学校与长春职业技术学院联办汽车专业吸引了他。其实，平时通过网络，陈同学也感觉到了参加高考压力大，而且最后报考专业的时候，未必能够选择到自己最想要的专业。既然汽车运用与维修专业是他满意的，而且他也想要真的学到一些实实在在的技术，希望以后能够对自己从事的工作有所帮助，他不想荒废自己的青春时光。于是在报考的时候，丁同学选择把长春职业技术学校汽车运用专业报为第一志愿，而最终结果，如愿以偿顺利进入了自己认可的学校和喜欢的专业。他于2016年已经顺利通过了第一阶段的学习，并且已经通过了省里的统考，进入长春职业技术学院汽车分院学习了。在2017年他和他的同学代表长春职业技术学院参加全省职业院校技能比赛,获得了汽车自动变数器拆装与检测获得团体一等奖。丁同学比初中同期上大专的同学早毕业一年,还多了三年专业技能操作的经验。

**点　评**

“中国制造2025”,既需要高尖端的科学家,更需数以亿计的技术技能型人才。2014年吉林省除了实施了“3+4”本科模式外还实施中职—高职“3+2”衔接试点模式,该模式从刚开始有24所中职学校招生,从计划招生总数1340人,发展到2017年有88所中职学校招生,招生计划总数达到16540人,吉林省的中高等职业衔接教育已初具规模。职业教育在省内快速发展,上高中和上职校的比例逐渐会达到5:5,丁同学的选择值得我们深思。200~400分之间的学生们,“3+2”高职衔接模式才是你们最好的选择,真正负责的家长要从长远考虑,整体规划,帮助孩子找到人生的方向。

图4-6　我校广告制作实训中心

## 第三节　错过衔接模式报考　职业学校准备的“后悔药”

从衔接模式开始运行以来,就一直有家长遇到这样的情况,在百般琢磨给自己的孩子选择一所好的高中无果后,就开始考虑选择职业学校的衔接模式给孩子将来学历提升做准备,可联系高中的时间太长,已经耽误了孩子的正常报考时间,很多家长悔之晚矣,不知道怎么办好。不过这些问题在一些思虑全面的职业学校看来根本不是问题,因为职业教育早就准备好了“后悔药”。

## 一、“后悔药”长什么样?

现今的社会是“劳动光荣、技能宝贵、创造伟大”,崇尚知识和技能“不唯学历,唯技术”的时代,职业教育能学会技能,能升学,能就业,能成就学生的未来,对于初中毕业中考成绩不是十分理想的、想学一技之长的、还想要上大专院校的学生,认真看看这个模式吧。

五年一贯制大专教育形式始于20世纪90年代。“3+2”高职开始于2001年,是吉林省为了进一步发展中等职业教育推出的一项重要举措。这种办学形式不仅拉动了中等职业教育的发展,而且为有志于学习一技之长的初中毕业生提供了便捷途径,同时也为省内的高职院校储备了生源,保证了高级技术人才的培养规模和质量。

五年一贯制和“3+2”高职的招生计划都由省级教育部门统一安排,只招收当年参加全省中招考试而且成绩达到一定录取控制线的考生。学习期限都是五年,相当于高中毕业后再上两年大专。毕业后也都可以参加全省统一组织的专升本考试,成绩优秀者可以升入本科院校继续深造。

两者的区别是,五年一贯制高职由普通高职院校举办,实行五年连贯教学,学费按高职收费标准分年收取。3+2高职顾名思义就是指5年学习时间分为两段,即前3年在普通中专学习,后两年在相应的高职院校学习,教学计划由普通中专和高职院校共同制定,分段教学。学费前3年按中专收费标准分年收取,后两年按高职收费标准分年收取。

“3+2”高职及五年一贯制大专文凭与通过普通高招录取的高职的大专文凭相同,所不同的是,“3+2”与五年一贯制录取的是应届初中毕业生,而高职录取的是参加普通高考的高中毕业生。这样说来,初中毕业生因成绩不好上不了普通高中,一样可以通过这两种形式上大学。

## 二、“后悔药”怎么吃?

什么是“3+2”,一共分几类,报考“3+2”都有哪些学校?“3+2”即三年中专+二年大专(或高职),是中职学校专为应届初中中考考生设置的一种升学模式,让考生绕过高考也能进入省内高职高专院校就读全日制统招大专(或高职)。现在省内“3+2”一共有两种:第一种就是上一节已介绍的“3+2”衔接高职,面向长春地区招生,报考时间为5月25~29日(与高中同时报考,报考网站相同,因为是先报志愿,所以我们称这种3+2也叫“前段3+2”。第二种叫“3+2”高职,面向吉林省全省招生,报考时间为7月26~7月30日(中考后高中录取结束后报志愿,招生对象是没被高中或“3 +2”衔接模式录走的考生，因为是后报名后录取，所以我们称这种3 +2叫“后段3 +2”。

后段“3 +2”高职有哪些报考院校？它们是吉林交通职业技术学院（长春市）、吉林工程职业学院（四平市）、吉林工业职业技术学院（吉林市）、吉林电子信息职业技术学院（吉林市）、长春汽车工业高等专科学校（长春市）、延边职业技术学院（延吉市）六所高职院校。

后段“3 +2”高职的填报与录取，报考后段“3 +2”高职的考生，需要网上填报志愿，网上报名考生在“吉林省中等专业学校网上报名系统”上填报志愿。填报志愿时到《吉林省中等职业学校招生计划指南》一书选择上面六所院校中的一所院校，查找它们的专业代码，按照顺序填报，把最喜欢的学校和专业填报为第一志愿。

后段“3 +2”高职设三个平行的学校志愿，每校设6个专业志愿，考生在填报时如果有喜欢的学校报一所学校就可以，可以多报专业，但一定把最喜欢的专业报为第一专业。填报志愿与网上报名同时进行。

## 三、“后悔药”的“医嘱”问题

后段“3 +2”高职报考院校只有6所院校，虽然都是省属高职院校，但办学地点不都在长春，考生填报前一定看好报考院校的所在地。

学校和专业的选择主要看就业，其次要看专业在社会的需求，有没有特色专业，如汽车运用与维修、城市轨道交通车辆与检修、数控加工技术、工业机器人等专业都是现在社会需求量大并且好就业的专业，报考时可以选这些热门专业，专业选完之后再选学校，提醒考生选学校和专业一定要报自己喜欢的，不喜欢的学校和专业不能报，一旦被录取不能改学校，不能改专业，切记。

后段“3 +2”高职属于中考后知分填报志愿，报考在“3 +2”高职衔接、高中都录取之后，这就要求考生在报考前对自己报考有个定位和选择，是报考“3 +2”衔接高职还是后段“3 +2”高职，如果是报考后段“3 +2”高职，5月“3 +2”衔接高职填报志愿时就不能填报，选择填报哪种形式的高职，最好在要在3月报考中考大类就做选择。后段“3 +2”模式的好处还在于因为是后报考、后录取所以没被高中录取的学生可以继续报考，对那些纠结于是报考高中还是报中职“3 +2”的同学，这种模式可以让你有很好的选择空间，用这种模式来做“兜低”是最划算的。

“3 +2”高职是传统的招生模式，所以它的招生范围比较广，是全省招生，外地区想到省会城市学习的学生报考这一模式是最佳的选择。并且它的录取分数线比较低，对那些中考分数较低的学生，填报这种模式的录取率也是非常高的。另外，因为这个模式录取的时间比较晚，对于有中考成绩，但没被高中、职业学校录取的考生，这个模式就是你最后的选择啦。

"3+2"后端高职录取采用"平行志愿投档—阅档—审批"方式进行：省教育考试院进行平行志愿投档（投档原则："分数优先，遵循志愿"，投档时按考生成绩从高分到低分，依次检索考生填报的多个志愿学校，符合投档条件则将进行投档；对于总分相同的考生，按照语文、数学、外语、理化、思品和历史先后顺序进行成绩排序），招生学校网上远程阅档并提交院校录取意见，省教育考试院审批后完成录取，优先录取第一志愿，第一志愿未满时可根据考生志愿填报顺序依次录取，额满为止。第一批没录取上的同学也不要担心，接下来还有征集志愿的机会。

## 四、"3+2"高职模式的成功案例

也许对于没有接触过职业教育的人来说，突然接触到大量的报考信息就会有不知所措之感，或许依然一知半解；下面我们来通过一些案例让大家感受一下"3+2"高职模式的培养过程和教育理念，通过事例的启发（结合自身情况），看看学生是否适合选择"3+2"高职模式。

2012年长春职业技术学校、吉林交通职业技术学院联合吉林省吉刚汽车贸易集团有限公司率先在省内实施"企业贯通'3+2'高职"办学模式的，连续7年招生火爆，每年平均招生300人，最多一年2016年招生426人，完成计划的105%。"企业贯通'3+2'高职"模式以专业和产业发展为纽带，以技能人才的"订单培养"为载体，建立校企合作多赢机制，实现资源共享，优势互补和共同发展，形成了教学链、产业链和利益链的新融合体。通过几年多的实践，"企业贯通'3+2'高职"模式办学中企业全过程参与了技能型人才培养，教学及实践紧跟生产实际，符合职业教育的办学特点。学生以准员工的身份参与学习及实践，毕业即就业，是受到企业、家长、学生和社会普遍认可。"企业贯通'3+2'高职"模式的优势校企校三方合作，全过程、全方位参与技能人才培养首开企业五年全程参与人才培养过程中的先河，也是"3+2"办学的典范。这个模式从第一年计划招生200人到2017年计划招生480人每年都在递增计划，生源一直尤为火爆，7年总计招生2370人，已转段到吉林交通职业技术学院三届学生690人，已有二届近400多人到吉林省吉刚汽贸集团等地就业。"企业贯通'3+2'高职"模式的生源素质普遍较高，随着这部分学生人数的逐年增加，学校的学习氛围和文化氛围空前浓厚。学风浓了，纪律好了；兴趣小组多了，业余生活丰富了；学习的人多了，逃课的学生少了；行为举止文明了，校园冲突少了；学习成绩进步了，竞赛名次上榜了；家长满意了，社会认可了，学校也发展了，学生幸福了。"企业贯通'3+2高职"办学模式的实施是长春职业技术学校向深度校企融合迈出的坚实一步,也为吉林省打通中高贯通教育做出了重大贡献,为加快构建现代职业教育体系奠定了坚实的基础。

**案例一:**

李明,2012 年 9 月入长春职业技术学校汽车检测与维修专业“3 +2”高职班学习。在校期间,担任班级学委工作,学习成绩始终名列前茅。2013 年获得学校一等奖学金,校级三好学生;2014 年参加学校组织的汽车检测与维修技能大赛,荣获一等奖。

2015 年该生转段到吉林交通职业技术学院学习“只要努力,就一定会成功”。这是他一贯的信条。李明认真学习,在顶岗实习期间不管是不是自己的活都会抢着干,这种热情得到了师傅们的一致夸赞。不仅如此,他还利用业余时间把工作中遇到的难题向学校老师请教,同时到学校借阅光盘和学习资料自学汽车的各种维修知识。不积跬步,无以至千里。不积小流,无以成江海。李明平时对汽车检测知识的积累使他技能有了很大的提高,由于突出的成绩及平日优异的表现,2016 年他代表吉林交通职业技术参加省技能大赛获得省赛“汽车检测与维修项目”二等奖。

**案例二:**

农安县有一个家庭,有两个孩子。大孩子是个女儿,小孩子是个儿子。六年前,女儿因为学习成绩不是很理想,家长选择让孩子读“3 +2”高职,三年中专,两年大专。前三年学校免学费,国家补助 1500 元,只是每年吃饭和住宿花钱,一年真正花的钱是 2000 元多。现在这个女儿毕业了,去一家很不错的单位上班,月工资 3000 元多。这个家庭的儿子学习成绩也似乎不很好,考高中的时候多拿了 1 万元,明是择校费,实为买分钱。2016 年这个儿子参加了高考,考上了大学。而这所大学正是他姐姐后两年上大专的学校。他毕业后的毕业证书和他姐姐将是一样的。在这里,并不是告诉所有家长都要让孩子放弃高中选择中专,而是告诉家长如果家里条件不允许或者孩子成绩不理想的时候,走一条通往大学的捷径之路是一种最好的选择。

上“3 +2”对孩子的中招成绩有一定的要求,基本上要考到 200 分以上才能被录取。然而,一旦选择让孩子辍学,则有可能影响孩子一生的幸福。在当今这个社会,知识和能力已经成为决定孩子前途命运的唯一途径。即使作为家长的你现在有钱、有权,但三十年河东,三十年河西的必然规律无法给你孩子一生的幸福做出保证。

上大学,学技术,是孩子一生幸福的前提。

图 4-7　汽车专业模拟驾驶教学

## 第四节　单独招生和对口升学　中职毕业生一样有升学优势

很多中职学生通过三年的学习,对本专业产生了浓厚的兴趣,或在校外实习的过程中,通过对所在岗位的认识,从而对自身学历有了更高的追求。那么,这些即将毕业的学生还有提升学历的机会吗？当然有,而且,为了能让学生离校之际也能感受“幸福职教”的氛围,职业学校为学生提供了多种形式的学历提升的考试方案,学生可按自己的意向,选取其中一项或几项考试进行报考,一旦录取,可以与高考录取考生一样到录取院校报到。那么这些考试都有哪几种？报考时应该注意哪些问题呢？本节将为大家一一解答。

### 一、单独招生的报考须知

高职高专院校单独招生简称“高职单招”,通俗地说就是高等专科学校或高等职业技术学院在高考前,由各个学校举行一次选拔考试,选拔出那些符合自身办学要求的考生,并发放录取通知书。被单独录取的考生,可以不用参加高考就能进入高职院校学习。“高职单招”因其在招生方式人才培养模式上的创新,近年来倍受考生关注,这种特殊的录取方式,也被人们认为是“无须高考就能上大学”的有效途径之一。

高职单独招生主要招收中职(普通中专、职业中专、职业高中、成人中专、技工学校)毕业生。每年的招生人数可到招生院校查看《招生简章》,也可登录招生院校网站查询。招生院校有长春职业技术学院、长春汽车工业高等专科学校、吉林工业职业技术学院、吉林交通职业技术学院、吉林电子信息职业技术学院、四平职业大学、吉林工程职业学院、松原职业技术学校、辽源职业技术学院、长春金融高等专科学校、长春医学高等专科学校、吉林司法警官职业学院、吉林铁道职业技术学院、白城医学高等专科学校、白城职业技术学院、长白山职业技术学院、延边职业技术学院、长春东方职业学院、长春信息技术职业学院、吉林科技职业技术学院、吉林城市职业技术学院、长春师范高等专科学校、吉林职业技术学院。

单独招生报考流程是什么样的？凡符合吉林省 2017 年全国统一考试报名资格(并已参加吉林省 2017 年普通高考报名)和专业报考条件的应、往届高中毕业生及同等学力考生;凡符合吉林省 2017 年高等职业教育对口招生考试报名资格(并参加 2017 年对口升学考试报名)和专业报考条件的中职学校(普通中专、职业中专、职业高中、成人中专、技工学校)应、往届毕业生均可报名。报名时间是每年的 2 月 15 ~ 19 日。考生可以登录各单独招生高职高专院校网站进行网上报名。特殊注意的是每个考生限报一所学校志愿,不可兼报其他同类别学校志愿。报考学生必须要各单独招生高职院校去确认。确认时需考生携带本人《居民身份证》到单独招生院校进行现场确认和资格审核,领取《准考证》。单独招生院校依据吉林省教育考试院考生高考报名信息对单独招生报名考生进行比对,资格审核合格者方可参加单独招生考试。

单独招生的考试内容可分为文化基础水平测试和综合素质测试两部分。文化基础水平测试科目为语文、数学、外语,满分各为 150 分,总分 450 分。综合素质测试科目根据各专业的培养目标确定,满分为 300 分。考试形式为笔试,命题范围为中职毕业生文化基础水平测试考试大纲和综合素质测试考试大纲均以吉林省教育厅颁发的普通高校对口招生考试纲要为基准。

单独招生的考试时间为每年的 3 月 4 ~ 5 日如有变化具体时间以《准考证》公布时间为准。考试地点原则上在学校所在地区招生办安排指定的标准化考场进行,具体以《准考证》公布地点为准。

## 二、单独招生的录取

考试招生的录取以“综合评价、注重素质、择优录取”为原则,统一录取标准,体现单独招生院校人才培养特点。单独招生院校根据本校单独招生计划数和考生成绩综合划定录取控制线,考生成绩由文化基础水平测试成绩 + 综合素质测试成绩组成。录取名单经公示后,上报吉林省教育考试院,于 3 月 15 日前完成录取审批手续办理,发放录取通知书。单独招生录取的考生在学籍注册、收费、学生管理、毕业待遇等方面与参加全国统一高考录取的考生待遇完全相同。

## 三、单独招生的免试办法

单独招生的免试办法，对于获得由教育部主办或联办的全国职业院校技能大赛三等奖及以上奖项或由省级教育行政部门主办或联办的省级职业院校技能大赛一等奖的中等职业学校应届毕业生和具有高级工或技师资格（或相当职业资格）、获得县级劳动模范先进个人称号的在职在岗中等职业学校毕业生，经省教育厅职业与成人教育处核实资格、高等职业学校考核公示，并在教育部阳光高考平台公示后，可由有关高等职业学校免试录取。

按教育部规定，参加单独招生被录取的考生不得参加当年全国统一高考和对口升学考试，未被录取的考生可继续参加全国统一高考和对口升学考试，正常填报志愿。

## 四、案例

**案例一：**

2012 年养正高中和长春 29 中的部分学生考入长春职业技术学校的职普对接实验班，在高中学习两年半后，转到长春职业技术学校继续学习大约半年时间，学习职业学校的专业课程，然后通过长春职业技术学校组织，享受单独招生的特殊政策考入长春职业技术学院，现已有 2 批共 165 人通过这种渠道成功考入长春职业技术学院城市轨道交通车辆运用与检修和汽车检测与维修专业，这是单独招生的成功案例。不管对高中生还是中职毕业生这个模式都是非常好的升学模式。不需要通过正规高考考试，提前就有机会升学。

**案例二：**

养正高中的亓同学是 2009 年入学的，2012 年年初正是备战高考的关键时期，一场突如其来的疾病，不得不让亓同学放弃了高考的打算。2013 年，重新回到养正高中的亓同学，已经对自己本就不高的模拟成绩不抱任何希望，况且身体也不允许他进行夜以继日的高强度学习，恰在此时，他得知了长春职业技术学校与养正高中联合创办的“职普对接班”，正在向所有养正高中的三年级学生招生。报名后，学校重新分班，将所有报名学生统一重新编组，按照其专业选择不同，委派各自的专业课辅导教师，通过一年的专业课学习后，通过单独招生考试，成功考入了长春职业技术学院数控加工技术专业，完成了自己的升学梦想。

**案例三：**

2013 级的李同学，长春职业技术学校学生，通过三年的努力学习，终于在 2016 年获得了会电专业省赛一等奖的好成绩，并获得了学校 2000 元的竞赛奖学金，但在喜悦之余,面临马上到来毕业和学校推荐的工作岗位,她忽然觉得自己的专业技能还有提升的空间,并且她对自己学历上也有更高的要求,所以根据学校升学考试政策报考了2016年单独招生考试,根据报考政策,依据李同学的竞赛成绩只需完成报考流程就可以直接到报考学校面试(正常报考单独招生考试的学生是需要参加全省组织的统一单独招生考试的),面试成功后,李同学和高考录取的新生一起报到,开始了大学生活。

点　评

单独招生的优势是在对口升学考试和高考之前考试,考试是由报考学院单独出题、单独组织考试,入学门槛较低。如果考试失利还可以继续参加高考和对口升学考试。亓同学原本已经失去升学的机会,但是正逢长春职业职业技术学校和养正高中成立对接实验班,也正逢长春职业技术学院设立了单独招生考试项目,所以让亓同学非常幸运的圆了大学梦。单独招生对中职毕业生或顶岗实习的学生都是非常有利的,他既不影响孩子们的就业,又让孩子们多了一次升学的机会,即使最后考试失利,也不影响高端就业。

## 五、对口升学考生报考须知

什么是高等职业教育对口升学?所谓高等职业教育对口招生,是指中等职业学校应、往届毕业生通过参加对口招生考试,成绩达到相关要求而被录取的一种高校招生形式。对口招生分为本科、高职专科两个层次,实行全省统一命题、统一考试、统一录取。

对口升学报名需要具备的条件:遵守中华人民共和国宪法和法律;身体状况符合相关规定;高级中等教育学校毕业或具有同等学力;具有吉林省常住户口或符合吉林省报名条件的非吉林省户口的。

考试时间为每年的4月15日、16日。分为文化基础和专业综合两部分。报考专业有10类:有种植类、养殖类、机械电子电类、信息工程类、建筑工程类、餐旅管理类、医卫类、财经类、应用文科类、艺术类。

文化基础科目的考试内容为语文、数学、外语(限英、日语),满分各为150分;专业综合(不含艺术类)满分为300分。总分750分。艺术类还需加试专业技能。专业综合满分为100分;专业技能考试满分为200分。专业技能采取实际操作方式进行考核,由指定的招生院校组织实施,考核时间、地点详见有关招生院校的《招生章程》。文化基础、专业综合和专业技能的命题范围按省教育厅颁发的《普通高校对口招生考试纲要(2016 年版)》执行,招生专业及考试科目按《关于公布 2016 年普通高校对口招生考试科目的通知》(吉教职成字〔2015〕39 号)执行。

用朝鲜语言文字授课的对口升学考生,语文科目考试考朝语文,数学、外语科目翻译成朝鲜文语言文字,考生用朝文答卷。专业综合卷和专业技能卷,不翻译成少数民族文字,考生用汉文作答。用朝鲜语言文字答卷考生必须参加当年的中国少数民族汉语水平等级(三级)考试,成绩当年有效。汉语水平等级考试成绩转换成汉语文成绩后,计入高等职业教育对口升学语文科总分(朝语文与汉语水平等级考试成绩各占 50%)。

考生成绩可于 4 月 28 日通过吉林省教育考试院官方网站(http://www.jleea.edu.cn)查询。对考试成绩有疑问的,考生可书面提出复核申请。复核结果经由省、市、县招办(考试院)逐级通知,最后告知考生。

考生依据省教育考试院印发的 2017 年对口招生来源计划填报志愿,考后知分填志愿,考生报考时可根据分数挑专业、选学校。

## 六、对口升学如何填报志愿、录取

高等职业教育对口升学考生志愿的填报原则。以 2017 年为例,吉林省高等职业教育对口升学来源计划分为 10 个科类,设置本科批和专科批填报志愿同时进行,按科类一次性填报。每个科类中,本科批、专科批各设置两个顺序院校志愿,每个院校志愿均设置 6 个专业志愿和是否从专业调剂选项。考生填报的第二志愿专业以及本科兼报专科院校的专业必须与第一志愿专业的科类相同。考生生源不足时,实行网上征集志愿。

录取:

高等职业教育对口升学录取工作由省教育考试院组织,实行“学校负责,招办监督”的管理体制。坚持德智体全面考核,择优录取和公平、公正、公开、透明的录取原则。录取考核形式以文化课考试成绩作为录取考生的主要依据。录取控制分数线由省教育考试院根据招生计划按专业类别分别划定。按教育部规定,被高等职业教育对口升学录取的考生不得参加 2017 年全国统一高考。

## 七、对口升学的优势

近十多年来对口升学模式备受中职所有职业学校青睐,因为职业学校学生中职毕业后有许多学生改变了当初想就业的想法,他们还想继续读本科升专科,继续学习和深造。各中职学校非常重视这一模式,有 50% 以上的中职学校有对口升学班,由专门教学团队授课和辅导、组织报考,几年来各校的对口升学工作也取得了优异的成绩。全市各校每年有近2000名学生通过对口升学考入高职和本科院校,只要报考对口升学,98%以上的学生都能保证最低录取到高职高专院校。

报考优势:

(1)每年不管是应届还是往届中职毕业生想升入本科和高职院校都可以通过这一渠道报考。文化基础课难度降低,升学更容易。中职对口升学考试语、数、英三门文化基础课教材难度低于普高,且高考试题难度相对普高而言也较低,升学更容易。

(2)是注重专业成绩,学生从零开始。中职对口升学高考时,语文、数学、英语三科合卷,各科分值均为100分,满分300分;专业综合理论测试和专业技能测试,分值分别为200分、250分,满分450分,考试总分为750分;你进入中职重新开始学习你喜爱的专业内容,都从零基础开始,有利于你的成绩提高。为此,对口升学对你来说就更容易。

(3)对口升学考试既有本科又有专科,即使本科录取不上,还可以报考专科。是文化课+专业课的考试,对职业学校非常有利,是中职学校毕业生的“高考”。

(4)是特长能发挥。学生在中职里面可以根据自己的兴趣特长爱好,选择喜爱的专业学习,这样可以提高你对学习的兴趣,发挥自己的优势。

(5)是深造有空间。高职专科、本科毕业后,你还可以继续深造,专升本,本科读完后报读研究生等,成才的立交桥已建成。

## 对口升学报考注意事项

(1)报考对口升学的学生首先必须获得高考报名资格,没有报考资格不能报考,高考大类报名的时间是每年的11月,高考大类报名报完了,你才有报名资格,千万不要错过。

(2)对口升学的专业选择必须延续在中职学校所学专业的科类,比如,学机电一体化的考生只能报考机械电子类专业,不能报考会计电算化专业或其他类专业。考生填报的第二志愿专业以及本科兼报专科院校的专业必须与第一志愿专业的科类相同。

(3)志愿填报是在公布考试成绩后“知分”填报志愿,一定要填好第一志愿,对于分数较低的考生一定要“服从调剂”,这是不落榜万无一失的策论。

(4)对口升学即有本科志愿又有专科志愿,不管考生分数如何都要把志愿填满,本科志愿一定要填报,不要空着。

(5)志愿填报前一定要考察或了解报考院校信息后再报考。

(6)志愿填报在网上进行,千万不要错过报考时间。

图4-8　智晟模具现代学徒制教学

## 八、中韩“3+4”本科、“3+2”大专留学模式

在一带一路的建设背景下,中国职业教育在全球化的进程中越来越发挥着重要作用,中国职业学校里有很多学生,为了开阔视野,提升自己未来的发展空间,他们更喜欢走出去,在国外继续读本科、上大专来重新规划他们人生的方向,下面就介绍长春职业技术学校的一个“3+4”本科、“3+2”专科留学项目。

模式简介:长春职业技术学校与韩国全州纪真大学“3+4”本科、“3+2”高职的留学合作项目,始于2016年,当年签订协议,当年招生。该项目由吉林省教育厅国际教育服务中心牵头,与韩国知名大学纪真大学(韩国院校排名前五)联合开办“3+4”本科、“3+2”专科的留学项目。招生专业为汽车运用与维修、机电技术应用、数字媒体技术应用三个专业。学生经过三年中职教育,并通过语言考试合格后统一办理相关手续,转入韩国纪真大学,继续后两年专科教育或四年本科教育(学生自选),并与韩国纪真大学签订就业协议。学校与吉林省九台农商行合作,为出国留学学生提供助学贷款,学生可以通过贷款形式支付首年学费,并可以在韩国通过勤工俭学的方式支付剩余留学费用,学生经学业考核合格后,可获得韩国教育部颁发的正规大学(或大专)毕业证书,享受韩国大学(或大专)毕业生同等待遇,国内承认学历。毕业后由韩方安置就业。

模式的宗旨:为促进职业教育与国际职业院校的合作交流,实现资源共享、优势互补,为有志于出国深造的学生搭建一个一站式留学平台和一条正规高效、安全稳妥的留学途径。

报名条件和报名方式:凡具有吉林省户口或吉林省有效居住证的应、往届初、高中毕业生,或具有同等学力的退役军人、企业下岗人员、社会青年均可报名。报名方式,学生可持初、高中及初、高中以上毕业证书直接到长春职业技术学校注册中专学籍,学校根据专业需要组织考试、面试或考核,学校考核或面试合格,可以录取进入韩国留学班学习。

模式的优势,入学条件宽松,韩国的大学教育水平先进,学习环境舒适,留学费用低廉,经济担保要求不高,申请周期短,签证率高,留学费用通过打工形式基本可以自理,可享受奖学金、医疗保险等各种待遇,毕业前景发展方向宽广,学习不受学年限制,倡导终身教育,能真正掌握高科技知识和先进的管理经验,实现理想,走向成功。

## 点　评

人们常说,中考考得好不如志愿选得好,本章的主要内容是填报中考志愿这一环节,介绍了“3 +4”本科和“3 +2”高职衔接、“3 +2”普通高职、单独招生和对口升学的报考特点及优势;报考方法和录取原则;选择学校和专业的技巧,让考生和家长对这五种模式填报的基本内容有所了解。

其二,志愿填报的基本流程分几个步骤,阐述了志愿填报的完整流程,既有方法和技巧的介绍,也有细节提醒,让考生和家长对节奏做到心中有数。

其三,志愿填报的操作案例是我多年从事招生咨询中的经验的总结,紧紧把握住学生的择校诉求,应该都是典型案例。

最后特别想说的是想通过本章的解读,让学生和家长知道职业教育不是“断头教育”,初中毕业生也能上大学,而且提供多种上大学模式供学生选择,并且能让他们自由选择模式、自由选择大学、自由选择专业,自由选择就业或者其他再教育方式,灵活方便的职教学习模式更能适应日新月异的经济发展和社会进步,把自己“幸福梦”“中国梦”和飞速发展的社会主义中国紧密联系在一起,能为国家做出比别人更大的贡献才是这个时代的幸福。

# 第五章

# 中考前需要解决的问题

中考是每个初三毕业学生人生的一个十字路口，也是他们人生中第一次真正面临的未来选择，但对于一个初三的学生及其家长而言，这个选择太艰巨太难以完成了，于是只能求助于学校班主任和亲朋好友，毋庸讳言的是，他们无论怎样的建议其实都是一家之言，这方面真正的权威人士其实就是初中校长，他才是学生报考的咨询师，是指导学生和家长报考的顾问，也是引导初三毕业生规划人生的设计师。那么校长是如何指导学生和家长的选择呢？

## 第一节　初中学校的校长如何帮助学生备战中考

每年中考前，初中校长们都要为初三毕业学生规划切实可行的人生目标和理想未来，通过开班主任会、家长会、学生大会传递国家的声音，解读报考政策，指导学生报考，那么初中校长如何为那些准备上中职学校的学生备战中考呢？

### 一、什么样的学生适合上职业学校

在一些家长的传统观念中，只有让孩子上普通高中将来读大学才有出息，读中等职业学校则没面子，尽管孩子文化课学习很吃力，即使家庭比较困难，也要想方设法不惜一切代价让孩子读普通高中。三年苦心焦虑，家长饱受煎熬，孩子丧失了信心，失去了热情，即使勉强考入一所高校，毕业后还可能就不了业。与其如此，不如选择职业学校学一门过硬的本领谋一份可靠的职业，同时帮国家打通了技术技能人才升学的立交桥。职业教育是面向人人的教育、就业教育，也是技能教育，职业学校的大门永远向愿意学习一门技术的各类人员敞开。文化课基础好、有一定专长的学生固然成功的可能性大，但学习成绩一般的学生也完全能通过职业教育学到人生的本领。近年来，一批批不被普通教育看好甚至被普通教育“淘汰”的学生通过职业教育走向企业的技术岗位，成为企业的“香饽饽”，这样的例子不胜枚举。

其二，学习基础差而动手能力强、因种种原因厌学而对实践操作有兴趣、文化课底子薄读普通高中困难、升入重点大学无望、家庭生活困难想及早就业帮助家庭摆脱困境、对某一专业、某一技术有特殊兴趣和爱好的学生，更应该选择职业教育去开拓属于自己的一片天地。

其三，大部分农村学校中有30% ~40%的家庭子女多，耕地少，经济状况差，孩子学习成绩又一般，他们不想让孩子待在农村，迫切想让孩子跳出农门，他们的直接愿望就是让孩子们学习一定生存技能，如汽车运用技术、机电技术应用、数控加工技术、焊接工艺技术、电梯维保等，学成之后很容易有一个比较好的就业出路。

其四，就是部分学生和家长人生目标比较渺茫，认为学生年龄还小，上高中无望，直接去外打工还小舍不得，先找个职业学校随便念念，对专业没有特定要求，但是对学校的管理期望值很高，家长要求就是想通过职业学校的学习学会做人。

## 二、帮助学生选准目标

职业教育，为国树才，国之大计。首先，帮助学生树立上职业学校学习的目标。中等职业教育与普通高中教育同属于高中阶段教育，都是国民教育体系的重要组成部分。中等职业教育是以就业为导向的教育，在学习文化知识的同时，突出专业知识学习和专业技术操作能力的培养，教育内容上侧重实践性和应用性，学生毕业可以直接就业，也可以选择升学。

其次，近些年，由于社会对职业教育的不理解和普通教育的盲目扩招，导致职业教育生源不足，“技工荒”现象愈发严重，普通教育生源过剩，“大学生就业难”的压力始终难缓解。为此国家出台政策调整教育结构，加快构建现代职业教育体系建设，要求各地统筹做好中等职业学校和普通高中招生工作，落实好职普招生大体相当的要求，引导广大学生就读职业教育。

鼓励适合的孩子通过职业教育拥有稳定且高技术含量的职业，是初中学校和考生明智的选择。目前，我国高职毕业生初次就业率仅低于“985”院校，高于“211”院校和其他本科院校，中职毕业生就业率多年保持在95%以上，这为职业教育重要性做了最有说服力的注解。

第三，当前我国出现的三个现象值得深思，一是技术技能人才的严重缺乏已引起政府、企业界、教育界的高度重视，“职业教育是经济发展、区域竞争的软实力”已成为社会共识；二是技术技能人才开始吃香，社会地位、工资待遇都有大幅度提升，目前，中级技工的工资要高于本科生，高级技工的工资要高于硕士研究生，年薪十几万的技术工人已不鲜见；三是当今的社会崇尚“劳动光荣、技能宝贵、创造伟大”的时代，大力营造人人皆可成才、人人尽展其才的良好氛围。

近几年，初、高中毕业生选择就读职业学校的逐年递增，甚至有本科毕业生因找不到工作而到职业学校“回炉”，企业在职人员、转岗人员、待业人员纷纷寻求职业培训以增强职场生存能力，更多人认识到选择上职业学校，同样能创造出彩人生。

第四，党中央、国务院和省市各级政府对职业教育的发展也空前重视，在全国教育工作会议上习近平总书记就加快职业教育发展做出重要指示。他强调，职业教育是国民教育体系和人力资源开发的重要组成部分，是广大青年打开通往成功成才大门的重要途径，肩负着培养多样化人才、传承技术技能、促进就业创业的重要职责，必须高度重视，加快发展职业教育，让每个人都有人生出彩的机会。更好支持和帮助职业教育发展，为实现“两个一百年”奋斗目标提供人才保障。李克强总理在会上强调，加快推进职业教育现代化，职业教育大有可为，也应当大有作为。要把提高职业技能和培养职业精神高度融合，培养大批怀有一技之长的劳动者，而且要让受教育者牢固树立敬业守信、精益求精等职业精神，让千千万万拥有较强动手和服务能力的人才进入劳动大军，使“中国制造”更多走向“优质制造”“精品制造”，使中国服务塑造新优势、迈向新台阶。

长春市对职业教育发展高度重视，规划了现代职业教育发展的蓝图。2018 年 1 月 16 日，十三届市委全面深化改革领导小组召开的第八次会议审议通过了由市教育局牵头起草的《关于加快发展现代职业教育的实施意见》。省委常委、市委书记王君正指出，认真贯彻落实党的十九大精神和习近平新时代中国特色社会主义思想，要高度重视职业教育发展，要从供需两侧发力，深化体制机制改革，为长春老工业基地新一轮振兴发展提供技术技能人才支撑。

为了提高社会对职业教育认同感，长春市教育局局长梁国超发表了致初中毕业生及家长的一封信——《执掌人生出彩金钥匙，奏响青春奋斗最强音》，他说，站在新的历史起点，知识撑起一片天，技术造就一代人，弘扬工匠精神重任在肩，打造技能强国正当时，职业教育是人生出彩的金钥匙。要树立“不唯学历凭能力”“行行出状元”的自信。让更多的职校生都能顺利成功、人生出彩，让全社会共同聚薪点火，为他们的成才成功提供便利，让他们昂首阔步走进职校，快快乐乐学习，幸幸福福的生活并最终体体面面就业，实现职教跨越发展，经济实现转型升级，人民富裕国家富强都将指日可待，刘延东副总理指出的“技术技能筑牢强国基石，职业教育成就出彩人生”也便能落地生根。

## 三、如何帮助学生选准定位

### (一)社会对技能人才的需求

职业教育是技能人才培养的摇篮,目前,我们国家即需要科学家,更需要数以亿计的技术技能人才。所以,我们要给学生定位,职业学校最终培养目标是技术技能型人才和“大国工匠”。无论是谁,都有一技之长。而且这一技之长,是只属于他自己的。有些人很早便发现了自己的特长,并利用特长取得了成功。有些人一辈子都没弄清楚自己究竟有什么本领。有些人凭借一己之力发现了自己的特长。而有些人则参考世人的反应,不断摸索自己的本领究竟为何。

首先,有一技之长,才能在社会上立足。现在,没有一项突出的技能,要想在激烈的社会竞争中立足,简直是不可想象,这已经是不言而喻的事实了。

放眼将来,知识决定命运,技能决定未来!其次,有一技之长才能对国家有益,有一技之长的人都很快乐,不信你看看周围已经走上工作岗位的高年级的学生们,凡是对某种技能特别精通的人,一定从那种技能中获得了不少的乐趣。如果你觉得生活乏味,干什么都无聊,觉得人生没有目标,那我这里就给你一个选择的目标:学习某种技能吧,不管是汽车、数控、护理、计算机、会计,只要你稍微有点兴趣,就去开发学习,等到了熟能生巧的阶段,就能体会出乐趣。

孔子说做人要“依于仁,游于艺”。艺不仅是艺术,还是技艺,技术和艺术是相通的,技术的最高阶段就是艺术,比如下棋人们就学说是棋艺,就是这个意思。

反过来说,一个人没有技术,干啥啥不行,不会是一个好丈夫,也不会是一个好员工,更不会是一个好的公民,这样的人也无法寻找到自己的幸福的生活。所以,不管是为了自己,为了家庭,为了社会,为了国家,最好能钻研一门技术,有自己的一技之长,成为工匠型人才,是当今社会最需要的。社会已经产生很大的变化,高学历不再是绝对保证,有一技之长更可闯出一片天。

据最新调查显示,以目前多数企业聘雇专业技术人才(62.7%)而言,其中有超过8成(81.9%)受访企业表示,技术人才因为具有专业技能,薪金确实会比较高,且有4成5的企业认为,有技能者的升迁速度也会比较快。

### (二)长春市职业教育发展的状况

目前,长春市共有中等职业学校43所,技工学校23所。共开设加工制造、交通运输、财经商贸等17大类166个专业511个专业点。拥有国家中职示范校6所,省级以上重点中等职业学校13所,国家、省、市级骨干示范专业60个。2017年全市中职招生10343人,“3+2”中高职衔接培养招生3153人,高职院校提前单独招生3925人。举办长春市职业技能竞赛,涵盖11个专业大类77个赛项,全市参与学生30000余名,组队参加全国职业院校技能大赛,在32个赛项的角逐中,获得38个奖项,奖牌总数接近3年总和,其中金牌4枚占全省总数的80%,银牌16枚占全省总数的70%,铜牌18枚占全省总数的60%。承办2017年全国职业院校技能大赛,"蔬菜嫁接、物联网技术与维修"两个赛项。立项建设6个示范、6个重点实习实训基地。发挥资源共享功能,认定7所院校共10个公共实训基地、7个职业技术体验中心,在10所院校的80个专业点开展现代学徒制试点,深度进行校企融合、产教结合、推进集团化办学,"校中厂""厂中校"遍地开花。极大推动长春职业教育的人才就业,三年累计培养技术技能人才10万人,毕业生就业率稳定在95%以上。

图5-1 我校数字媒体专业创意空间

**(三)我们需要更多的技师,而不是博士**(案例)

德国前总统赫尔佐格曾说;"为保持经济竞争力,德国需要的不是更多的博士,而是更多的技师"。这里所说的技师,指的是支撑"德国制造"的"工业技师"。提起德国,人们很自然会联想到"大众""奔驰""宝马""奥迪""保时捷""欧宝"等这些德国名车,联想到德国的这些机械设备,联想到德国的工具。要知道德国在制造业的卓越成就归功于德国政府对职业教育的大量投入和全社会对技术工人的尊重。德国企业家认为一流的产品需要一流的工人来制造,再先进的科研成果,没有技术工人的工艺化操作,也很难变成具有竞争力的产品。

德国技术工人工资高于全国平均工资,职业学校毕业生的工资几乎普遍比大学毕业生的工资高。不少行业的技工工资远远高于普通公务员,甚至高过大学教授。由于德国技工的工资高,制造业技工需求量大,每年有65%的初中毕业生放弃读高中继续读大学的道路,直接进入职业学校,德国的职业教育由政府全额拨款,学生在职业学校学习期间就被企业“订购”成为企业的准员工,企业要按规定向“订购”的职校生每月支付600~800欧元的学习津贴。

德国对技工的尊重在世界上首屈一指,这才让德国的技工工资普遍较高。德国实干者更是人才辈出,他们以精湛的工艺技术创造了享誉世界的“德国制造”。虽然德国历经风雨,但德国制造让德国经济稳健增长,牢牢地支撑了欧洲的危局。欧元区至今屹立不倒,德国制造功不可没。德国制造之所以如此强悍,关键是这个国家积累了丰厚的“工匠”资源,包括工程师、高级技工、普通技工。德国的工匠精神就是严谨、规范、一丝不苟,规定螺丝需要拧5圈,他们绝不会拧4圈半。无论是工程师还是普通技工,每人都有一手绝活,有的是祖上传承,但更多的是来自遍布德国的职业学校、技工学校。所以,不论在国内还是在国外,职业教育都是国之大计,技能,成就梦想。

## 四、如何报考升学模式指导

### (一)科学指导报考

长春市中等职业学校招生工作原则上有两种方式进行。一是纳入中考计划,在中考报名时填报志愿,统一录取;二是学生可持初中及初中以上毕业证书直接到各中等专业学校报名,学校可根据专业需求组织考试、面试或考核。对基本完成义务教育,但因未参加中考没有获得初中毕业证书的,学校考核或面试合格,可以录取,省、市教育行政部门和招生部门统一办理注册和录取手续。

中等职业学校除招收应届初中毕业生外,面向社会各类群体招生,具备条件的高中毕业生、往届初中毕业生、退役军人、企业下岗人员、社会青年等均可报名。

中等职业学校招收初中毕业生或具有同等学力者学制确定为三年;招收高中及高中以上学历的各类人员,单独编班,学制可确定为二年。同时,郑重提醒校长和班主任,学生选择中等职业学校要通过正规途径向教育行政部门咨询中职学校办学资质,不要轻信各类中介机构、中介人员或各类招生广告发布的信息,也不要轻易将个人信息提供给他人。查询中职招生信息,可拨打教育行政部门咨询电话、查阅《长春市高级中等学校招生指南》和有关部门发布的招生计划、登录长春教育网、长春职教网等。如果具备条件,建议考生和家长到中职学校实地考察,了解学校的办学条件、专业优势、学生管理、就业情况等,根据孩子的兴趣和专长选择好所学专业。

### (二)升学模式指导

随着我国现代职业教育体系的建立,技术技能人才成长的“立交桥”已经打通,中等职业学校学生升学的渠道已经畅通,发展的空间也越来越广阔。目前,长春市中等职业学校学生有四条途径可以升学,且升学比例也在逐年扩大。

一是对口招生。每年省内高等学校要单独面向中等职业学校应届毕业生下达一部分招生计划,单独命题,单独录取,许多中职毕业生绕开了高考独木桥上的激烈拼抢,通过中职教育实现了读专科、上本科的愿望。

二是单独招生。每年省内部分高职院校实行提前单独招生,除面向普通高中外,还要向中职学校单独下达一部分招生计划,单独命题,单独录取。以技能见长的中职学生,升入高职后,在技术技能上表现出明显的优势,就业更有竞争力。

三是专科、本科直通车。经吉林省教育厅批准,长春市在部分示范性中职学校启动中职与高职、中职与本科衔接贯通培养试点。包括:中职—本科"3+4"衔接,学生在中职读3年,成绩合格转段升入对应本科院校学习4年,完成学业颁发本科院校毕业证书;中职—高职"3+2"衔接,学生在中职读3年,高职读2年,毕业颁发高职院校毕业证书;中职—高职"五年一贯制"衔接,5年均在中职学校学习,前3年注册中职学籍,后2年学籍转入高职院校,毕业颁发高职院校毕业证书。这些衔接培养项目,由本科院校、中职学校、高职院校统筹制定一体化的人才培养方案和教学计划,共同组织实施,系统培养技术技能人才。学生选择这一模式被录取,等于初中毕业直接进入了专科高职院校学习。

四是参加普通高考。中职毕业生允许参加普通高考,尤其是艺术类中职学生报考艺术院校更有专业优势。

## 五、如何对学生进行就业指导

### (一)长春市就业市场的人才需求情况

在我国,与现代产业相匹配的技术技能人才缺乏已是不争的事实,特别是随着产业结构转型、技术密集型企业增多,技术技能人才短缺现象将更为突出。有资料显示,我国仅数控机床操作工的短缺量就高达60万人,有的企业为一些高级技工岗位开出年薪几十万的高价却招不到人,最后不得不聘请国外的高级技工。

未来几年,是长春市产业结构调整和城市转型升级的关键阶段。长春建设国家新型工业化基地、现代农业产业基地和东北现代服务业中心,打造国家沿边开发开放的长吉图战略产业高地和东北亚区域经贸合作核心,重点扩张汽车及零部件、轨道客车和装备制造、农产品加工"三优"产业,做强先进装备制造、光电信息、生物和医药、新能源、新材料"五新"战略性新兴产业,大力发展现代物流、现代金融、文化创意、旅游会展、信息服务等生产性服务业,积极发展餐饮、文化、商贸等生活性服务业，坚持走农业现代化道路。这些都迫切需要一大批适应新产业、新技术、新工艺的技术技能人才作为支撑。根据调研分析预测，未来五年，长春市技术技能人才缺口约52万人左右，年均缺口在10万人以上，其中汽车、装备制造、建筑、文化等产业未来五年缺口都在5万人以上。

**（二）长春中职学校的就业情况**

近年来，长春市中等职业学校毕业生就业率出现持续高涨的势头，已连续五年保持在95%以上，许多专业出现了供不应求的局面，学生还没有毕业就被用人单位提前预订，有些专业学生刚一入校即与用人单位签订了就业合同。中职毕业生就业率居高不下，是社会对技术技能人才旺盛需求的反映，也是职业学校得天独厚的办学优势的体现，这种优势源于三个方面。

一是专业设置与产业需求对接。学校紧紧围绕区域优势产业和市场需求设置专业，及时淘汰社会需求量小、学生就业困难的专业，紧跟产业链开发新专业。

二是课程内容与职业标准对接。学校普遍与企业建立了深度合作关系，校企共同制定人才培养方案，共同开发课程标准，实现了课程内容与岗位要求的紧密衔接。

三是深入开展校企合作、产教融合，注重学生实践操作能力培养，企业参与教学全过程。推进集团化办学，“厂中校”“校中厂”遍地开花，有300多名企业高技能人才和能工巧匠到长春市职业院校兼课任教。分流培养、理实一体的教学方式，师傅带徒弟，学生既是学生也是员工，入学即就业，这种“现代学徒制”模式的推进，大大提高了学生的就业能力。

图5-2　学生在人民大会堂就业

职业教育让越来越多的青年实现了梦想。多数毕业生就业后，在上“三险”“五险”的前提下，月薪达到3000元毕业生薪酬水平，因技能精湛而获得高薪待遇的毕业生也大有人在。许多毕业生走上了令本科生羡慕的工作岗位，如进入国有大中型企业合资企业、航空公司等，相当数量的毕业生成为工作单位的业务骨干，有的因工作业绩突出受到国家、省、市表彰。获得国家科技进步二等奖的一汽工人王洪军就是长春市职业学校毕业生的杰出代表。

**（三）职业学校优秀毕业生事迹**

长春市大力推进职业教育改革发展，人才供给能力和人才培养质量全面提升，为长春经济发展方式转变和产业结构战略性调整提供了强有力的技术技能人才支撑。下面给学生们介绍这几年工作在不同岗位优秀毕业生的典型事迹，这是长春市数以万计职业学校毕业生的缩影，他们以良好的职业道德和扎实的技能本领服务社会，在平凡的岗位上创造出崭新的工作业绩。

**案例一：**

丁忠伟，毕业于长春职业技术学校计算机技术与应用专业。毕业之后曾先后在TCGG品牌创意连锁机构、长影世纪城任职。丁忠伟在校期间学习成绩优异，具备良好的综合素质。曾任校团委副书记、班级团支书、校广播站站长、校记者站站长，多次荣获“优秀学生干部”“优秀学生”荣誉，受到老师和同学一致好评。

毕业后，被吉林省最具创意实力的品牌策划机构录用，担任品牌策划一职，并重点负责海尔家电、长春卷烟厂、吉林联通等重要品牌产品的市场推广工作。在职期间，丁忠伟凭借专业的职业素质，为客户市场开拓提供了积极帮助，他勤奋好学的态度也受到客户的广泛好评。其中，2004年春节由丁忠伟主持策划执行的“海尔兄弟连，品味黄金档”销售策略，使该阶段本地区海尔冰箱、洗衣机销量位居全国第二位，仅次于青岛，该方案也作为经典案例在全国海尔工贸进行推广。由丁忠伟为长春卷烟厂策划执行的“红塔人参阳光行”活动。遍布省内19个市、县、镇等地区，使“长烟”人参牌香烟在该阶段销量突增，实现了良好的效果，丁忠伟在一年后被提升为文案总监。

2006年，丁忠伟被中央文化体制改革试点单位——长影集团聘用，并重点负责长影世纪城营销企划工作。

丁忠伟刚到长影世纪城工作时，长影正处于发展的重要阶段，长影世纪城也处于建设时期，不仅没有休息日，工作还天天加班加点。他毫无怨言把学到的知识和技能毫无保留地运用在工作中，兢兢业业，刻苦创新，团结同事，在自己的岗位上很快进入了角色，并能够独当一面。

一年后，丁忠伟凭借优秀的工作成绩被提升为部门主管，两年后，又从主管的职位被提升为企划部经理。成为长影世纪城职位提升最快，也是最年轻的中层管理人员。

目前，丁忠伟已在长影世纪城工作六年，并且全面负责长影世纪城最重要的品牌营销工作，包括品牌推广、广告宣传、新闻策划、活动执行、媒体投诉、设计创意等具体工作。

几年来，丁忠伟凭借着出色的公关能力，已为长影世纪城建立了十分成熟的媒体网络，通过其主动努力，带领团队为公司节省宣传资金超过1000万元，并且连续5年完成公司下达的经营指标。通过其努力，长影世纪城品牌建设和推广工作也取得实质性进展，其品牌影响力在全国地区已超过80%，在东三省地区超过89%，吉林省本地已超过98%。

由于丁忠伟同学专业能力强，态度积极肯干。还多次被抽调到集团落实具体工作。长影集团译制片厂成立60周年大型演出、长影乐园走进国家大剧院演出、大型商业影片首映仪式、明星见面会等活动丁忠伟在策划创意方面发挥了重要作用。

另外，《同一首歌》走进长影世纪城、刘谦魔法专场表演也均由丁忠伟主持策划，取得了良好的效果。

2007年，由丁忠伟主持的“2007年中国和谐城乡游”启动仪式，取得了很好的效果，受到吉林省旅游局表彰。

丁忠伟虽然年轻，他的身上，在散发着年轻人活力的同时还蕴藏着特有的成熟。他的创业经历也常常被同事、朋友们所津津乐道。吉林电视台《人在他乡》栏目还以他为故事，拍摄了专题节目播出，号召年轻的创业人员向他学习。

他的感言，选择这所学校、这个专业成就我的出彩人生，十分感谢母校的培养、教诲和帮助，希望更多的学子选择这所学校，收获一个光明的未来。

**案例二：**

樊明明，毕业于长春职业技术学校旅游专业，现在长春亚泰饭店担任前厅经理职务。

作为旅游管理专业首批对口升学的高职学生，入校时就具备较高的综合素质。他尊敬老师，学习目的明确，学习态度端正，在思想上有较高追求，进校不久，就向党组织提出了入党申请，表达了积极要求加入党组织的愿望。经过党组织的培养和教育，该同学思想政治素质提高很快，在学习、工作等各方面都走在同学们的前头，受到了老师和同学们的一致好评。

根据当时学校就业工作“优生优荐”的原则，经学校推荐和用人单位的严格筛选，樊明明被锦江国际酒店管理集团锦江之星长春分公司聘用，成为公司的一员。

樊明明十分珍惜这个难得的机会。虽然刚刚步入社会工作环境不是十分熟悉，但对工作的渴望让他很快克服困难，适应了环境，得以安心工作。首先他和几位同去的同学们接受了相关理论知识和实际操作的培训。为了能站稳脚跟，打好基础，樊明明早起晚睡，如饥似渴地向老师傅们学习，不懂就问，反复琢磨，不放过任何疑问,就这样他圆满地完成了培训任务。

取得培训的优异成绩后,顺利走向新的工作岗位.到岗之后又表现出较高的职业素质,勤勤恳恳,不计条件好坏,不论报酬高低,每天早早来到岗位上打扫卫生,清理杂物做好上班前的准备,配合本部门做了大量的工作。在专业水平上提高得很快,对于车间的各种工序他都主动去熟悉、了解。他服从安排,经常加班加点,却毫无怨言,受到了企业领导和老员工的好评。在短短的半年工作里就由一名基层员工提升到前厅经理的职务。

在综合素质方面表现出爱岗敬业的良好职业道德,讲文明、懂礼貌、尊敬师长、善于合作、有较强的团队意识。工作认真负责、虚心好学、礼貌待人。和周围人相处得非常融洽。正是在老师和师傅们手把手地教诲下,樊明明对于前台工作流程与对客服务流程有了一个系统地把握,在岗位上逐渐进入角色,能够独当一面,挑起大梁。

樊明明能够严格遵守公司的规章制度,表现很好,进步很快,得到部门领导和师傅们的一致好评,受到重用,也成为当年毕业生中的佼佼者,成为同学们学习的榜样,成为长春职业技术学校的骄傲。

路正长,希望正长!樊明明以认真的工作态度和高度的工作热情,干一行爱一行,取得了成绩。他用事实告诉我们:是金子在哪里都会发光,机遇永远只眷顾有准备的人!选择这所学校是无悔的选择。

**案例三:**

金涛,是长春汽车工业高等专科学校机电一体化专业毕业生。学生时期的金涛在同龄人中就显格外成熟,和同学、老师讨论技术问题是他最大的乐趣,白天上课,晚上读业余本科,让他的理论知识迅速丰富起来。善于动脑的他,手工作业总是名列前茅。

毕业后金涛来到一汽—大众,成为生产线上的一名操作工,只要生产设备出了问题,他总是帮助维修人员打下手,认真琢磨学习。仅仅一年时间,他就可以解决生产设备中存在的大多数问题,工段很快注意到这个出色的"编外维修技工",专门派他去公司培训中心进一步学习。为了不耽误工作,金涛晚上上班,白天去听课,学好基础知识后就大量翻阅图纸资料,光笔记就记了5本。在很短的时间掌握计算机的程序修改等先进技术,在不断运用技术解决生产问题的同时,金涛还进行了13项革新,大大提高了工作效率。

一汽—大众的生产设备来自不同国家,对维修工水平要求相当高,金涛在公司学习了德语、英语,可以直接和外方专家进行交流。他还利用业余时间把德文的程序翻译成中文,编成手册传授给身边的员工。随着一项项革新发明和一个个技术难题的攻坚。金涛在一汽—大众的名气越来越大,并有了自己的团队。

2013 年,公司奥迪产品旺销,出现四分之一的产能缺口。一次产能提升项目中,外国专家在设备安装就绪后的第六天,运行机器人程序时发现根本不能实现工艺要求,重新订购焊钳需要 3 个月,在紧迫的工期面前,意大利柯马公司项目负责人将希望寄托在金涛团队身上。金涛在现场反复调研的基础上,连续奋战 8 个昼夜,每天在工作现场工作十八九个小时,终于破解技术难题,再次赢得外国专家的尊重。

多年来,金涛完成了一个由普通员工到一汽集团公司核心技术人才的转变,成为敢于创新改进的高技能技术人才的青年领军人物。共实施公司级别重点改进项目 21 项,创新项目 33 项,为公司创造经济效益 16 亿元,使奥迪生产效率提高 100%,为一汽—大众成功冲击百万辆产能做出突出贡献。金涛用实际行动和出色的工作业绩诠释了一名共产党员坚定理想信念、勇挑重担、甘于奉献、顾全大局的优秀品格,成为一汽集团合资企业优秀党员的楷模和典范。

他的感言,我最大的幸福是选择了职业学校的机电一体化专业,靠自己技术和本领吃饭,并让我取得如此辉煌的成绩,我希望职业教育越办越好,人才辈出。

**案例四:**

新生的入学教育,“铸诚精艺”的校训让他知道自己承载着很多人的希望。但刚开始学习网络知识却让他陷入困惑,对网络技术一窍不通,比起班级里职高升学的同学们技术上差得太多,连最基本的电脑硬件都不懂。当时他经常问自己该怎么办,将来能靠网络技术维持自己的生活吗?难道就一直迷迷糊糊混到毕业吗?

网络基础课老师在课堂上介绍的关于 CISCO 网络工程师的案例,让他铭记于心。从此他对网络工程师有了更多的了解,他明确了人生的发展方向,确定了自己的职业目标——成为一名网络工程师。从此他不再迷惘、不再徘徊。在学习上,他从不轻视每一门课程,坚信“工欲善其事,必先利其器”。苦心人天不负,三年学习中,他在同学中第一个拿下国家认证的网络三级证。

毕业后的戢烈并没有马上找到心仪的工作,仅仅是一个小企业的网管。一次偶然的机会通过了 H3C 全国总代理——北京中青旅创格科技有限公司的技术面试,虽然试用期 3 个月的薪水为“零”,但他毅然辞去了工作,他觉得北京中青旅创格科技有限公司适合自己,自己会成为一名网络工程师。在职业生涯工作中,戢烈不断地学习积累,在业界高职大专毕业生中独树一帜,先后获得了 H3C 认证视频监控技术高级工程师、1-13C 认证安全技术高级工程师、H3C 认证视迅技术高级工程师、H3C 认证无线工程师、H3C 认证网络排错专家 H3CTE、H3C 认证互联网络专家 H3CIE(本项认证目前全球仅有 20 人通过,吉林省唯一)、H3C 无线网络优化专家认证(全国第一个通过)。工作六年,他在东北三省独立做了大小近 50 个网络工程项目,涉及目前业界主流网络产品,H3C、CISCO、迈普、中兴、神马……基本覆盖所有行业。

他的感言,在职业学校学习是我一生最重要的经历,在学校掌握了知识和技能,现在的我,工作起来得心应手,无比自信。

## 六、解读中职学校免费政策

长春市中等职业学校每年学费一般按省物价局和财政局核定的标准收费,同时国家、省、市还出台了一系列助学政策,鼓励学生就读职业教育。

一是对公办中等职业学校全日制正式学三年级在校生中所有农村(含县镇)学生、城市涉农专业学生和家庭经济困难学生免除学费(艺术类相关表演专业学生除外)。

二是对在职业教育行政管理部门依法批准、符合国家标准的民办中等职业学校就读的一、二年级农村(含县镇)学生、城市涉农专业学生和家庭经济困难学生,每年免除 2000 元学费。

三是对在中等职业学校就读的具有全日制正式学籍的一、二年级涉农专业学生和非涉农专业家庭经济困难学生,每生每年补助 1500 元。

四是对在中等职业学校就读具有全日制正式学籍一、二、三年级长春市市区城市户籍没有享受国家免学费政策的学生,每生每年免除 1000 元学费。

五是各中等职业学校设置不同形式的奖学金、助学金、家庭经济困难学生生活补助等资助项目。除此以外,其他中职学校还有各自的优惠政策,如“金秋助学”“精准扶贫”“春蕾计划”等,长春市中等职业学校的学生资助政策基本实现了全覆盖。这其中重点项目是长春职业技术学校与长春市总工会联合举办的“金秋助学”活动,自 2012 年至今已开展 6 年,受惠总学生人数达 681 人,有 400 余名学生从学校毕业走上工作岗位或升入高等院校,只要是长春各地区工会困难职工的子女均可参加由长春市总工会与长春职业技术学校联合组织的“金秋助学”活动,受惠学生可享受减免学费和杂费特殊免费政策,工会助学的学生每年补助 1000 元伙食费,补助 1000 元文化用品费,优先安置就业,这样做既可以减轻学生的经济负担,又可以帮助学生完成学业就业,实现“帮扶一个学生,幸福一个家庭”助学目标。也实现了习总书记所说的,不让一个孩子因家庭贫困而掉队的目标。学校与市总工会的助学活动是吉林省“金秋助学”活动的典范。

各专业减免的费用明细表　　表 5-1

| 减免项目 | 减免金额(每年) | 减免年限 | 入学后共计减免金额 |
|---|---|---|---|
| 学费 | 3500 元～6000 元 | 3 年 | 10500～18000 元 |
| 书费 | 300 元 | 2 年 | 600 元 |
| 医疗保险 | 40 元 | 3 年 | 120 元 |
| 校服费 | 375 元 | 1 年(次) | 375 元 |
| 生活补贴 | 第一年 2000 元<br>第二年 1000 元 | 2 年 | 3000 元 |

除金秋助学外,长春职业技术学校还设立了“三金”:①学校奖学金:在校期间品学兼优的学生;②技能大赛奖学金;③学校助学金。

图 5-3　我校高星级饭店运营管理专业中、西餐实训室

**案例一:**

金同学家住在当地的农村,家中田地较少,父亲重病,她是一个勤奋好学的孩子,父母没有钱让她读书。因为是农村户口,金秋助学给了她继续学习的机会,成为长春职业技术学校一名轨道检修专业的学生,金秋助学不但免去了她的学费,书本费、保险费、校服费等都已经为她解决了。如果没有这次机会,就只能在家务农或外出打工,她非常珍惜学校给她的这次上学读书的机会,立志一定要好好学习专业知识,将来凭自己的能力回报社会,回报那些关心她、帮助她的老师同学们。这就是金同学:一个家境贫困意志顽强的好孩子。国家的助学政策让她感受到职业教育的幸福。

**案例二：**

王同学，长春乐山人，是长春职业技术学校的学生，这几年来对国家的助学政策感受特别深刻。他的心里都有说不出的高兴，每年免收的4800元的学费不只是因为其帮助他解决了或多或少的经济困难，更表明我国的教育事业正逐步地赶上国际水平。人们得到高素质的教育，这是有利于个人、社会以及国家的。他说：其实，许多人都错了。学校的学费是贵，一年的学杂费也许是农村一大家子人一年辛勤劳动也挣不来的。但是，他们忘记了还有国家，国家的助学政策是不容许任何一个有志青年因为经济的原因而辍学的！国家出台了许多切实可行的政策来帮助许许多多有经济困难的学生，如国家免学费、国家助学金等！是的，我与我周围的同学都是一个个鲜活的例子。在接受国家助学金的同时，我们的心里是极不平静的。古语有云，无功不受禄。还是学生的我们没有为社会、为国家做出一丁点儿的贡献，这样就接受了国家的一笔资金心里当然是不安的。但是，想想看，我们也无须如此的庸人自扰，因为若干年后，相信凭借自己的知识和能力，是可以为国家做出自己的贡献的。是的，我们有信心！这个信心来自国家，来自学校，也来自我们辛勤付出的父母。我们相信，个人的力量汇集起来，是可以发挥出巨大的能量的。目前王同学已经到一汽集团工作，在工作中得到了领导和同事的一致好评。

**案例三：**

精准扶贫是爱心工程，长春职业技术学校15数控技术应用3+2衔接长春工大班的刘同学，他出生在一个不富裕的农民家庭，家中父亲靠打零工维持生活，母亲病重常年卧床，本就无太多收入，而刘同学自出生起就体弱多病，那时年幼，家人带着他四处求医问药，他也因此整日药不离口，常年与病魔为伴……县政府的指导下，村委会为他的家庭填写了扶贫手册，每年对他的家庭进行补助，精准扶贫也是爱心接力！来到本校后学校在为他免除学校各项费用的同时还对他进行了补助，刘同学说，一定要好好报答国家，报答学校，报答那些帮助他，关心他的老师同学，是他们为我本来平凡而又黑暗的生命带来了温暖和阳光！今后要做一个对社会有用的人。现在他已经衔接到长春工业大学读书。工业大学还会继续接力！让同学们感受到家的幸福！

图5-4 模拟销售展厅

## 第二节 初中班主任如何指导学生备战中考

从某种意义上说,中考比高考报考更重要。中考是学生第一次面临的人生选择。“考”与“报”的个把月里,就要决定报考的一切,决定学生的人生定位和方向。那么中考学生有几种选择呢?“一颗红心两种准备”,上高中,读大学,找工作不是唯一出路,对于哪些中考成绩达不到高中录取线的,对哪些想通过中职学校升学和就业求发展的,也是一种选择。“条条道路通罗马”“行行出状元”初三班主任老师是学生报考的引路人,他们应该怎样为初中学校的学生备战中考呢?

### 一、目前学生报考中存在的问题

中考报考由两个因素组成的,考试分数和报考选择,分数取决于考生的努力,报考则取决于初中班主任对中考的认知理念,其决定了学生报考层次。如何科学报考,关键点在于定位和方向。

#### (一)普通高中教育、职业教育是初中毕业生面临的两种选择

受众多因素的影响,初中学校对学生接受职业教育意识的培养疏于关注,导致不能进入普通高中的初中毕业生不少人对接受职业教育缺乏兴趣,就学生本身而言,对职业学校的专业、就业、如何学习和掌握基本技能等的认识模糊,对社会对人才的需求信息了解就更少,接受职业教育的心理准备不足。学生对报考职业学校就更困惑了,不知道自己想干啥,能干啥,盲目性强,看别人上高中我也上高中,上不了高中报职业学校,别人报哪个学校我就报哪个学校,不考虑适不适合、缺乏对自己的准确认识和切实可行的报考规划。

#### (二)父母包办报志愿

学生报考的学校、专业都是父母选择的,父母以他们以往的职业经历选择一些就业似乎稳定的专业,如财务、幼儿教育、护士等。但孩子本人却很有感性,创新能力强,根本就不喜欢他们所选择的专业和职业,但又很难提出反对意见。每年填报志愿时,一些考生对什么是机械专业、什么是电子专业等几乎一无所知。对于今后从事的工作方向,缺乏了解,考生很难从兴趣出发做出选择。任由家长大包大揽,强制考生做出某种选择,最后把好事演变成坏事。

#### (三)对报考志愿漠不关心

报啥都行的学生和家长不在少数,只要找个职业学校孩子有学上就行,学校要求严格,能教会孩子做人不学坏就可以。

### (四)迷茫中盲目选择

还有一些学生想通过中职学校升学的,但不知道报什么样的学校能升学,在专业方面根本就不知道怎样选择;有些同学动手能力非常强,想上职业学校,却不知道哪个专业更适合,非常迷茫?这些问题都是学生缺乏职业规划报考盲目造成的,初中班主任如何去解决这些问题呢?

## 二、对学生职业规划进行引导

职业规划就是从中考报考开始,帮助学生开始规划他们的人生。在我们招生咨询中,许多家长向我们经常咨询最多的是哪个学校好,哪个专业好,其实学校和专业没有好坏之分,只有适合不适合之分。一个学校好还是不好,一个专业好还是不好,是由孩子的选择决定的,只要告诉我们学生未来的目标,我们才能告诉他,哪所学校好,哪个专业好,如果我们不知道这个目标,是没有办法确定学校和专业的好坏。没有适合的标准,自然就没有好坏。这就是缺乏职业规划,不知道自己想干啥能干成啥,导致盲目报考、盲目选择。因此,初中阶段的职业规划引导是很重要的,这是职业规划的源头,对以后的就业和职业发展意义十分重大,科学地对初中学生进行职业生涯规划,也将更有效地帮助学生尽早地确定目标,有的放失地进行规划和学习,提升学生的学习动机,所以我们应改变传统的观念,要树立终身教育、终身发展的思想,帮助学生直达成功的彼岸。

### (一)了解自己,选对方向

人生最重要的投资就是了解自己,选对方向!永远在最短的时间,用最对的方法,去做最对的事,从而得到一个最好的结果!

我们的家长和孩子的愿望都很丰满,都希望得到最好的结果,但是现实却很骨感。我们常常做的不是最对的事情,用的不是最对的方法,花的也不是最短的时间,凭什么期盼得到最好的结果呢?

家长很多时候给孩子选方向,都是别人说什么好跟着选什么,就是“自然发生”——走到哪算哪,能干吗干吗。如果你听说邻家小孩志愿填报最后通过掷骰子决定的,你一定觉得很可笑。可是大部分家长在给孩子选择方向的时候,不也是在猜方向吗?这跟掷骰子有什么两样吗?

我们的学生实在太可怜了,他们中的大多数都在走弯路,他们要是早知道这些,一定不会变成现在的样子。家长一定要陪着孩子去做调研,看他未来想做什么,这个工作是不是他想要的,这个公司是不是他想去的。根据这些问题的答案才能决定今天报考什么样的专业。一定要跟孩子聊一聊。

我们遇到过这样的家长，让我们给他的孩子推荐一个学校和一个专业，我们于是想约这个孩子见一面，结果这个家长说："孩子不在家，中考第二天就去北京啦，他让我们来帮他选！"

坦率地讲，我们没有办法为这样的家长服务，我们没有办法替孩子做决策。家长需要记住的是，关于孩子的决策一定要落实到孩子自己身上，你不能替他决策，其他人也不能。我们也不能。因为我们都不清楚他的兴趣是什么，性格是什么，天赋是什么，价值观是什么。你的孩子不来，我们就没办法帮他仔细地去决定这些东西。如果选择方向不建立在这种自我分析，自我了解之上，就是算命，就是掷骰子，就是不负责任。

你知道你的孩子以后想过什么样的人生吗？不知道！

你知道你的孩子以后适合从事什么样的工作吗？不知道！

你知道适合你孩子的工作需要什么样的专业吗？不知道！

你知道哪些学校的这个学科专业比较好吗？不知道！

你什么都不知道，怎么可能帮你的孩子选对方向呢？方向错了，怎么可能有好的结果呢？所以如果你不想让你的孩子三年的青春白白浪费，毕业就失业，以后做什么都不愿意做，就得帮他选对方向。而要帮他选对方向，就得引导他进行自我分析，首先要让学生做到：清楚地了解自己，对自己进行全面的分析，其中主要包括对能力、兴趣、性格、气质、价值观等进行分析，以确定自己都具备哪些能力，什么样的职业比较适合自己，即，要清楚我想干什么，我能干什么，我该干什么，面对众多的职业学校、众多的专业和众多的职业我会选择什么等。自我评估和自我认识是我们进行规划的核心和关键。

**(二)按兴趣选择专业**

一谈到兴趣学生都会兴奋，为什么？因为他们理解的兴趣就是喜欢做的事情。男孩子喜欢打网络游戏，和室友打一通宵，早上出来反倒神清气爽，成就满满；女孩子喜欢逛街，一天下来走的路程超过了之前一星期走过的路程，依旧乐此不疲，意犹未尽。

学生是这样，家长也是这样。一谈到这个周末去钓鱼、聚餐、打牌消遣，就心向往之，尽管今天可能才周一；而一回到工作中，就感觉所有的能量都被办公室给吸光了，尽管现在才周一上午九点半。

我们这里谈的兴趣不是我们一般理解的兴趣爱好，而是一个人的职业兴趣，就是与职业有关的兴趣。我们上面提到的打网游、逛街和钓鱼等，当然也可以发展为一种职业。但是这样的岗位毕竟是少数，打游戏的很多，并不是每个人都以打游戏为生;做专业导购的人也有,但很少;职业钓鱼的就更是极品了。

为什么我们不能从事自己感兴趣的工作呢?如果我们能从事自己感兴趣的工作,我们会觉得时间过得特别快,尽管辛苦,得到的却是喜悦和满足。如果我们从事的是我们自己不感兴趣的工作,往往很难提起精神。

那我们的家长为什么很少想过在这个方向上去给孩子做投资呢?为什么我们还有越俎代庖,包办孩子以后人生道路的情况呢?

难道家长希望自己的孩子以后勉勉强强地做着自己不感兴趣的工作,一做一辈子,也不曾获得成就感,一辈子做着自己不太"感冒"的事情,挣着自己并不太"认"的钱,讨好自己并不真正关心的人吗?

不要让报考耽误学生的一生,但也别让自己的无知选择坑了学生一辈子。所以我们应该引导孩子去发现自己的职业兴趣,应该根据孩子的职业兴趣去帮助他选择学习的专业。

俗话说:兴趣是最好的老师。浓厚的兴趣是取得成功的关键,如果对一件事情兴趣盎然,就会乐此不疲,创新不断。例如,有人很喜欢跟人打交道,喜欢组织、管理性质的活动,那么选择专业时可以考虑市场营销、汽车服务营销、高星级饭店运营与管理、电子商务等专业报考。还有人就喜欢学点技术,做一些动手的活动,那就可以学一些机电技术应用、数控、工业机器人、汽车、焊接技术等专业,还有人喜欢护士、幼师、空乘等。每个人的兴趣点不一样,这是在选择学校尤其是报考专业所必须重点考虑的问题。下面是将人的兴趣取向分为六种基本类型,相应的职业也划分为六种类型:

实用型:实用型的人对操作性的工作非常感兴趣,喜欢工具、器具和仪器。动手能力强,动作协调,不善言辞,偏好于具体的工作,喜欢独立做事,不擅长交际,善于与机器设备打交道,所以操作机器的能力比较强。这种类型可选择机电一体化、数控技术、焊接技术等专业。

常规型:常规型的人对有规律和固定模式的工作比较感兴趣。尊重权威和规章制度,习惯接受领导和指挥,不谋求领导职务,关注细节,做事比较谨慎保守,不喜欢冒险,具有自我牺牲精神。这种类型可选择会计电算化、电子商务等专业。

企业型:企业型的人对领导他人深感兴趣。追求权利、权威和物质财富,喜欢冒险,有野心和抱负,为人务实,喜欢以得失、权利、地位、金钱等来衡量做事的价值,目的性很强。这种类型可选市场营销、汽车服务与营销等专业。

社会型:社会型的人对与人交往、多结交新朋友很感兴趣。善言谈,愿意教导别人,关心社会问题,渴望发挥社会影响力,追求广泛的人际关系,乐于助人,热情好客,比较看重社会道德。这种类型可选公关礼仪、酒店管理等专业。

艺术型：艺术型的人对创造性的工作感兴趣，喜欢那种要求具备艺术修养、创造力、直觉和灵感的工作，对声音、颜色比较敏感，乐于探索一些非理性的事物，倾向于把事情做得漂亮、出众、有美感和情调。这种类型可选美术和音乐专业。

研究型：研究型的人对思考很感兴趣。抽象思维能力强，求知欲强，肯动脑，善思考，知识渊博，有学问和才识，做事精确，思考问题理性，喜欢做逻辑分析和推理，不断对未知世界进行探索。这种类型可选数控加工、汽车车身修复等专业。

**（三）让性格决定专业**

性格是指人在特定环境下的所作所为所反映出来的特质，即人们在生活、工作中独特的行为模式，包括思考方式、决策方式等。一个人的性格与职业的适应性有很密切的关系，性格没有好坏之分，所谓“三百六十行，行行出状元”，一般来说，外向的人更适合选择能够充分发挥自己行动能力和积极性的专业，如，城市轨道运营与管理、公关礼仪、商务助理、导游服务、通信运营服务、航空服务等；内向的人更适合选择能够发挥自己的计划性、敏感性、逻辑性的专业如会计、数控、汽车车身修复等技术类型的专业。下面通过这个实例分析如何根据人的性格类型选专业。

**事　　例**

贾某，非常聪慧，逻辑性强，善于处理概念性的问题，且有很强的创造灵感，对事物发展的可能性更感兴趣。非常独立，很有批判和怀疑精神，深藏不露，内心通常十分投入地思考问题，总是试图运用理论分析各种问题；对一个小观点能做出超乎常人想象的、独立准确的分析，能提出尖锐的问题，也能向自己挑战。

擅长用极端的方式思考问题。看重自己的才学，也喜欢向别人挑战，面对人际关系则不是很关注。喜欢有逻辑性和目的性的交谈，但有时想法过于复杂，难与别人交流，有时会为认准的事与人争论不休。对很多不同的行为有包容力，只是在自己认为必要的时候才质疑。但是如果基本原则受到挑战，就不再保持灵活性而以原则办事。

**点　　评**

从上面我们可以看出，这个学生是一个很有冒险和创新精神的思考者，如果他去做一个漫画家、影视编导，将是一个非常好的职业选择，因为这些工作都要去面对一些复杂或及其具挑战的问题，可以使他尝试别出心裁的方法，得到冒险的机会，同时，又不需要花时间组织或管理其他人、调节人际关系，工作环境也比较灵活宽松，很符合他的性格。相反如果让这个学生去做一些比较公式化的墨守成规的工作，比如会计专业，经济统计，他就会痛苦、不喜欢，失去工作兴趣，很难在一个岗位上持续工作，换工作频繁，更别说很有成就感了。

探究学生性格特点的方法还有很多，我们还可以不断帮孩子去挖掘，但需要提醒的是，性格没有好坏之分，每种性格都有自己的特点和不足。

### （四）发挥潜能和天赋

刘翔跑得那么快当然不是因为他穿了 NIKE 鞋，姚明长那么高当然也不是因为他喝了特仑苏。家长让自己的孩子穿再好的鞋，喝再好的奶，补再多的钙和锌，自己的孩子也跑不过刘翔，高不过姚明。关键是我们要把孩子的天赋给找出来。

初中毕业生的潜能已经初现端倪。班主任老师在学校、在课堂上通过观察、了解、谈心等帮助学生挖掘身边存在的自己却不知道的最擅长的领域，这些领域往往就暗含他的某种天赋。这将是我们帮助孩子选择就读专业的一个重要依据。如，有的人擅长逻辑思维可以学数控技术专业，有的人擅长形象思维可以学数字媒体技术专业，有的人对数字非常敏感可以学习会计电算化专业，有的人有很好的写作能力可以学习运营管理类专业等，这些潜在的能力和天赋如果能够在专业选择上深思熟虑，就会事倍功半，轻松地取得成功。

### （五）确立未来职业发展方向，设立职业生涯目标

全面了解学生们的潜能、职业目标和主客观条件进行最佳的匹配，也就是我们常说的职业选择。职业选择正确与否将直接关系到人生事业的成败。我们身边有许多没选对职业方向最后一事无成的例子。最常发生例子，就是这些年在咨询中有许多学生到中职学校来选专业不是按照自己的喜欢职业方向选的，学到中途学不进去了，被迫中断学习不念了，有的退学籍第二年又回到学校再选一个专业重新从头再学，这样的例子很多。也有很多成功的案例。如长春职业技术学校焊接专业班的李彦龙同学，在来学校报考时就按自己定位的职业方向报的学习焊接技术应用专业，尽管父母多次反对，尽管学习过程中又苦又累、由于是自己喜欢的专业，他刻苦钻研技术，非常精通所学的知识和理论，学校建设的电梯实训中心、工业机器人实训中心、汽车钣金实训中心、学校大门都是他参与和老师、师傅一同完成的，由于该生出色的表现，现在毕业了，他留校在长春职业技术学校成为焊接专业的实习老师。

## 三、报考普通高中和报考职业学校的区别？

中考是检测初中在校生是否达到初中学业水平的水平性考试和建立在九年义务教育基础上的高中选拔性考试；学生可根据中考成绩报考相应的普通高中、职业

高中、中专、中技、中职等。哪些学生适合报考高中，哪些学生适合报考职业学校呢？

**（一）入学门槛的区别**

长春市普通高中对中考分数要求较高，一般分数线需要达到中考成绩427分，低于427分的学生就不得不报考职业学校，中职学校属于面向人人的教育，除较热门的部分中职学校和专业外，相当部分中等职业学校对中考分数要求不高，只要是愿意继续学习就可以报名入学。

**（二）学习费用的区别**

就读普通高中按规定缴纳学费；中等职业教育国家实行免学费、补助生活费等一系列的资助政策，学习费用相对较低。

**（三）学习内容的区别**

普通高中以升学为导向，以语数外等文化知识学习为主；中等职业学校以促进就业为导向，在学习必要的文化知识基础上，更加强调学习专业知识和职业技能，学习方式较为灵活多样，更加强调动手实践。

**（四）毕业后去向的区别**

普通高中毕业以升学为主，未升学学生相对缺乏职业技能，直接就业难度较大；中等职业教育毕业生既可以选择去就业也可以选择升学，真正实现就业有技能，升学有门路。

**（五）升学渠道的区别**

普通高中毕业生只能通过参加普通高考升学，且考试难度较大。中职毕业生的出路十分宽广而顺畅，除就业外，中等职业教育可以通过中职—本科“3+4”衔接模式，还有中职—高职“3+2”衔接模式、五年一贯制等模式直升本科、专科，还可以参加对口升学或高职单独招生考试，考试难度相对较低，中等职业教育毕业生也可以参加普通高考。

## 四、对学生如何选择学校的指导

什么是幸福的职业学校？幸福的职业学校就是要让校园的每一个角落都渗透着职业教育的文化，每一方空气都应该让学生们能够自由的呼吸，每一天都能让孩子们享受学习生活的幸福和快乐，幸福的学校要有幸福的土壤，土壤的每一个缝隙都应该渗透着教师对学生幸福的爱；因为没有爱就没有教育和幸福，什么是幸福学校，一语言之，我们只有发现学生的潜质，打造学生的规矩和人格，培养学生的素质，给学生自由选择教育的权利，让学生终身受益的学校才称得上幸福学校。当学生们走出这所学校时，依然喜欢学习，依然心存依恋……

那么怎样去选择这样的幸福学校呢？我们在第一章中已非常详尽地剖析和解读了，在这里不再赘述，特别强调以下几点。

(1)看所选学校的类别，办学性质是什么，职业教育招生的类别有中等专业学校、职业高中和技工学校，首先看一看学校的办学性质是公办学校，还是民办学校，是国家示范校还是一般职业学校；是省市直属的职业学校，还是厂矿、企业办学的职业学校。

(2)看学校的历史沿革、学校的前身和发展历程，以及在校师生人数的多少，学校的占地面积、建筑面积、开设的专业类别有哪些、专业数量有多少等，往往是学校发展历史越悠久，在校师生人数越多，占地面积越大，学校的层次就越高，学校的声誉和教学质量就越好。

(3)看学校能否满足学生的基本需求，教育教学质量、学校管理、教学管理、学生管理、社团活动、校园文化、后勤服务等。学校是学生走向社会前最主要的准备场所，这里的一切都会在今后的学习工作中起到巨大作用。

(4)看学校的内涵建设、学校的师资、实习实训设备、德育举措、培养模式、育人模式、教学模式、教研成果评价制、校园文化和校企合作等，以上这些软实力和文化方面的建设是一个学校的灵魂所在，绝非一朝一夕就可以形成的，更是选择学校时必须重点考虑的。

(5)看学校的成果，学校历年招生人数的数据；就业分配、就业率、知名企业的数量、职位、岗位、环境、福利和发展前景等；最后看一看学校参加国家、省、市竞赛获奖情况、获奖品质等，这些是选择学校最重要的依据，是绝对的硬指标。

## 五、学生专业报考的指导

普通高中学校与职业学校最大的区别就在于职业学校有各种各样类型的专业，每个到职业学校来的学生从某种意义上讲都不是招来的，是被一个一个专业管道吸引来的，无一例外，好的专业、热门专业、特色专业、吸引了许许多多的学生走进中职学校的大门，专业就是职业学校的吸引力和名片。

中等学校的专业体系是以服务为宗旨，以就业为导向，符合中等职业教育层次，形成的科学合理的专业布局，有助于学生就业和职业生涯发展，有利于学生就业创业能力、继续学习能力的培养。在专业设置上，重点发展面向现代化农牧业、先进制造业特别是装备制造业、现代服务业和战略性新兴产业的专业，加强服务区域特色产业，尤其是民族文化艺术、民间工艺等领域的专业建设。长春市共有中等职业学校43所,技工学校23所。共开设加工制造、交通运输、财经商贸等17大类166个专业511个专业点。每个专业在要求、内容、就业和发展方面都存在着巨大的差异。

学生选专业时的五个注意:

(1)根据自身基础条件、能力特长、兴趣爱好及特长,选择最适合自己的专业类别,才能有助于自己走向成功。目前,中等职业学校根据市场的需求,针对不同的学生群体的特点,开设了多种专业。目前,长春职业技术学校共开设了17个专业大类,既有交通运输类,如汽车运用于维修、铁道运输管理、城市轨道交通运营管理、城市轨道交通车辆运用于检修、;信息类的计算机应用,动漫游戏与制作、数字媒体技术;还有医药卫生类的护理、医学;财经商贸类的会计、电子商务、物流服务于管理、客户服务等只要确定自己一生的发展方向,就能选到适合的专业,成就美好人生。

(2)所选专业必须是社会需求大,用人市场需求量大,发展空间大,是社会短缺的人才的,如汽车运用与维修、机电技术应用、数控技术、焊接技术与应用、电梯维保、工业机器人、数字媒体运用技术、建筑装潢、动漫游戏、园林等,许多企业招不到人,像焊接技术与应用、电梯维保专业的学生还没有毕业就被企业预订空了。

(3)职业教育就是就业教育,就业方向好即所选专业的毕业就业率、毕业后的薪酬指数、未来发展前景等就好,如城市轨道车辆运用与检修、汽车运用于维修、工业机器人、机电一体化、幼师、护理、会计电算化、空乘、物流服务于管理等。

(4)看升学空间。许多学生对学历要求很高,不仅要学中专,还要继续深造学大专和本科,甚至还要继续考研读博,选择这样的专业要慎重,看一看你选的专业有没有升学空间,有没有开设的本科专业,有没有考研读博的考点。如汽车运用与维修、机电技术应用、中药制药、数控技术应用、电子商务、会计电算化、护理、学前教育等以上专业都是可以连读高职、本科的专业,也可以继续再深造。

图5-5 计算机平面设计实训中心

(5)看性别限制。男生与女生在某些专业的发展方面确实存在差异,如机械加工类的专业就不适合女生报考。护理和幼师专业男生报考人数相对就较少。

选择专业,就是选择职业,选择职业就是选择就业。所以就业问题一直被大家所关注,因为一个好的专业不仅是就业的保证,更是高质量就业的必然需要,我们下面就几个就业好的专业，来看一看职业学校的特色专业。

**案例一：**

长春职业技术学校国家示范专业汽车运用与维修。因为中国汽车制造业正在处于飞速发展期。早在2013年我国汽车产销分别完成2211.68万辆和2194.41万辆，刷新了全球纪录，连续五年蝉联总销量世界第一，特别是近几年增长势头猛。同时随着汽车消费市场的日渐火爆，汽车产业迅速崛起，汽车维修人才的缺口正一路扩大。目前汽修行业存在200万人的缺口，汽修人才缺口还在不断扩大。未来相当长的时间内，汽车运用与维修人员需求量将持续上升，人才需求将达到较大规模。

该专业每年招生600人，学校采用"自由选择，分流培养"的教学模式，对学生进行个性化的培养，学生在第二学期通过考试成绩和自己爱好，自由选择汽车的专业方向：汽车维修、汽车车身修复、汽车零部件制造、汽车服务与营销等，在满足学生个性化发展的同时为汽车加工制造、检测维修、营销与服务企业提供更专业化的技能人才。

汽车运用与维修专业作为长春职业技术学校的主要专业也是国家示范专业，毕业生在汽车后服务市场形成良好的信誉，已成为吉林省汽车维修技师的摇篮，就业率达99%，且设有"3+4"中职与大学本科、"3+2"中职与高职、高职单独招生及中职毕业直接就业等多种模式。是吉林省汽车专业人才培养的摇篮。

**案例二：**

此专业是长春职业技术学校最具特色的国家示范专业，主要服务于城市地铁、轻轨、动车和高铁车辆的维修管理与运营管理，为学生高质量就业和发展，还设立了中职与大学本科、高职等多种衔接模式。

中国各城市轨道交通发展规划图显示，未来十年间，我国将新建轨道交通线路89条，总建设里程为2500公里，投资规模达9千亿元。长春市在未来规划建成5条地铁、2条轻轨线路，总长256公里。预计在2016年建成通车4条线路共87公里。轨道交通的施工建设、开通后的运营管理，都需要一批素质过硬的技能型人才。同时，长春市城市轨道交通学校也设有此专业。是吉林省最早开设这个专业的学校。

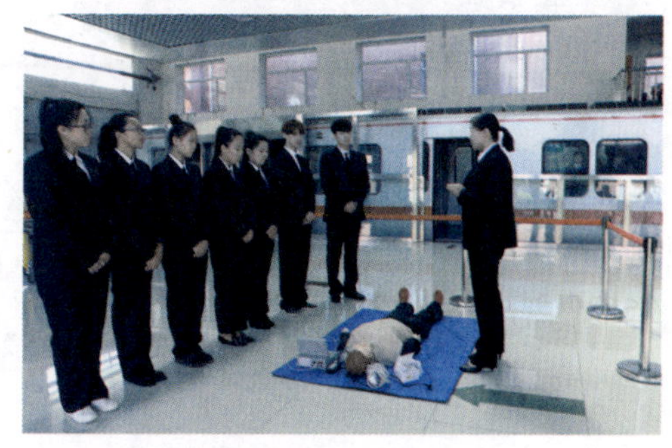

图5-6　轨道运营管理专业学生急救教学

**案例三：**

长春市机械工业学校国家示范专业，目前国外机械设备的数控化率已达到85%以上，而我国的机械设备的数控化率不到30%，加工制造行业新技术、新工艺的应用，都广泛涉及和使用到数控技术，人才需求很大。而长春市汽车装备制造业是数控专业应用大户，也需要一大批面向第一线的数控技术及数控机床的操作、编程及维修方面的专门人才，并且这些企业近年来效益较好，任务饱满，可由于企业技术与设备的更新能力和可持续发展能力不足，许多机床设备也将进行数控化改造，迫切需要大量掌握数控技术的各层次人才。现在该专业是学校“现代学徒制”试点专业，与吉林省智晟模具有限公司开展校企深度合作，推进校企深度融合，订单就业。

**案例四：**

该专业主要为企事业单位培养从事酒店服务、人力资源培训、景区管理人员等。毕业生适应的岗位与工种既有业务部门，也有职能部门，业务部门工作的主要是服务员、前厅接待员、中餐服务员、西餐服务员、客房服务员等；职能部门工作的主要是从事人力资源部文员、部门经理秘书、人力资源部培训员等。并且每年长春市需要新增加酒店服务与管理人员约为26000人，来自学校的毕业生约占64%，人才需求很大，具有非常好的就业前景。

**案例五：**

畜牧兽医专业是长春农业学校的专业，专业主要为畜牧业企事业单位培养从事畜禽扩繁、畜禽饲养、疫病防治、饲料营销、兽药经营动物美容等工作的人才，毕业生适应的岗位与工种：动物疫病防治员、动物疫病检疫员、兽药技术员、饲料营销员、家畜繁殖员、饲养工等。长春畜牧业每年需要新增一线技术工人与农产品营销、企业管理人才大约3000人以上，本专业发展前景良好，专业人才需求旺盛。

**案例六：**

作为长春市农业学校国家级重点建设专业的园林专业，该专业主要为园林企事业单位培养从事园林植物生产养护、园休规划设计、林工程施工等工作的人才，毕业后可从事园林物养护管理、林苗木生产、园林植物病虫害防治、园林设计、园林施工、插花艺、种苗、绿化、植保、草坪建植、花卉、插花员等工作。每年长春市需要新增林绿化业技术技能型人才约为1500人，园林绿化专业人才需求旺盛，发展空间很大。

**案例七：**

学前教育专业一直是经久不衰的报考热门。据教育部公布的2011年本专科专业就业状况显示，学前教育专业就业率85%；毕业生规模约在0.5万人次至1万人次。相关数据显示，“十二五”时期，学前一年毛入园率提高到85%。到2020年，学前教育入园率分别达到95%、80%、70%。而目前全国在园幼儿近3000万，幼儿教师只有130万，有较大缺口。今后10年，我国学前三年适龄儿童人口将增至约5000万。

学前教育专业是长春幼儿师范学校的核心专业，就业形势不错，近几年以来，就业率连年95%以上。

**案例八：**

动漫游戏专业作为一个新兴的朝阳专业，被列为长春市一中专重点发展专业，该专业学生毕业后可从事漫画助理、插画助理、影视助理、手机动画与游戏设计师、二维动画师等，动漫游戏专业就业前景良好。相关媒体就业季专题数据显示：近几年网络游戏提供就业岗位增加了20000多个，全国动漫生产基地20余个约有动漫制作公司6000多家，但这还远远难以满足中国动漫市场1000亿的潜在市场需求。从事动漫行业的薪资也比较诱人，动漫人才的薪酬区间分布显示，年度薪酬在5万以上的人数达到58%，其中薪酬水平在5万~10万元范围内的员工人数占到35.5%，薪酬水平在10万~15万元的员工人数为12.2%，而10.3%的人年薪高达15万元以上，只有42%的员工年薪在5万元以内，其中年薪不足4万元的只有10%。

**案例九：**

现代物流产业不同于传统运输业，它是以信息技术为核心，集运输、仓储包装、流通加工、配送等物流资源产业化而形成的一种复合型或聚合型产业。据统计数据显示，我国物流费用占GDP的30%左右。有预测显示，中国的物流产业将会以每年30%的速度迅速增长，而国内物流人才的需口将达到600万人。我国仅高级物流管理人才到2014年每年需求量就为6万到10万人；物流技术操作和营销人才每年需要300万人以上。物流服务与管理专业在长春职业技术学校等许多学校都开设有，其服务领域为吉林省内汽车与城市轨道客车生产、装备制造和生物制品行业的装配制造和产前、产中、产后物流服务，目前用人单位预约率已达100%。

**案例十：**

建筑装饰已经成为建筑业中的三大支柱性产业之一，是一个劳动密集行业。建筑装饰行业是随着房地产热潮逐步兴起，快速成长起来的朝阳产业。近些年来，伴随中国经济的快速增长以及相关行业的蓬勃发展，建筑装饰行业愈加显示出了其巨大的发展潜力，市场增长空间以平均每年20%左右的速度递增，前景广阔。

建筑装饰专业是长春市一中专传统专业，为装饰装潢的相关行业培养了大批的人才。连续5年来就业对口率达到100%，一次就业率98%。学生毕业后可从事室内装饰设计、外墙设计、园林设计、展览展示设计等工作。

**案例十一：**

长春市第二中专特色专业，专业包括普通护理、养老护理、礼仪护理、急救护理、母婴护理。培养通用知识加专门化技能，在普通护理专业基础上强化特殊护理知识和技能。毕业后统一安排到省内大型综合性医院实习；毕业推荐到各级各类国有综合、专科及民营医院从事护士工作，老年护理方向推荐从事养老院护士、养老院护理管理等工作。

## 第三节　家长们在中考前需要了解的问题

很多家长在为孩子选择专业时都认为：自己有更丰富的阅历，更广阔的人脉，更开阔的视野，完全可以为孩子找一个有发展、有优势、高工资、高待遇的专业，孩子只要“听指挥”就可以了。但是，我觉得这是一种武断的做法，至少是偏激的做法。孩子现在虽然还没有什么见识，但他已经对自己感兴趣的事情有了初步的认识，对自己的未来也有了一些美好的憧憬，如果直截了当地打断孩子的梦想，告诉他“按我说的做”，效果通常不会太好。这不是说完全凭孩子去决定选择什么样的专业，而是不要完全剥夺他们选择的权利，如果孩子的意向专业真的不合适，再拒绝他，并告诉他为什么不合适。请相信孩子有充分的辨别能力，在他们心中也对父母有天然的依赖感和信任感。所以，和孩子坐下来，先听听他们想说什么吧。

### 一、你真的了解你的孩子吗？

提到了解，有的家长不自觉地联想起自己孩子的好吃懒做、贪玩厌学，甚至逃课打架，满满的负能量不知道怎么描述才好。那么我们从一个侧面来展示这个问题吧：你的孩子有什么爱好？可能有的家长会说，我家的孩子没有什么爱好，整天只知道玩手机、打游戏，如果这也算的话，爱好就是“玩”吧。在日常的工作中，也经常听到有家长满脸苦笑地和我这样说，但那些通常是带着情绪的描述，在一个旁观者看来，这个情况需要继续分析。

#### （一）学习很无聊，所以只能“玩”

总有家长和我说原来家里孩子的成绩还是不错的，后来不知怎么的就不学习了，天天玩游戏，怎么说都不听。其实这种情况通常在初中二年级时出现，孩子们在初中二年级前后由于处于特殊的成长阶段，敏感、易怒、不听话是这个阶段的特点，所以很多学生的学习态度是很随性的，另一方面，随着年龄的不断增加，本来游刃有余的学习可能会在这一阶段出现很多不适应，所以，很多学生在这一时期经常是有兴趣的课程就听一听，没兴趣或者看不惯的课程就装装样子甚至直接放弃。如果家长没有合理地进行心理疏导和学习监督的话，可能因为家长一句无心的话或者某个老师的一个印象，就会让学生不自觉地放弃一科或几科的学习，很多学生会在这一阶段出现偏科或成绩下降。

此种情况的学生比较常见，转入职业学校学习后情况会逐渐改观，除了青春期逐渐结束，学生心理逐渐成熟之外，职业学校的课程也和之前的基础教育联系不大，由于是全新的知识体系，除了一些语数外基础常识外，几乎不需要其他知识储备，只要把握好教学方式和教学内容，其实是可以让学生“重新开始”的，而在重新开始的过程中，一点一滴地积累都可能让学生重拾学习的乐趣，也是职业学校比高中更能让一部分学生体验到幸福感的原因之一。

**（二）朋友都在玩，所以我也“玩”**

处于青春期的学生思想和行为由于自制力薄弱，很容易受到周围环境的影响，也很抵触老师、家长们的说教和“唠叨”，更容易和同龄人找到共同话题，所以，和朋友们一起“玩”是很正常的事。当然，这种转变可以是积极的，也可以是消极的，和健康、阳光的朋友在一起不仅可以培养积极向上的人格，对学习也可以起到很好的促进作用，如果情况相反则很有可能对学习产生抵触心理，从而越来越落后于学习进度，最终放弃学习。

由此可见，环境对于学生的作用是很大的，很多学生甚至为了与朋友们一起玩游戏达到了废寝忘食的地步，让家长们很头疼。在职业学校中，随着环境的更改，学生到校后也会有一个适应过程，在此过程中一所职业学校的人文氛围就显得尤为重要，能够引导“爱玩”的新生从内而外地改变原来的生活规律也是一所职业学校内涵建设、幸福教育的重要体现。

**（三）没有人理我，打发时间“玩”**

很多时候，学生的学习不仅取决于环境因素和个人因素，家人的关爱缺失也是很大的一个原因，部分家长由于工作繁忙或其他原因缺少对孩子的关注，或寄养在祖辈身边或干脆寄宿在学校，缺少父母性格、行为感染的孩子自然而然地会被吸引他们注意力的事情引走，进而模仿、学习。而在学生群体中各种手机游戏、体育活动都会是这些孩子的注意事项。手机游戏由于其便捷的操作在学生群体中有很大的市场，很多学生手机不离手，如果没有外界因素干扰，玩到深夜也是可能的，而在祖辈的溺爱中或宿舍的无监管状态下，逐渐养成了忽略时间、作息不规律、贪图享乐等不健康生活状态。

在职业学校中，规范学生的行为、建立行为规范是日常教学的一部分，因为在日后的工作岗位中有些行为规范是需要铭记在心里的，需要从学校阶段就持之以恒的不断灌输。当然，在养成工作行为规范的同时，也会在规矩、规格教育环境中不同程度地规范原来的不良生活习惯。

从我个人角度来说：我并不反对学生玩手机游戏，甚至长春职业技术学校还有一些手机游戏的校内竞赛，但手机游戏、电脑游戏等可能会影响正常学习的娱乐时间必须控制在监管范围之内。可以说，学生目前的生活和学习状态是多方面原因决定的，也不是一天两天造成的，但最缺乏的就是合理的监管。让学生适应监管、顺应监管需要一个长期、艰苦的努力过程，需要学生的配合、环境的熏陶、行为的规范等多方面的教育工作，单靠家长们可能很难扭转，那么，既然已经选择了职业教育，面对孩子这么多亟待解决问题，需要找一所合适的职业学校、合适的专业来系统地、有针对性地帮助学生解决。

## 准备工作

既然已经决定选择职业学校就应该根据孩子目前的状态做好应对准备，在学业方面不需做什么准备，只需要在心理上做好辅导，我建议带孩子去短期旅行，让孩子体会父母的关爱，体会亲情，重新感受来自家庭的幸福，为即将开始的新学期调整好心态。

图 5-7 高星级饭店运营管理专业前台实训中心

## 二、孩子很稚嫩，但他们已经长大了

在我日常接触的学生中，在入学之前其实大多数是对自己的未来有一个模糊的规划的，这些规划可能不成熟、可能很幼稚甚至有一些根本就是天方夜谭，但至少说明了学生们在构想和憧憬一个可能的未来，为了能让他们保持这种对未来的期待并将之作为日后学习的动力，我不建议家长把自认为美好的“未来”强加给学生。

### （一）孩子未来想要做什么

职业学校里都有些什么专业？以后能不能较好的就业？怎么选择适合学生的专业？这成了大多数学生及家长的困惑，往往家长们托人找关系、相近办法为孩子找带班教师、安排宿舍、谋划未来就业，恨不得把孩子未来二十年的人生都规划好。孩子对家长翻着白眼说“我不想学这个专业”。其实，家长的心情我可以理解，家长想用尽全力去为孩子谋划未来的心情我也明白，但真的不用那么担心，也不要盲目从众，在职业学校选择专业首先要做的是先问学生自己希望以后在哪个行业工作，比如教育行业、医院护理行业、金融行业、服务行业、计算机行业等。

很多家长都不理解孩子为什么要和自己安排好的康庄大道背道而驰，经常和孩子大吵大闹，严重危及本就岌岌可危的亲子关系，其实必要的调查是可以的，但在调查和筹备工作进行之前应该和孩子好好谈一谈，了解他们对未来的看法和思路是什么样的。世上没有完全相同的两片树叶，人与人之间也存在着差异。人的能力有强有弱，各不相同，家长们千般构思、万般打算其实都是一厢情愿，家长和孩子的成长轨迹、个人想法、人生规划不一定会在同一个方向上。所以，在选择职业和专业时，必须先要了解孩子的想法，然后才能根据这个范围进行适当的选择。

### （二）孩子的梦想和哪些专业相关

兴趣是最好的老师，也是一个人学习的原动力。职业教育就是就业教育，选择专业就是选择未来从事工作的工种，学生毕业之后绝大多数都是从事自己所学的专业。所以了解孩子对哪一类专业感兴趣，再逐个分析探讨，最后才能找到适合孩子的专业，选准、选对一门适合自己发展的专业尤为重要。

了解孩子对自己未来的规划，至少我们可以知道孩子对未来发展的大致方向是什么，如果设想是合理的，我们可以坐下来和孩子一起学习、查找相关知识，一方面让孩子了解这个行业是什么，具体分为哪些工作岗位，对应哪些工种可以选择，另一方面也是对家长的一次考验，看看家庭本身是否能够对孩子现在这个选择做出帮助。

比如说:孩子很喜欢海军相关的知识,看了央视近期播出的《大国工匠》节目后,觉得自己现在成绩不好,不能考到海军的几所高等院校去。那么,我们可以根据孩子所讲的先了解中国几家为海军生产军舰的造船厂(当然,中国的造船厂有很多,之所以只搜索生产军舰的造船厂是为了迎合孩子的兴趣,其实所有造船厂需要的工种都是差不多的),比如大连造船厂、江南造船厂、武汉造船厂等,在和孩子一起搜索这些造船厂历史、文化、管理、制度的过程中也可以加深孩子对未来职业的认识,如果孩子依然坚持自己的看法,那么可以到人才招聘网站看看这些年这些造船厂都招收过哪些岗位的技术工人,对技术工人都有哪些基本要求等。再通过这些要求找到对应的中专专业名称,最后通过《招生指南》,查看一下哪些学校开设这些专业,在对比学校后,最终确定报考学校和专业。

**(三)孩子的梦想是否现实**

选对专业,才能选对成才、成功的道路,有利于个人的今后发展。所选专业的技术含量越高,要求也就越高,就业时相对会比较容易,将来就业的收入也较高。

反之,技术含量不高的专业,要求虽不高,但将来就业可能会较难,收入也不会太高。在选择时,要看自身是否具备一定的客观学习能力,是否具有一定的学科基础,即长期以来个人在某一学科、某一方面所具备的知识和累积的技能经验。如果不具备这些因素,在选择技校专业时就需要慎重考虑。

有一种理论是说一个人内在的潜能最后决定一个人是否能干好一个职业。市面上有许多个性测评软件报告,但是我发现这些测评报告对于学生和家长的作用更多是证实学生和家长自己的选择。比如一个理科很好的学生,这个报告说学生适合于工科专业,家长们可以通过中专专业目录查找工科类专业再决定具体选择哪一个专业。这样,学生和家长决策时就增加了一个佐证。很少有人敢选择自己学得不好,但偏偏为了证明自己而去选择一个自己不擅长的专业。

另外,在选择专业时,要考虑将来所学专业对自己今后就业的影响,这一点对于一些读完职业学校后,直接找工作就业的学生来说尤为重要。在选择专业时,一是要选择目前人才市场所需要的并且今后有发展的专业。二是要选择有一定技术含量的专业。三要选择能提升自己社会地位的专业。相当一部分专业的技术含量都比较高,如工业机器人等。这些专业不仅市场紧缺,而且就业长期稳定。道理很简单,哪个企业都不想放弃一个掌握了先进技术的员工。

所以如果脱离市场需求,一味追求兴趣爱好,并以此作为选择学校和专业的依据,容易造成毕业后找工作难的问题。不同的学科和专业之间,就业率相差很大。要根据自身的实际情况理性分析,实事求是,综合考虑就业前景,选择一所就业面广、实力雄厚的职业学校，一个适合自己学习和发展的专业，则可以保障毕业后的前程无忧。

### 解决办法

很多家长对专业类别有什么，每个类别下都设什么专业没有概念，可以在网上搜索“中专专业目录”来进行查找，这里面的专业类别和专业名称是教育部制定的，所有中职学校的专业都包含在里面，有些版本的专业目录还有简单的课程设置，衔接专业推荐和专业简介可供参考。

本节是和初中校长、初中班主任和家长们说说报考前的事，重点阐述如何指导初中毕业生科学报考。报考工作要引起初中校长们的高度重视，要唤醒班主任的责任意识，要提高学生和家长们对职业教育的广泛认识，并达成共识。中考报考对学生而言，是他们人生第一次自身学业的规划和职业的选择，因此，在中考报考中，家长应该成为学生报考的第一推手，班主任应该成为中考报考的第一助手，而初中校长应该成为中考报考的第一舵手。民间早有“家有千亩良田，不如一技在身”“薄技在身胜过积财千万”的说法，“知识改变命运，技能成就梦想”，上中职业学校，就业有技能，创业有本领，升学有途径，在这里来圆你的求学梦、幸福梦吧。

图5-8　长春职业技术学校大门

# 附录 A　长春地区规模较大的职业学校及开设专业

1. 长春职业技术学校

【汽车运用与维修】毕业后可从事汽车检修、维修、装配、养护和整车及配件销售等工作。

【汽车车身修复】毕业后可从事汽车钣金、喷漆及汽车售后市场相关工作。

【城市轨道交通车辆运动与检修】毕业后可从事城市轨道车辆、高速列车、动车组、普通铁路客车装备以及动车组的装备生产、安装及检修工作。

【机电技术应用】毕业后可从事自动化设备及机电设备的安装、调试、运行、维护、检修及售后服务等工作。

【楼宇配线】毕业后可从事建筑电气设备维护、楼宇智能设备装调与维护、供配电与布线、建筑电气系统维护与保养等工作。

【机器人 ABB】毕业后可从事工业机器人运用、安装、维护、保养、程序调试等工作。

【电气运用与控制】毕业后可从事直梯和扶梯的装调,电气系统故障检修、日常维护与保养及特种设备安全监督检查工作。

【数控技术应用】毕业后可从事机械制造、数控生产、工艺实施、安装调试、维护管理等岗位的工作。

【焊接技术应用】毕业后可从事焊接结构制造工艺实施,掌握工艺编制、设备维修及生产管理等工作。

【高星级饭店运营与管理】毕业后可在国家、省、市机关从事会议服务、前厅接待、餐饮服务等工作。

【计算机平面设计】毕业后可从事网页、动画、电视/网站/报纸/杂志的美术编辑、摄影/摄像/数码照片处理等岗位工作。

【物流服务与管理】毕业后可从事仓储配送、运输业务、快递业务等工作。

【会计电算化】毕业后可从事会计师、审计师、财务、会计等相关岗位的工作。

【电子商务】毕业后可从事网络营销策划、商务网站运营及管理、网上教育业务处理和网上创业等实务工作。

2. 长春市机械工业学校

【机电技术应用】机电设备和生产操作、运行、维护和检测。

【工业机器人技术】工业机器人控制编辑、设计、调试、安装、维修。

【数控技术应用】数控设备操作、编程和维修。

【3D 打印技术】3D 建模、打印、产品设计、设备操作、维护管理。

【模具制造技术】模具生产加工、维修和机械加工设备操作。

【焊接技术应用】焊接、焊接机器人操作,焊装线操作和检测。

【光仪器制造与维修】光仪器加工操作及维护、镜头装配、光电检查。

【汽车运用与维修】汽车维修、汽车性能检测、汽车维修业务接待及市场营销。

【新能源汽车运用与维修】新能源汽车装配与调试、性能检测、维护和技术管理。

【汽车整车与配件营销】汽车整车及配件营销、汽车售后服务。

【汽车车身修复】汽车钣金、喷漆技工、汽车美容。

【电气技术应用】普通电工、维修电工、电气设备操作及检修。

【电子与信息技术】电子信息设备的装配、检测、调试与维修。

【计算机应用】计算机及相关设备维修、系统操作及网络搭建。

【计算机电子商务】网络营销、客服、电商项目运营、网络编辑、网站维护。

【物联网计算机应用】办公移动管理、室内电器智能化、通信、网络和传感技术。

【道路与桥梁工程施工】道桥施工现场组织及管理、工程监理、工程测量。

【会计电算化】会计核算、财务管理、审计、资产评估。

【客户信息服务】客服组长、客服专员、客服系统管理与维护。

3. 长春市农业学校

【畜牧兽医】技术及营销。

【宠物养护与经营】技术。

【园林技术】技术及营销。

【果蔬花卉生产技术】技术。

【现代农业技术】技术及营销。

【生物技术制药】技术。

【农业机械使用与维护】技术及营销。

【高星级饭店运营与管理】服务及管理。

【中餐烹饪与营养膳食】技术及营销。

【西餐烹饪】服务及管理。

【旅游服务与管理】服务及管理。

【计算机应用】技术。

【计算机平面设计】技术及营销。

【会计】服务及管理。

【电子商务】技术及营销。

【城镇建设】技术。

【国土资源调查】技术及营销。

【珠宝玉石加工与营销】技术及营销。

4. 长春市第二中等专业学校

【护理】毕业推荐到各级各类国有综合、专科及民营医院从事护士工作。

【康复技术】可到专业康复医院门诊,从事康复治疗工作。

【口腔修复工艺】从事义齿加工制作、口腔技士工作。

【眼视光与配镜】从事验光、配镜、制镜等工作。

【计算机网络技术】推荐到网络公司就业。

【计算机应用】毕业生具备电商网店设计、经营能力、可以自主创业,也可以由学校推荐就业。

【计算机平面设计】推荐到广告公司、印刷厂等从事设计制作工作。

【数字媒体技术应用】推荐到电视台、文化传媒、广告公司等企事业单位工作。

【通信运营服务】从事话务员工作。

5. 长春市第一中等专业学校

【动漫游戏】毕业后可在动漫游戏公司从事动画制作,与漫画、插画绘制等工作。

【美发与形象设计】从事美容顾问形象设计、化妆造型等工作。

【商务助理】可从事办公室文员、酒店管理人力资源等工作。

【电子商务】从事网络营销、网页设计、网点建设与维护等工作。

【工艺美术】从事长白石松花砚工艺美术产品设计与制作等工作。

【计算机平面设计】在广告设计公司、图书出版公司从事广告设计、图书装帧、版式设计等工作。

【数字影像技术】从事影视制作工作。

【建筑装饰】从事室内外设计、工程监理等工作。

### 6. 长春市城建工程学校

【建筑工程施工】建筑公司、监理公司、楼宇及商厦的物业管理部门。

【工程造价】建筑工程公司、热力公司、企事业单位后勤管理部门。

【物流服务与管理】大型物流公司运营部、质量部、运营部等。

【建筑装饰】建筑设计及施工企业。

【物业管理】长春中海物业、新鸿铭物业等各大物业公司。

【电子商务】面向互联网+时代下的电商企业。

【机电技术应用】面向机电制造、运行、操作等相关企业。

【连锁经营与管理】面向各类连锁企业的营销策划、市场调研、总部管理、电子商务、商店理财等岗位。

【机电设备安装与维修】面向机电设备安装、运行、维修等相关企业。

### 7. 长春师范高等专科学校

【幼师】幼儿园、幼教机构、培训机构。

【学前教育】幼儿园、幼教机构、培训机构。

【音乐教育】小学、幼教机构、培训机构。

【美术教育】小学、幼教机构、培训机构。

### 8. 长春市公共关系学校

【公关礼仪】企事业单位办公文秘、营销策划、客户服务等。

【旅游服务与管理】旅行社、旅游景点、博物馆等,从事游客引导、讲解等工作。

【休闲体育服务与管理】高尔夫球俱乐部、高尔夫球练习场、高尔夫器械专营、高档健身休闲娱乐中心等从事服务和基层管理工作。

【学前教育】公立幼儿园、国际双语幼儿园、幼儿早教中心、幼儿潜能开发中心、幼儿教育指导中心。

【市场营销】工商企业、金融机构、保险公司,以及房地产业、汽车行业等,从事销售和经营管理工作。

【航空服务】国内各大航空公司、机场、豪华游轮、动车、高铁、国家机关或外事部门,从事服务、接待和基层管理工作。

【计算机平面设计】在广告公司、公关公司、出版社、企业策划部门等从事平面设计、产品设计等工作。

### 9. 长春水利电力学校

【水利水电工程施工】水利、建筑、交通行业。
【工程测量】测绘、水利、城建、道路、桥梁企业。
【发电厂及变电站电气设备】电力行业。
【火电厂热力设备运行与维修】电力行业和供热企业。
【给排水工程使用与运行】城市水利工程施工、测量和管理行业。
【电气运行与控制】电梯生产及维修企业。
【地图制图与地理信息系统】测绘、国土资源管理、城市规划设计等部门。
【计算机网络技术】影视、娱乐游戏、出版等文化媒体行业。
【工程造价】土建、安装、市政、装饰、园林预算。
【会计电算化】出纳、会计、审计、税收、证券、投资、评估等行业。
【会计】财务、审计、税收、金融机构。

### 10. 长春艺术设计学校

【建筑装饰】
【计算机平面设计】

### 11. 吉林省体育运动学校

【运动训练】为了培养更多高水平的体育后备人才。

### 12. 长春市体育运动学校

【运动训练】
【休闲体育服务与管理】

### 13. 农安县职业教育中心

【学前教育】幼儿教育机构教师、保育员等。
【机电技术应用】电子电器生产、运行维护、对口升学高考。
【汽车运用与维修】汽车生产、维修、营销。
【数控技术应用】数控设备编程、操作工等。
【机械加工技术】机械加工操作工等。
【计算机应用】参加吉林省对口升学高考。
【服装设计与工艺】参加吉林省对口升学高考。

【旅游服务与管理】参加吉林省对口升学高考。
【文秘】参加吉林省对口升学高考。
【美术绘画】升学或就业。
【机械制造技术】升学或就业。
【汽车车身修复】升学或就业。
【机电设备安装与维修】升学或就业。
【电子技术应用】升学或就业。
【计算机平面设计】升学或就业。

14. 九台区职业技术教育中心

【学前教育】幼儿园、教师、保育员。
【数控技术应用】长春中誉集团(定向培养)。
【汽车运用与维修】吉林市福铃、翰翔汽车4S店。
【电气运行控制】中国腾达有限公司沈阳分公司。
【计算机平面设计】辽宁虎驰广告印刷有限公司。
【航空服务】沈阳桃仙机场。
【旅游服务与管理】升学教育。
【机械加工技术】升学教育。
【会计】升学教育。
【计算机应用】升学教育。

15. 榆树市职业技术教育中心

【学前教育】幼儿园教学和保育员等工作。
【计算机应用】对口升学及计算机应用操作。
【机械加工技术】对口升学及机械加工设备操作与维护。
【数控技术应用】数控设备及操作与维护。
【美术设计与管理】对口升学及电脑艺术设计。
【高星级饭店运营与管理】对口升学及旅游业、宾馆、酒店等。
【会计】对口升学及财汇金融业。
【汽车运用与维修】汽车检测、维修、服务等各方面工作。
【环境检测技术】工矿企业环境保护与污染治理工作。
【制药技术】药品生产、管理与经营、药品分析等。
【音乐】文艺演出、小学及幼儿园教学。

【焊机技术应用】普通焊接、特种焊接、焊接自动化。

16. 德惠市中等职业技术学校

【学前教育】从事民办、民办幼儿园工作。
【汽车运用与魏旭】从事汽车维修、检测、管理等工作。
【机械加工技术】从事普通机械加工的操作和保养等工作。
【焊接技术应用】从事一般焊接生产操作和技术管理工作。
【计算机应用】从事计算机设备、计算机网络的管理维护。
【畜禽生产与疾病防治】相关涉农企业。
【文秘】从事文书、秘书等工作。
【制浆造纸技术】从事制浆造纸生产工作。
【食品生物工艺】从事食品生产加工和卫生检验工作。
【会计电算化】从事会计核算及会籍事务管理工作。
【建筑工程施工】从事建筑施工管理、工程预算决定等工作。
【物流服务与管理】从事物资采购、销售、储运、配送等工作。
【电子商务】运用计算机及网络技术从事商贸工作。
【电子与信息技术】从事通信产品的销售、装配、调配等工作。
【机电设备安装与维修】从事数控设备安装、调整、维修和管理等工作。
【机电技术应用】从事机电一体化设备设计与改造等工作。

17. 长春市第七中等专业学校

【学前教育】幼儿教师、保育员及幼儿园管理人员。
【机械加工技术】机械类企业车间操作工。
【电子技术应用】电子类企业车间操作工。
【农业机械使用与维护】农业维系、使用与操作等。
【畜牧兽医】畜牧业、动物检疫等。

18. 长春市联合外国语职业学校

【学前教育】省市各名优幼儿园和少儿外语培训学校。

19. 长春市特殊教育学校

【美术绘画】可报考北京大学特教学院、天津理工大学聋人学院、长春大学特教学院或市内福利企业。

【计算机应用】长春市内福利企业。

20. 长春市晨光学校

【汽车运用与维修】一汽集团,品牌汽车4S店,汽车修配厂。
【中餐烹饪与营养膳食】各大宾馆酒店。
【建筑装饰】吉林省上层上品装饰材料有限公司。

21. 长春现代商务职业技术学校

【物流服务与管理】制造、服务、销售企业中从事生产物流、采购物流、销售物流、回收购物流等工作的中、基层管理人员。

【会计】企、事业单位的会计、审计人员、营销员、物流员、经济信息收集员、财经文秘等岗位。

22. 长春市创业中等职业技术学校

【学前教育】从事幼儿园教育及相关学前教育工作。
【数控技术应用】长春市各大、中型企业及汽车厂、客车厂所属配套企业。
【航空服务】机场、地铁、高铁及个大中型酒店。
【汽车运用与维修】个大中型汽车修配厂、4S店及汽车有关的行业。
【电子商务】大中型企事业单位。
【旅游服务与管理】旅游公司、旅游风景区、中外合资企业。

23. 长春市商务旅游学校

【旅游服务与管理】旅游景区、旅游公司、旅游行政管理部门或下辖企业所需的导游、接待、计调、文秘、宣传、外联等工作。

【高星级饭店运营与管理】主要面向星级饭店、游轮、会议中心等企业从事服务与管理或接待工作,也成为专职的调酒师、茶艺师、咖啡师等。

# 附录 B　中等职业学校专业目录

| 专业类 | 专业名称 | 专业(技能)方向 | 对应职业(工种) | 职业资格证书举例 | 继续学习专业举例 |
|---|---|---|---|---|---|
| 农林牧渔类 | 设施农业生产技术 | 设施农业栽培<br>设施作物病虫害防治 | 农艺工<br>农作物植保工<br>农业实验工 | 农艺工<br>农作物植保员 | 高职:设施农业技术<br>本科:设施农业科学与工程 |
| 农林牧渔类 | 现代农艺技术 | 农作物生产经营<br>经济作物生产经营<br>作物资源综合利用<br>农作物病虫害防治 | 农艺工<br>作物种子繁育工<br>农作物植保工<br>农业实验工<br>农情测报员<br>肥料配方师☆ | 农艺工<br>农作物植保员 | 高职:作物生产技术<br>本科:农学<br>植物科学与技术 |
| 农林牧渔类 | 观光农业经营 | 观光农业生产及开发<br>观赏作物栽培<br>农业观赏区域规划与建设<br>观光农业园区导游 | 农艺工<br>蔬菜园艺工<br>花卉园艺工<br>植物保护技术人员☆<br>园艺技术人员☆ | 农艺工<br>蔬菜园艺工 | 高职:观光农业<br>园艺技术<br>本科:园艺 |

续上表

| 专业类 | 专业名称 | 专业(技能)方向 | 对应职业(工种) | 职业资格证书举例 | 继续学习专业举例 |
|---|---|---|---|---|---|
| 农林牧渔类 | 循环农业生产与管理 | 循环农业规划与设计<br>循环农业生产技术与工艺<br>农村可再生资源开发利用<br>农村新能源利用技术 | 沼气生产工<br>农村节能员<br>农用太阳能设施工 | 沼气生产工<br>农村节能员<br>农用太阳能设施工 | 高职:农业技术与管理<br>本科:农业经营管理教育<br>植物科学与技术<br>农业资源与环境 |
| 农林牧渔类 | 种子生产与经营 | 良种繁育<br>种子加工检验<br>种子营销与售后服务 | 农艺工<br>作物种子繁育工<br>农作物种子加工员<br>农产品经纪人 | 农艺工<br>农作物种子繁育工<br>农作物种子加工员<br>农产品经纪人(初级) | 高职:种子生产与经营<br>本科:种子科学与工程 |
| 农林牧渔类 | 植物保护 | 植物病虫害预测预报<br>植物病虫害防治<br>植物检疫 | 农作物植保工<br>农情测报员 | 农作物植保员<br>农情测报员 | 高职:植物保护<br>植物检疫<br>本科:植物保护<br>农学 |

续上表

| 专业类 | 专业名称 | 专业(技能)方向 | 对应职业(工种) | 职业资格证书举例 | 继续学习专业举例 |
|---|---|---|---|---|---|
| 农林牧渔类 | 果蔬花卉生产技术 | 果树栽培<br>无公害果品生产<br>蔬菜栽培<br>有机蔬菜生产<br>花卉栽培<br>鲜切花生产<br>食用菌栽培<br>设施园艺<br>植物组织培养 | 蔬菜园艺工<br>菌类园艺工<br>花卉园艺工<br>果、茶、桑园艺工<br>插花员 | 蔬菜园艺工<br>菌类园艺工<br>花卉园艺工<br>果、茶、桑园艺工<br>插花员 | 高职:园艺技术<br>本科:园艺 |
| 农林牧渔类 | 茶叶生产与加工 | 有机茶叶生产与茶园管理<br>茶叶加工<br>茶叶品质检验<br>茶叶经营与营销 | 茶叶加工工<br>果、茶、桑园艺工<br>评茶员<br>农产品经纪人 | 茶叶加工工<br>果、茶、桑园艺工<br>评茶员<br>农产品经纪人(初级) | 高职:茶叶生产加工技术<br>本科:茶学 |
| 农林牧渔类 | 蚕桑生产与经营 | 桑苗培育<br>桑树栽培<br>桑蚕饲养<br>蚕种繁育 | 果、茶、桑园艺工<br>农产品经纪人 | 果、茶、桑园艺工<br>农产品经纪人(初级) | 高职:蚕桑技术<br>本科:蚕学 |

续上表

| 专业类 | 专业名称 | 专业(技能)方向 | 对应职业(工种) | 职业资格证书举例 | 继续学习专业举例 |
|---|---|---|---|---|---|
| 农林牧渔类 | 中草药种植 | 中草药引种、栽培与育种<br>中草药标准化种植<br>中草药销售与管理 | 中药材种植员<br>中药购销员<br>中药检验工 | 中药购销员 | 高职:中草药栽培技术<br>本科:中草药栽培与鉴定<br>中药资源与开发 |
| 农林牧渔类 | 棉花加工与检验 | 无公害棉花育种<br>棉花收购质量检验<br>籽棉初加工<br>棉纤维质量检验<br>皮棉储运与保管 | 棉花加工工<br>棉花检验员<br>纺织纤维检验工<br>纤维验配工 | 棉花加工工<br>棉花检验员<br>纺织纤维检验工 | 高职:纺织品检验与贸易<br>本科:纺织工程 |
| 农林牧渔类 | 烟草生产与加工 | 烟草生产<br>烟草加工 | 烟叶分级工<br>挂杆复烤工<br>打叶复烤工<br>烟叶回潮工<br>烟草检验工 | 打叶复烤工 | 高职:烟草栽培技术<br>本科:烟草 |
| 农林牧渔类 | 现代林业技术 | 森林培育<br>苗木生产与经营<br>森林病虫害防治<br>林政管理<br>森林生态旅游 | 林木种苗工<br>造林更新工<br>护林员<br>营林实验工<br>森林病虫害防治员<br>营造林工程监理员☆ | 林木种苗工<br>造林更新工<br>护林员 | 高职:林业技术<br>本科:林学 |

续上表

| 专业类 | 专业名称 | 专业(技能)方向 | 对应职业(工种) | 职业资格证书举例 | 继续学习专业举例 |
| --- | --- | --- | --- | --- | --- |
| 农林牧渔类 | 森林资源保护与管理 | 自然保护区管理<br>野生动植物保护<br>林地多种经营<br>森林保护与生态旅游 | 护林员<br>林木种苗工<br>森林病虫害防治员<br>自然保护区巡护监测员 | 护林员<br>林木种苗工 | 高职:森林资源保护<br>野生植物资源开发与利用<br>野生动物保护<br>本科:森林资源保护与游憩<br>野生动物与自然保护区管理 |
| 农林牧渔类 | 园林技术 | 园林规划设计与施工<br>园林工程招投标与预决算<br>园林建筑工程<br>园林工程监理 | 草坪建植工<br>园林植物保护工<br>花卉园艺工<br>盆景工<br>假山工<br>景观设计师<br>花艺环境设计师☆ | 草坪建植工<br>花卉园艺工(四级)<br>景观设计师 | 高职:园林技术<br>园林工程技术<br>本科:园林<br>景观建筑设计 |
| 农林牧渔类 | 园林绿化 | 园林植物造景设计<br>苗木草坪生产与经营<br>园林植物栽培养护 | 草坪建植工<br>园林植物保护工<br>盆景工<br>假山工<br>插花员 | 草坪建植工 | 高职:园林技术<br>本科:林学<br>园林 |

续上表

| 专业类 | 专业名称 | 专业(技能)方向 | 对应职业(工种) | 职业资格证书举例 | 继续学习专业举例 |
|---|---|---|---|---|---|
| 农林牧渔类 | 木材加工 | 板材制造<br>竹木材加工<br>竹木制品装饰 | 木材检验师<br>木材防腐师<br>木材及家具检验工<br>木材水解工 | 木材检验员<br>木材防腐师(四级) | 高职:木材加工技术<br>本科:林学 |
| 农林牧渔类 | 畜禽生产与疾病防治 | 家畜养殖与繁殖<br>家禽养殖与繁殖<br>畜禽疾病防治<br>兽药与饲料营销<br>养殖场环境与控制 | 家畜饲养工<br>家畜繁殖工<br>家禽饲养工<br>家禽繁殖工<br>实验动物饲养工 | 家畜饲养工<br>家畜繁殖工<br>家禽饲养工<br>家禽繁殖工 | 高职:动物科学与技术<br>本科:动物科学 |
| 农林牧渔类 | 特种动物养殖 | 特种动物生产<br>实验动物生产 | 实验动物饲养工<br>蜜蜂饲养工<br>水生哺乳动物驯养师☆ | 实验动物饲养工<br>蜜蜂饲养工 | 高职:动物科学与技术<br>本科:动物科学 |
| 农林牧渔类 | 畜牧兽医 | 畜禽生产与经营<br>饲料生产与经营<br>动物疾病防治<br>中兽医<br>动物防疫与检疫<br>畜禽养殖<br>兽药营销 | 动物疫病防治员<br>动物检疫检验员<br>兽医化验员<br>中兽医员<br>兽药技术人员☆<br>畜牧技术人员☆ | 动物疫病防治员(初级)<br>兽医化验员 | 高职:动物医学<br>本科:动物医学<br>动物药学 |

续上表

| 专业类 | 专业名称 | 专业(技能)方向 | 对应职业(工种) | 职业资格证书举例 | 继续学习专业举例 |
|---|---|---|---|---|---|
| 农林牧渔类 | 宠物养护与经营 | 宠物养殖<br>宠物疾病防疫 | 宠物驯导师<br>宠物健康护理员<br>动物疫病防治员<br>宠物医师<br>兽医化验员<br>动物检疫检验员<br>观赏动物饲养工 | 宠物驯导师(四级)<br>宠物健康护理员 | 高职:宠物养护与疫病防治<br>宠物训导与保健<br>本科:动物科学 |
| 农林牧渔类 | 淡水养殖 | 无公害淡水鱼类养殖<br>特种水产品养殖<br>观赏鱼类养殖<br>淡水养殖病害防治 | 水生生物检疫检验员<br>淡水水生动物养殖工<br>水生生物病害防治员<br>生物食饵培养工<br>水生动物苗种繁育工<br>水生植物栽培工<br>水产养殖工 | 淡水水生动物养殖工<br>水生生物病害防治员<br>水生动物苗种繁育工 | 高职:水产养殖技术<br>本科:水产养殖学<br>水族科学与技术 |

续上表

| 专业类 | 专业名称 | 专业(技能)方向 | 对应职业(工种) | 职业资格证书举例 | 继续学习专业举例 |
|---|---|---|---|---|---|
| 农林牧渔类 | 海水生态养殖 | 海水鱼类养殖<br>海水贝类养殖<br>虾蟹类养殖<br>海水养殖动物病害防治 | 水生动物苗种繁育工<br>水生植物苗种培育工<br>海水水生动物养殖工<br>水生生物检疫检验员<br>水生生物病害防治员<br>生物饵料培养工<br>水生动物饲养工<br>水生植物栽培工 | 水生动物苗种繁育工<br>海水水生动物养殖工<br>水生生物病害防治员 | 高职:水产养殖技术<br>渔业综合技术<br>本科:海洋渔业科学与技术<br>水产养殖学 |
| 农林牧渔类 | 航海捕捞 | 海洋捕捞<br>渔具制作与维护 | 渔业生产船员<br>水产捕捞工<br>水生动植物采集工<br>渔网具装配工 | 渔业生产船员 | 高职:海洋捕捞技术<br>本科:海洋渔业科学与技术 |

续上表

| 专业类 | 专业名称 | 专业(技能)方向 | 对应职业(工种) | 职业资格证书举例 | 继续学习专业举例 |
|---|---|---|---|---|---|
| 农林牧渔类 | 农产品保鲜与加工 | 粮油名特优产品加工<br>畜禽风味产品加工<br>果蔬贮藏与加工<br>水产品加工 | 豆制品制作工<br>肉制品加工工<br>酱腌菜制作工<br>蔬菜加工工<br>牛肉分级员<br>蜂产品加工工<br>果类产品加工工<br>水产品质量检验员<br>农产品经纪人<br>冷藏工 | 豆制品制作工<br>肉制品加工工<br>酱腌菜制作工<br>蔬菜加工工<br>牛肉分级员<br>农产品经纪人(初级)<br>冷藏工 | 高职:农畜特产品加工<br>本科:食品科学与工程 |
| 农林牧渔类 | 农产品营销与储运 | 农产品收购<br>农产品保鲜<br>农产品储运<br>农产品销售<br>农产品冷链物流 | 农产品经纪人<br>农副土特产品收购员<br>粮油竞价交易员<br>粮油购销员<br>冷藏工<br>物流员 | 农产品经纪人(初级)<br>农副土特产品收购员<br>粮油竞价交易员<br>粮油购销员<br>冷藏工<br>物流员 | 高职:市场营销<br>本科:市场营销 |
| 农林牧渔类 | 农业机械使用与维护 | 农业机械运用<br>农业机械维护<br>农业机械营销 | 拖拉机驾驶员<br>联合收割机驾驶员<br>农用运输车驾驶员<br>农机修理工 | 拖拉机驾驶员<br>联合收割机驾驶员<br>农用运输车驾驶员<br>农机修理工 | 高职:机电设备维修与管理<br>本科:农业机械化及其自动化 |

续上表

| 专业类 | 专业名称 | 专业(技能)方向 | 对应职业(工种) | 职业资格证书举例 | 继续学习专业举例 |
|---|---|---|---|---|---|
| 农林牧渔类 | 农村电气技术 | 农村电气工程设计与施工<br>农村电气设备管理与维护 | 维修电工<br>电气设备安装工<br>农网配电营业工<br>用电监察员<br>抄表核算收费员<br>装表接电工<br>常用电机检修工 | 维修电工<br>电气设备安装工<br>农网配电营业工 | 高职:农村电气化技术<br>本科:农业电气化与自动化 |
| 农林牧渔类 | 农业与农村用水 | 农村水利工程<br>农田排灌工程<br>安全饮水技术 | 微水电利用工<br>灌排工程工<br>渠道维护工<br>灌区供水工<br>灌溉试验工<br>河道修防工 | 微水电利用工<br>灌排工程工<br>渠道维护工 | 高职:水利工程<br>水利工程施工技术<br>本科:农业水利工程 |
| 农林牧渔类 | 农村环境监测 | 农村土壤环境监测<br>农村水环境监测<br>农村大气环境监测 | 大气环境监测工<br>水环境监测工<br>土壤环境监测工 | | 高职:农业环境保护技术<br>本科:农业资源与环境 |
| 农林牧渔类 | 农村经济综合管理 | 农村合作经纪人<br>农村企业财务管理<br>村级经济管理<br>农村社会中介服务 | 会计人员<br>社会工作者☆ | 会计从业资格证书 | 高职:农业经济管理<br>农村行政管理<br>本科:农业经营管理教育 |

续上表

| 专业类 | 专业名称 | 专业(技能)方向 | 对应职业(工种) | 职业资格证书举例 | 继续学习专业举例 |
|---|---|---|---|---|---|
| 农林牧渔类 | 农资连锁经营与管理 | 农业生产资料经营<br>农产品经营<br>农产品经纪 | 收银员<br>营业员<br>农副土特产品收购员<br>农产品经纪人 | 收银员<br>农副土特产品收购员<br>农产品经纪人(初级) | 高职:市场营销<br>连锁经营管理<br>市场开发与营销<br>本科:营销与策划 |
| 资源环境类 | 国土资源调查 | 矿产资源调查与管理<br>土地管理<br>地籍测绘 | 地籍测绘员<br>地质测量工<br>采样工<br>矿山地质工 | 地籍测绘员<br>地质测量工<br>采样工<br>矿山地质工 | 高职:国土资源调查<br>本科:资源勘查工程<br>土地资源管理 |
| 资源环境类 | 地质调查与找矿 | 矿山地质<br>矿产开发<br>地球化学探矿<br>放射性矿产普查与勘探 | 采样工<br>矿山地质工 | 采样工<br>矿山地质工 | 高职:区域地质调查及矿产普查<br>本科:资源勘查工程 |
| 资源环境类 | 水文地质与工程地质勘察 | 水文地质勘察<br>工程地质勘察 | 水文地质工<br>岩土工程地质工<br>地勘钻探工 | 水文地质工<br>岩土工程地质工<br>地勘钻探工 | 高职:水文地质与勘查技术<br>本科:资源勘查工程<br>勘查技术与工程 |

续上表

| 专业类 | 专业名称 | 专业(技能)方向 | 对应职业(工种) | 职业资格证书举例 | 继续学习专业举例 |
| --- | --- | --- | --- | --- | --- |
| 资源环境类 | 地球物理勘探 | 工程物探<br>物探测井 | 物探工<br>地震物探爆炸工<br>海洋勘探震源工 | 物探工<br>地震物探爆炸工<br>海洋勘探震源工 | 高职:地球物理测井技术<br>地球物理勘查技术<br>本科:勘查技术与工程 |
| 资源环境类 | 钻探工程技术 | 固体矿产钻探<br>水文水井钻探<br>工程地质施工钻探 | 固体矿产钻探工<br>水文水井钻探工<br>工程地质工程施工钻工 | 固体矿产钻探工<br>水文水井钻探工<br>工程地质工程施工钻工 | 高职:钻探技术<br>本科:勘查技术与工程 |
| 资源环境类 | 掘进工程技术 | 爆破工程技术 | 掘进工<br>爆破工<br>工程凿岩工<br>土石方机械操作工 | 掘进工<br>爆破工<br>工程凿岩工<br>土石方机械操作工 | 高职:钻探技术<br>本科:勘查技术与工程 |
| 资源环境类 | 岩土工程勘察与施工 | 岩土工程勘察<br>岩土工程施工 | 水文地质工<br>岩土工程地质工<br>工程凿岩工<br>土石方机械操作工 | 水文地质工<br>岩土工程地质工<br>工程凿岩工<br>土石方机械操作工 | 高职:工程地质勘查<br>水文与工程地质<br>本科:勘查技术与工程 |

续上表

| 专业类 | 专业名称 | 专业(技能)方向 | 对应职业(工种) | 职业资格证书举例 | 继续学习专业举例 |
|---|---|---|---|---|---|
| 资源环境类 | 地质灾害调查与治理施工 | 地质灾害评价与评估<br>地质灾害防治 | 灾害信息员<br>工程测量员<br>水文地质工<br>支护工 | 灾害信息员<br>工程测量员<br>水文地质工<br>支护工 | 高职:工程地质勘查<br>本科:灾害防治工程 |
| 资源环境类 | 地图制图与地理信息系统 | 地图制图<br>地理信息系统<br>测绘信息数字化 | 地图制图员<br>地籍测绘员 | 地图制图员<br>地籍测绘员 | 高职:地理信息系统与地图制图技术<br>地籍测绘与土地管理信息技术<br>本科:遥感科学与技术<br>地理信息系统 |
| 资源环境类 | 地质与测量 | 矿山地质<br>矿山测量 | 工程测量员<br>地籍测绘员<br>地质测量工 | 工程测量员<br>地籍测绘员<br>地质测量工 | 高职:矿山地质<br>矿山测量<br>本科:勘查技术与工程<br>测绘工程 |
| 资源环境类 | 水文与水资源勘测 | 水文监测<br>水质检测<br>基层水政管理 | 水文勘测工<br>水环境监测工<br>水政管理员 | 水文勘测工<br>水环境监测工<br>水政管理员 | 高职:水文与工程地质<br>水文与水资源<br>水政水资源管理<br>本科:水文及水资源工程 |

续上表

| 专业类 | 专业名称 | 专业(技能)方向 | 对应职业(工种) | 职业资格证书举例 | 继续学习专业举例 |
|---|---|---|---|---|---|
| 资源环境类 | 采矿技术 | 煤矿开采<br>铀矿开采<br>金属矿开采<br>非金属矿开采 | 矿井开掘工<br>井下采矿工<br>支护工<br>矿井通风工<br>矿山安全监测工<br>矿山检查验收工 | 矿井开掘工<br>井下采矿工<br>支护工<br>矿井通风工<br>矿山安全监测工<br>矿山检查验收工 | 高职:煤矿开采技术<br>金属矿开采技术<br>本科:采矿工程<br>安全工程 |
| 资源环境类 | 矿山机械运行与维修 | 矿山机械运行<br>矿山机械维修<br>矿山机械设备营销与服务 | 露天采矿挖掘机司机<br>钻孔机司机<br>矿山提升机操作工<br>矿井机车运输工 | 露天采矿挖掘机司机<br>钻孔机司机<br>矿山提升机操作工<br>矿井机车运输工 | 高职:矿山机电<br>本科:采矿工程<br>机械电子工程 |
| 资源环境类 | 矿山机电 | 矿山机电设备安装与调试<br>矿山机电设备运行与维护<br>矿山机电设备营销与服务 | 矿山固定设备的操作与维护人员<br>矿山供电及电气设备操作与维护人员<br>采煤机(掘进机)操作与维护人员<br>矿山机电设备营销人员 | 矿井维修钳工<br>矿井维修电工<br>煤矿输电线路工<br>煤矿机械安装工 | 高职:矿山机电<br>本科:采矿工程<br>机械电子工程 |

续上表

| 专业类 | 专业名称 | 专业(技能)方向 | 对应职业(工种) | 职业资格证书举例 | 继续学习专业举例 |
|---|---|---|---|---|---|
| 资源环境类 | 矿井通风与安全 | 矿井安全技术<br>救护技术 | 矿井通风工<br>矿山安全监测工<br>火工品管理工<br>矿山救护工 | 矿井通风工<br>矿山安全监测工<br>火工品管理工<br>矿山救护工 | 高职：矿井通风与安全<br>援救技术<br>安全技术管理<br>本科:采矿工程<br>安全工程 |
| 资源环境类 | 矿井建设 | | 支护工<br>井筒冻结工<br>钻孔机司机 | 支护工<br>井筒冻结工<br>钻孔机司机 | 高职:矿井建设<br>本科:采矿工程<br>土木工程 |
| 资源环境类 | 煤炭综合利用 | 选煤<br>煤炭焦化及产品回收<br>煤化工<br>煤层气抽采技术 | 备煤工<br>焦炉调温工<br>煤制气工<br>采气工<br>加氢精制工<br>干法熄焦工<br>煤气变压吸附制氢工 | 备煤工<br>焦炉调温工<br>煤制气工<br>采气工<br>加氢精制工<br>干法熄焦工 | 高职:煤炭深加工与利用<br>本科:矿物加工工程<br>煤及煤层气工程 |

续上表

| 专业类 | 专业名称 | 专业(技能)方向 | 对应职业(工种) | 职业资格证书举例 | 继续学习专业举例 |
| --- | --- | --- | --- | --- | --- |
| 资源环境类 | 环境监测技术 | 水与废水监测技术<br>空气与废气监测技术<br>土壤与固废监测技术<br>噪声与振动监测技术<br>生物环境监测技术<br>辐射监测与防护技术<br>室内环境监测与治理技术 | 化学检验工<br>海洋环境监测工<br>大气环境监测工<br>水环境监测工<br>环境噪声及振动监测工<br>固体废物监测工<br>土壤环境监测工<br>环境生物监测工<br>环境辐射监测工 | 化学检验工<br>海洋环境监测工 | 高职:环境监测与治理技术<br>环境监测与评价<br>水环境监测与保护<br>本科:环境工程 |
| 资源环境类 | 环境管理 | 企业环境管理<br>基层环境管理 | ISO 环境管理体系内审员(试行)<br>企业环境监督员(试行) | ISO 环境管理体系内审员(试行)<br>企业环境监督员(试行) | 高职:资源环境与城市管理<br>城市监测与工程技术<br>环境监测与评价<br>本科:环境工程 |
| 资源环境类 | 环境治理技术 | 废水污染治理技术<br>废气污染治理技术<br>固体废物污染治理技术 | 固体废物处理工<br>废水处理工<br>废气处理工<br>除尘设备运行工 | | 高职:环境监测与治理技术<br>城市水净化技术<br>本科:环境工程 |

续上表

| 专业类 | 专业名称 | 专业(技能)方向 | 对应职业(工种) | 职业资格证书举例 | 继续学习专业举例 |
| --- | --- | --- | --- | --- | --- |
| 资源环境类 | 生态环境保护 | 水土保持<br>生态环境 | 自然保护区巡护监测员<br>水土保持防治工<br>水土保持测试工<br>水土保持勘测工<br>水域环境养护保洁员 | 自然保护区巡护监测员<br>水域环境养护保洁员 | 高职:水土保持<br>本科:环境工程 |
| 资源环境类 | 气象服务 | 农业气象服务<br>自动观测仪器维护<br>气象影视制作 | 气象观测人员<br>气候监测预测人员<br>应用气象人员<br>气象服务人员<br>多媒体作品制作员 | 多媒体作品制作员 | 高职:应用气象技术<br>大气科学技术<br>本科:应用气象学 |
| 资源环境类 | 雷电防护技术 | 防雷工程施工<br>避雷设备检测<br>避雷产品营销 | 防雷装置施工员<br>防雷装置检测员 | | 高职:防雷技术<br>本科:雷电防护科学与技术 |
| 能源与新能源类 | 石油钻井 | 海洋钻井 | 井架安装工<br>钻井工<br>固井工<br>钻探灌浆工 | 井架安装工<br>钻井工<br>固井工<br>钻探灌浆工 | 高职:钻井技术<br>本科:石油工程 |

续上表

| 专业类 | 专业名称 | 专业(技能)方向 | 对应职业(工种) | 职业资格证书举例 | 继续学习专业举例 |
|---|---|---|---|---|---|
| 能源与新能源类 | 石油天然气开采 | 石油开采<br>天然气开采 | 采油工<br>采气工<br>井下作业工 | 采油工<br>采气工<br>井下作业工 | 高职:钻井技术<br>本科:石油工程 |
| 能源与新能源类 | 石油地质录井与测井 | | 油气井测试工<br>综合录井员<br>测井员 | 油气井测试工 | 高职:钻井技术<br>本科:石油工程 |
| 能源与新能源类 | 石油与天然气贮运 | 石油贮运<br>天然气贮运<br>油气管道保护 | 油气输送工<br>油气管道保护工<br>汽车加气站操作工 | 油气输送工<br>油气管道保护工<br>汽车加气站操作工 | 高职:油气储运技术<br>本科:油气储运工程 |
| 能源与新能源类 | 火电厂热力设备运行与检修 | 锅炉设备运行与检修<br>汽轮机设备检修 | 锅炉运行值班员<br>锅炉本体设备检修工<br>锅炉辅机检修工<br>汽轮机运行值班员<br>汽轮机本体设备检修工<br>汽轮机调速系统检修工<br>汽轮机辅机检修工<br>管阀检修工<br>除灰设备检修工<br>电除尘设备检修工 | 锅炉运行值班员<br>锅炉本体设备检修工<br>汽轮机运行值班员<br>汽轮机本体设备检修工 | 高职:电厂设备运行与维护<br>电厂热能动力装置<br>本科:热能与动力工程 |

续上表

| 专业类 | 专业名称 | 专业(技能)方向 | 对应职业(工种) | 职业资格证书举例 | 继续学习专业举例 |
|---|---|---|---|---|---|
| 能源与新能源类 | 火电厂热力设备安装 | 锅炉设备安装<br>汽轮机设备安装 | 锅炉设备安装工<br>锅炉钢架安装工<br>锅炉受热面安装工<br>汽轮机本体设备安装工<br>汽轮机调速设备安装工<br>汽轮机辅机安装工<br>锅炉辅机安装工<br>电厂管道安装工<br>电厂筑炉保温工 | 锅炉设备安装工<br>汽轮机设备安装工 | 高职:热能动力设备与应用<br>电厂热能动力装置<br>本科:热能与动力工程 |
| 能源与新能源类 | 火电厂热工仪表安装与检修 | 火电厂热工仪表及控制装置安装与试验<br>热工计量 | 热工仪表检修工<br>热工自动装置检修工<br>热工程控保护工<br>热工仪表及控制装置试验安装工<br>工业自动化仪器仪表与装置修理工 | 热工仪表检修工<br>热工仪表及控制装置试验安装工<br>工业自动化仪器仪表与装置修理工 | 高职:电厂热能动力装置<br>热能动力设备与应用<br>本科:能源动力系统及自动化 |

续上表

| 专业类 | 专业名称 | 专业（技能）方向 | 对应职业（工种） | 职业资格证书举例 | 继续学习专业举例 |
| --- | --- | --- | --- | --- | --- |
| 能源与新能源类 | 火电厂集控运行 |  | 集控值班员<br>集控巡视员 | 集控值班员<br>集控巡视员 | 高职：火电厂集控运行<br>本科：能源工程及自动化 |
| 能源与新能源类 | 火电厂水处理及化学监督 | 火电厂水处理<br>火电厂化学监督 | 电厂水处理值班员<br>电厂化学设备检修工<br>脱硫值班员<br>脱硫设备检修工<br>电厂水化验员<br>燃料化验员<br>油务员<br>电机氢冷值班员 | 电厂水处理值班员<br>电厂化学设备检修工<br>脱硫值班员<br>脱硫设备检修工 | 高职：电厂化学<br>本科：水质科学与技术 |
| 能源与新能源类 | 水电厂机电设备安装与运行 | 水电厂机电设备安装<br>水电厂机电设备运行与维护 | 水轮机检修工<br>闸门运行工<br>水电站水力机械试验工<br>微水电利用工<br>水轮机及辅助设备运行工<br>水电厂电气运行工 | 水轮机检修工<br>闸门运行工<br>水电站水力机械试验工<br>微水电利用工<br>电工进网作业许可证（高压类）<br>电工操作证 | 高职：水电站动力设备与管理<br>本科：水利水电工程 |

续上表

| 专业类 | 专业名称 | 专业（技能）方向 | 对应职业（工种） | 职业资格证书举例 | 继续学习专业举例 |
|---|---|---|---|---|---|
| 能源与新能源类 | 水泵站机电设备安装与运行 | 水泵站机电设备安装<br>水泵站机电设备运行与维护 | 泵站运行工<br>水电站水力机械试验工<br>水泵安装工<br>水泵运行与维护工<br>水泵站电气设备安装工<br>水泵站电气设备运行与维护工 | 泵站运行工<br>水电站水力机械试验工<br>电工进网作业许可证（高压类）<br>电工操作证 | 高职：机电设备运行与维护<br>本科：水文与水资源工程<br>水利水电工程 |
| 能源与新能源类 | 反应堆及核电厂运行 | 核电生产<br>环境放射性检测 | 反应堆本体运行工<br>核电厂发电运行工<br>环境放射性检测工 | 反应堆本体运行工<br>核电厂发电运行工<br>环境放射性检测工<br>电工进网作业许可证（高压类） | 本科：核工程与核技术<br>反应堆工程 |
| 能源与新能源类 | 风电场机电设备运行与维护 | | 风力发电运行检修员<br>小风电利用工<br>维修电工<br>机修钳工 | 风力发电运行检修员<br>小风电利用工<br>维修电工<br>机修钳工 | 高职：电厂设备运行与维护<br>本科：风能与动力工程 |

续上表

| 专业类 | 专业名称 | 专业（技能）方向 | 对应职业（工种） | 职业资格证书举例 | 继续学习专业举例 |
|---|---|---|---|---|---|
| 能源与新能源类 | 太阳能与沼气技术利用 | 太阳能技术利用<br>再生能源技术利用 | 太阳能利用工<br>沼气生产工<br>农村节能员 | 太阳能利用工<br>沼气生产工<br>农村节能员 | 高职：城市热能应用技术<br>农村能源与环境技术<br>本科：热能与动力工程 |
| 能源与新能源类 | 发电厂及变电站电气设备 | 发电厂及变电站电气设备运行与维护<br>发电厂及变电站电气设备检修 | 变电站值班员<br>变压器检修工<br>电气试验员<br>电气值班员<br>变电设备检修工<br>厂用电值班员<br>电机检修工<br>变电带电检修工<br>换流站值班员 | 变电站值班员<br>变压器检修工<br>电气试验员<br>变电设备检修工 | 高职：发电厂及电力系统<br>电厂设备运行与维护<br>本科：电气工程及其自动化 |
| 能源与新能源类 | 继电保护及自动装置调试维护 | 继电保护及自动装置安装调试<br>继电保护及自动装置运行维护 | 继电保护工<br>直流设备检修工 | 继电保护员 | 高职：电力系统继电保护与自动化<br>本科：电气工程及其自动化 |

续上表

| 专业类 | 专业名称 | 专业(技能)方向 | 对应职业(工种) | 职业资格证书举例 | 继续学习专业举例 |
| --- | --- | --- | --- | --- | --- |
| 能源与新能源类 | 输配电线路施工与运行 | 架空输配电线路施工与运行<br>电力电缆线路施工与运行 | 高压线路带电检修工<br>电力电缆安装工<br>输电线路工<br>配电线路工<br>内线安装工 | 高压线路带电检修工<br>电力电缆安装工<br>送电线路工<br>配电线路工<br>电力工程内线安装工 | 高职:高压输配电线路施工运行与维护<br>本科:电气工程及其自动化 |
| 能源与新能源类 | 供用电技术 | 城乡供用电<br>农网配电<br>工矿企业供用电 | 维修电工<br>农网配电营业工<br>电力负荷控制员<br>装表接电工<br>电能计量装置检修工<br>抄表收费核算员<br>内线安装工<br>用电监察员<br>用电稽查<br>电能表修校工 | 维修电工<br>农网配电营业工<br>电力负荷控制员<br>装表接电工<br>电能计量装置检修工<br>抄表收费核算员<br>内线安装工<br>用电监察员 | 高职:供用电技术<br>本科:电气工程及其自动化 |

续上表

| 专业类 | 专业名称 | 专业(技能)方向 | 对应职业(工种) | 职业资格证书举例 | 继续学习专业举例 |
|---|---|---|---|---|---|
| 能源与新能源类 | 电力营销 | 电力营销管理<br>电力营销服务<br>农网营销 | 用电客户受理员<br>农网配电营业工<br>电力负荷控制员<br>抄表收费核算员<br>装表接电工<br>电能表修理工<br>电能表校验工<br>用电监察员<br>电力营销服务员 | 用电客户受理员<br>农网配电营业工<br>电力负荷控制员<br>抄表收费核算员<br>装表接电工<br>电能表修理工<br>电能表校验工 | 高职:供用电技术<br>本科:电气工程及其自动化 |
| 土木水利类 | 建筑工程施工 | 施工工艺与安全管理<br>工程质量与材料检测<br>工程监理 | 施工员<br>质检员<br>安全员<br>制图员<br>工程测量员<br>监理员<br>材料试验员<br>测量放线工 | 施工员<br>质检员<br>安全员<br>制图员<br>工程测量员<br>监理员<br>材料试验员<br>测量放线工 | 高职:建筑工程技术<br>基础工程技术<br>本科:土木工程 |

续上表

| 专业类 | 专业名称 | 专业(技能)方向 | 对应职业(工种) | 职业资格证书举例 | 继续学习专业举例 |
|---|---|---|---|---|---|
| 土木水利类 | 建筑装饰 | 建筑装饰设计绘图<br>建筑装饰施工<br>建筑模型制作<br>室内配饰 | 施工员<br>制图员<br>室内装饰设计员<br>建筑模型设计制作员<br>室内装饰装修质量检验员<br>室内成套设施装饰工<br>装饰装修工 | 施工员<br>制图员<br>室内装饰设计员<br>建筑模型设计制作员<br>室内装饰装修质量检验员<br>室内成套设施装饰工<br>装饰装修工 | 高职：建筑装饰工程技术<br>本科：建筑学 |
| 土木水利类 | 古建筑修缮与仿建 | 古建筑保护与修缮<br>古建筑油漆彩画工艺技术<br>古建筑仿建<br>古建工程信息资料管理 | 施工员<br>质检员<br>安全员<br>造价员(土建)<br>信息资料员<br>古建筑结构施工工<br>古建筑装饰工 | 施工员<br>质检员<br>安全员<br>造价员(土建)<br>信息资料员 | 高职：中国古建筑工程技术<br>建筑装饰工程技术<br>本科：历史建筑保护工程<br>建筑学 |
| 土木水利类 | 城镇建设 | 城镇建设施工<br>村镇规划<br>城镇建设估价 | 施工员<br>质量员<br>造价员(土建)<br>工程测量员<br>地籍管理员<br>测量放线工 | 施工员<br>质量员<br>造价员(土建)<br>工程测量员<br>地籍管理员<br>测量放线工 | 高职：城镇规划<br>建筑工程技术<br>本科：城市规划 |

续上表

| 专业类 | 专业名称 | 专业(技能)方向 | 对应职业(工种) | 职业资格证书举例 | 继续学习专业举例 |
|---|---|---|---|---|---|
| 土木水利类 | 工程造价 | 建筑计量与计价<br>安装计量与计价<br>装饰计量与计价 | 造价员(土建)<br>造价员(安装) | 造价员(土建)<br>造价员(安装) | 高职:工程造价<br>本科:工程造价 |
| 土木水利类 | 建筑设备安装 | 供热系统的安装与调试<br>建筑水电设备的维护<br>建筑水电安装计量与计价 | 施工员<br>质量员<br>造价员(安装)<br>电气设备安装工<br>管工<br>维修电工 | 施工员<br>质量员<br>造价员(安装)<br>电气设备安装工<br>管工<br>维修电工 | 高职:建筑设备工程技术<br>建筑电气工程技术<br>本科:建筑环境与设备工程 |
| 土木水利类 | 楼宇智能化设备安装与运行 | 建筑智能化系统安装与调试<br>安防系统安装与调试<br>建筑智能化设备运行与管理<br>建筑智能化工程计量与计价 | 施工员<br>质量员<br>造价员(安装)<br>智能楼宇管理师<br>楼宇智能化安装调试工<br>低压电工<br>物业管理员 | 施工员<br>质量员<br>造价员(安装)<br>智能楼宇管理师(四级)<br>楼宇智能化安装调试工<br>维修电工 | 高职:楼宇智能化工程技术<br>建筑电气工程技术<br>本科:建筑设施智能技术 |

续上表

| 专业类 | 专业名称 | 专业(技能)方向 | 对应职业(工种) | 职业资格证书举例 | 继续学习专业举例 |
|---|---|---|---|---|---|
| 土木水利类 | 供热通风与空调施工运行 | 采暖通风系统施工与管理<br>空调制冷系统运行与管理 | 施工员<br>质量员<br>造价员(安装)<br>中央空调系统操作员<br>工程安装钳工<br>管道工<br>通风工<br>制冷工 | 施工员<br>质量员<br>造价员(安装)<br>中央空调系统操作员<br>工程安装钳工<br>管道工<br>通风工<br>制冷工 | 高职:供热通风与空调工程技术<br>本科:建筑环境与设备工程 |
| 土木水利类 | 建筑表现 | 建筑建模与渲染<br>建筑动画与后期制作<br>建筑信息建模与管理 | 制图员<br>多媒体作品制作员<br>动画绘制员<br>建筑模型设计制作员<br>装饰美工<br>建筑效果图制作#<br>建筑平面图设计#<br>建筑动画制作#<br>建筑后期与特效制作# | 制图员<br>多媒体作品制作员<br>动画绘制员<br>建筑模型设计制作员<br>装饰美工 | 高职:建筑设计技术<br>本科:建筑学 |

续上表

| 专业类 | 专业名称 | 专业(技能)方向 | 对应职业(工种) | 职业资格证书举例 | 继续学习专业举例 |
|---|---|---|---|---|---|
| 土木水利类 | 城市燃气输配与应用 | 燃气场站运行与管理<br>燃气管网运行与维护<br>燃气市场营销与服务 | 供气营销员<br>燃气场站工<br>燃气管道工<br>燃气具安装维修工<br>液化石油气灌区运行工<br>燃气调压工<br>汽车加气工 | 燃气管道工<br>燃气具安装维修工<br>液化石油气灌区运行工<br>燃气调压工 | 高职:城市燃气工程技术<br>本科:建筑环境与设备工程 |
| 土木水利类 | 给排水工程施工与运行 | 给水排水运行与维护<br>给水排水工程施工<br>水处理厂机电设备安装与维修<br>供水营销与管理 | 施工员<br>质量员<br>造价员(土建)<br>工程测量员<br>供水营销员<br>测量放线工<br>泵站运行工<br>供水生产工<br>供水供应工<br>净水工<br>管道工<br>水质检验工 | 施工员<br>质量员<br>造价员(土建)<br>工程测量员<br>供水营销员<br>测量放线工<br>泵站运行工<br>净水工<br>管道工<br>水质检验工 | 高职:给排水工程技术<br>本科:给水排水工程 |

续上表

| 专业类 | 专业名称 | 专业(技能)方向 | 对应职业(工种) | 职业资格证书举例 | 继续学习专业举例 |
|---|---|---|---|---|---|
| 土木水利类 | 市政工程施工 | 市政道路桥梁施工与维护<br>市政管道施工与维护<br>市政轨道交通工程施工<br>市政工程质量安全管理 | 施工员<br>质检员<br>安全员<br>造价员(土建)<br>信息资料员<br>材料试验员<br>工程测量员<br>测量放线工<br>管工 | 施工员<br>质检员<br>安全员<br>造价员(土建)<br>信息资料员<br>材料试验员<br>工程测量员<br>测量放线工<br>管工 | 高职:市政工程技术<br>本科:建筑环境与设备工程 |
| 土木水利类 | 道路与桥梁工程施工 |  | 施工员<br>质检员<br>安全员<br>造价员(土建)<br>材料试验员<br>工程测量员<br>测量放线工<br>筑路、养护工<br>沥青混凝土摊铺机操作工<br>公路重油沥青操作工<br>压路机操作工<br>水泥混凝土摊铺机操作工<br>平地机操作工<br>混凝土泵工<br>工程机械装配与调试工 | 施工员<br>质检员<br>安全员<br>造价员(土建)<br>材料试验员<br>工程测量员<br>测量放线工<br>沥青混凝土摊铺机操作工<br>公路重油沥青操作工<br>压路机操作工<br>水泥混凝土摊铺机操作工<br>平地机操作工 | 高职:道路桥梁工程技术<br>本科:道路桥梁与渡河工程 |

续上表

| 专业类 | 专业名称 | 专业(技能)方向 | 对应职业(工种) | 职业资格证书举例 | 继续学习专业举例 |
|---|---|---|---|---|---|
| 土木水利类 | 铁道施工与养护 | 铁道桥隧施工与养护<br>铁道线路施工与养护<br>城市轨道施工与养护 | 施工员<br>造价员(土建)<br>工程测量员<br>试验员<br>铁路线路工<br>铁路桥隧工<br>道岔制修工 | 施工员<br>造价员(土建)<br>工程测量员<br>试验员<br>铁路线路工 | 高职:铁道工程技术<br>本科:交通工程 |
| 土木水利类 | 水利水电工程施工 | 水利工程运行与维护<br>施工工艺安全管理<br>工程质量与材料检测<br>施工监理<br>水利水电工程造价 | 施工员<br>质检员<br>安全员<br>材料试验员<br>造价员(土建)<br>信息资料员<br>工程测量员<br>测量放线工 | 施工员<br>质检员<br>安全员<br>材料试验员<br>造价员(土建)<br>信息资料员<br>工程测量员<br>测量放线工 | 高职:水利工程施工技术<br>水利水电建筑工程<br>水利水电工程管理<br>水利工程监理<br>本科:水利水电工程 |
| 土木水利类 | 工程测量 | 工程勘测<br>地形地籍测绘 | 工程测量员<br>房产测量员<br>地籍测绘员<br>测量放线员 | 工程测量员<br>房产测量员<br>地籍测绘员<br>测量放线工 | 高职:工程测量技术<br>本科:测绘工程 |
| 土木水利类 | 土建工程检测 | 土建工程材料检测<br>土建工程质量控制 | 材料试验员<br>室内装饰装修质量检验员<br>管道检验工 | 材料试验员<br>室内装饰装修质量检验员 | 高职:工程监理<br>本科:工程管理 |

续上表

| 专业类 | 专业名称 | 专业（技能）方向 | 对应职业（工种） | 职业资格证书举例 | 继续学习专业举例 |
|---|---|---|---|---|---|
| 土木水利类 | 工程机械运用与维修 | 工程机械营销与租赁<br>工程机械维修与管理<br>建筑起重机械装卸与操作 | 机修钳工<br>工程机械修理工<br>机械设备安装工<br>建筑机械管理员<br>建筑起重信号司索工<br>建筑起重机械司机<br>建筑起重机械安装拆卸工 | 机修钳工<br>工程机械修理工<br>机械设备安装工<br>建筑机械管理员<br>建筑起重信号司索工<br>建筑起重机械司机<br>建筑起重机械安装拆卸工 | 高职：工程机械运用与维护<br>本科：交通工程 |
| 加工制造类 | 钢铁冶炼 | 烧结与球团<br>炼铁<br>炼钢<br>铁合金冶炼 | 烧结工<br>平炉炼钢工<br>转炉炼钢工<br>电炉炼钢工<br>铁合金电炉冶炼工<br>铁合金湿法冶炼工<br>铁合金炉外法冶炼工<br>炼铁工<br>废热余压利用系统操作工 | 烧结工<br>电炉炼钢工<br>炼铁工 | 高职：冶金技术<br>金属材料与热处理技术<br>本科：冶金工程 |

续上表

| 专业类 | 专业名称 | 专业(技能)方向 | 对应职业(工种) | 职业资格证书举例 | 继续学习专业举例 |
|---|---|---|---|---|---|
| 加工制造类 | 金属压力加工 | 黑色金属压力加工<br>有色金属压力加工<br>金属制品生产 | 金属轧制工<br>酸洗工<br>金属材涂层工<br>金属材热处理工<br>焊管工<br>精整工<br>金属挤压工<br>铸轧工<br>轧制原料工<br>金属材丝拉拔工<br>冲压工<br>轧钢工 | 金属轧制工<br>酸洗工<br>金属材涂层工<br>金属材热处理工<br>焊管工<br>精整工<br>金属挤压工<br>铸轧工<br>轧制原料工<br>金属材丝拉拔工<br>冲压工<br>轧钢工 | 高职:金属材料与热处理<br>材料工程技术本科:材料科学与工程<br>金属材料工程 |
| 加工制造类 | 工程材料检测技术 | 材料化学检测<br>金属材料物理检测<br>无机非金属材料物理检测<br>节能与环境检测 | 建材化学分析工<br>材料成分检验工<br>材料物理性能检验工<br>合成材料测试员<br>建材物理检验工<br>室内环境检测员# | 建材化学分析工<br>化学分析工<br>材料物理性能检验工<br>合成材料测试员<br>建材物理检验工<br>室内环境检测员 | 高职:工业分析与检验<br>建筑装饰材料及检测<br>检测技术及应用<br>本科:材料科学与工程 |

续上表

| 专业类 | 专业名称 | 专业(技能)方向 | 对应职业(工种) | 职业资格证书举例 | 继续学习专业举例 |
|---|---|---|---|---|---|
| 加工制造类 | 钢铁装备运行与维护 | 钢铁冶炼机械<br>轧钢机械<br>黑色金属加工装备技术 | 维修电工<br>机修钳工<br>焊工<br>设备巡检工<br>设备点检员 | 维修电工<br>机修钳工<br>焊工<br>设备点检员 | 高职:冶金工艺与设备<br>设备应用与维护<br>本科:机械设计制造及其自动化 |
| 加工制造类 | 有色装备运行与维护 | 有色冶炼设备<br>有色金属加工装备技术 | 维修电工<br>机修钳工<br>焊工<br>设备巡检工 | 维修电工<br>机修钳工<br>焊工 | 高职:冶金工艺与设备<br>设备应用与维护<br>本科:机械设计制造及其自动化 |
| 加工制造类 | 建材装备运行与维护 | 水泥装备技术<br>玻璃装备技术<br>陶瓷装备技术<br>墙体材料装备技术 | 水泥生产巡检工<br>维修电工<br>机修钳工<br>焊工 | 水泥生产巡检工<br>维修电工<br>机修钳工<br>焊工 | 高职:机械制造与自动化<br>本科:机械设计制造及其自动化 |

续上表

| 专业类 | 专业名称 | 专业(技能)方向 | 对应职业(工种) | 职业资格证书举例 | 继续学习专业举例 |
|---|---|---|---|---|---|
| 加工制造类 | 有色金属冶炼 | 有色重金属冶炼<br>有色轻金属冶炼<br>稀贵金属冶炼<br>稀土金属冶炼<br>黄金冶炼 | 火法冶炼工<br>湿法冶炼工<br>氧化铝制取工<br>铝电解工<br>镁冶炼工<br>硅冶炼工<br>钨钼冶炼工<br>稀土冶炼工<br>贵金属冶炼工<br>硬质合金成型工<br>重冶备料工<br>焙烧工<br>电解精炼工<br>烟气制酸工<br>碳素煅烧工<br>碳素成型工<br>碳素焙烧工<br>钽铌冶炼工<br>钛冶炼工<br>锂冶炼工<br>硬质合金混合料制备工<br>硬质合金烧结工<br>硬质合金精加工工 | 火法冶炼工<br>湿法冶炼工<br>氧化铝制取工<br>铝电解工<br>镁冶炼工<br>硅冶炼工<br>钨钼冶炼工<br>稀土冶炼工<br>贵金属冶炼工<br>硬质合金成型工<br>重冶备料工<br>焙烧工<br>电解精炼工<br>烟气制酸工<br>碳素煅烧工<br>碳素成型工<br>碳素焙烧工<br>钽铌冶炼工<br>钛冶炼工<br>锂冶炼工<br>硬质合金混合料制备工<br>硬质合金烧结工<br>硬质合金精加工工 | 高职:冶金技术<br>本科:冶金工程<br>稀土工程<br>粉体材料科学与工程 |

续上表

| 专业类 | 专业名称 | 专业（技能）方向 | 对应职业（工种） | 职业资格证书举例 | 继续学习专业举例 |
|---|---|---|---|---|---|
| 加工制造类 | 建筑与工程材料 | 胶凝材料<br>防水材料<br>复合材料<br>装饰装修材料 | 材料成分检验工<br>材料物理性能检验工<br>加气混凝土制品工<br>纸面石膏板生产工<br>保温材料制造工<br>水泥制品工 | 建材质量控制工<br>建材物理检验工<br>加气混凝土制品工<br>纸面石膏板生产工<br>保温材料制造工 | 高职：高分子材料应用技术本科：复合材料与工程 |
| 加工制造类 | 硅酸盐工艺及工业控制 | 水泥工艺<br>玻璃工艺<br>陶瓷工艺<br>耐火材料工艺 | 水泥中央控制室操作员<br>建材化学分析工<br>材料成分检验工<br>浮法玻璃成型工<br>陶瓷烧成工<br>玻璃分析检验员<br>耐火材料烧成工<br>玻璃中控操作员<br>水泥生产制造工<br>霓虹灯制作员 | 水泥中央控制室操作员<br>建材化学分析工<br>建材质量控制工<br>浮法玻璃成型工<br>陶瓷烧成工<br>玻璃分析检验员<br>耐火材料烧成工<br>玻璃中控操作员<br>水泥生产制造工<br>霓虹灯制作员 | 高职：材料工程技术<br>本科：无机非金属材料工程 |

续上表

| 专业类 | 专业名称 | 专业（技能）方向 | 对应职业（工种） | 职业资格证书举例 | 继续学习专业举例 |
| --- | --- | --- | --- | --- | --- |
| 加工制造类 | 选矿技术 | 金属矿选矿<br>非金属矿选矿 | 筛选破碎工<br>重力选矿工<br>浮选工<br>磁选工<br>选矿脱水工<br>尾矿处理工<br>磨矿工<br>选矿与矿物加工工程技术人员☆ | 筛选破碎工<br>重力选矿工<br>浮选工<br>磁选工<br>选矿脱水工<br>尾矿处理工<br>磨矿工 | 高职：选矿技术<br>本科：矿物加工工程 |
| 加工制造类 | 机械制造技术 | 通用机械制造<br>工程机械制造<br>化工机械制造<br>冶金机械制造<br>农业机械制造<br>轻工机械制造<br>纺织机械制造<br>机械产品再制造技术 | 装配钳工<br>车工<br>铣工<br>数控车工<br>磨工<br>镗工<br>组合机床操作工<br>制齿工<br>刨插工<br>工具钳工 | 装配钳工<br>车工<br>铣工<br>数控车工<br>磨工<br>组合机床操作工<br>制齿工<br>工具钳工 | 高职：机械设计与制造<br>机械制造与自动化<br>机械制造工艺及设备<br>机械制造生产管理<br>本科：机械设计制造及其自动化<br>机械工程及自动化 |

续上表

| 专业类 | 专业名称 | 专业(技能)方向 | 对应职业(工种) | 职业资格证书举例 | 继续学习专业举例 |
|---|---|---|---|---|---|
| 加工制造类 | 机械加工技术 | 普通机床加工<br>数控机床加工<br>特种机械加工 | 车工<br>铣工<br>镗工<br>磨工<br>组合机床操作工<br>制齿工<br>刨插工<br>冲压工<br>剪切工<br>数控车工<br>数控铣工<br>磨具制造工 | 车工<br>铣工<br>磨工<br>组合机床操作工<br>制齿工<br>数控车工<br>数控铣工 | 高职：机械设计与制造<br>机械制造与自动化<br>机械制造工艺及设备<br>机械制造生产管理<br>特种加工技术<br>本科：机械设计制造及其自动化<br>机械工程及自动化 |
| 加工制造类 | 机电技术应用 | 机电设备安装与调试<br>自动化生产线运行<br>机电产品维修<br>机电产品营销 | 机修钳工<br>维修电工<br>装配钳工<br>工具钳工 | 机修钳工<br>维修电工<br>装配钳工<br>工具钳工 | 高职：机电一体化技术<br>机电设备维修与管理<br>自动化生产设备应用<br>本科：机械设计制造及其自动化<br>机械工程及自动化<br>电气工程及其自动化 |

续上表

| 专业类 | 专业名称 | 专业（技能）方向 | 对应职业（工种） | 职业资格证书举例 | 继续学习专业举例 |
| --- | --- | --- | --- | --- | --- |
| 加工制造类 | 数控技术应用 | 数控车削加工<br>数控铣削加工<br>加工中心加工<br>数控机床装调与维护 | 数控车工<br>数控铣工<br>加工中心操作工<br>数控机床装调维修工<br>数控程序员 | 数控车工<br>数控铣工<br>加工中心操作工<br>数控机床装调维修工<br>数控程序员 | 高职：数控技术<br>数控设备维修与管理<br>数控设备应用与维护<br>本科：机械设计制造及其自动化 |
| 加工制造类 | 模具制造技术 | 冷冲压模具制造<br>型腔模具制造<br>模具装调与维修 | 工具钳工<br>装配钳工<br>模具制造工<br>电切削工 | 工具钳工<br>装配钳工<br>模具制造工<br>电切削工 | 高职：模具设计与制造<br>材料成型与控制技术<br>本科：机械设计制造及其自动化<br>材料成型及控制工程 |
| 加工制造类 | 机电设备安装与维修 | 通用机电设备安装与维修<br>物流设备使用与维护<br>电梯运行与维护<br>机电设备管理与营销 | 工具钳工<br>装配钳工<br>机修钳工<br>维修电工<br>电梯安装维修工 | 工具钳工<br>装配钳工<br>机修钳工<br>维修电工 | 高职：机电设备维修与管理<br>电气设备应用与维护<br>机电一体化技术<br>自动化生产设备应用<br>本科：机械设计制造及其自动化<br>机械工程及自动化<br>电气工程及其自动化 |

续上表

| 专业类 | 专业名称 | 专业(技能)方向 | 对应职业(工种) | 职业资格证书举例 | 继续学习专业举例 |
|---|---|---|---|---|---|
| 加工制造类 | 汽车制造与检修 | 汽车装配与调试<br>汽车钣金与涂装<br>汽车营销<br>摩托车制造与维修<br>电动汽车制造与维修<br>拖拉机制造与维修 | 汽车修理工<br>汽车(拖拉机)装配工<br>汽车模型工<br>汽车饰件制造工<br>汽车生产线操作调整工<br>装配钳工<br>内燃机装配工<br>摩托车调试修理工<br>起重机驾驶员 | 汽车修理工<br>汽车(拖拉机)装配工<br>汽车模型工<br>汽车饰件制造工<br>汽车生产线操作调整工<br>装配钳工 | 高职:汽车制造与装配技术<br>汽车检测与维修技术<br>汽车技术服务与营销<br>本科:机械设计制造及其自动化<br>汽车服务工程<br>车辆工程 |
| 加工制造类 | 汽车电子技术应用 | 汽车智能管理系统安装与维护<br>汽车电子检测与维修 | 维修电工<br>汽车修理工<br>汽车维修电工 | 维修电工<br>汽车修理工<br>汽车维修电工 | 高职:汽车电子技术<br>应用电子技术<br>本科:电气工程及其自动化<br>电子科学与技术 |
| 加工制造类 | 船舶制造与修理 | 船舶舾装<br>船体建造<br>船舶修理 | 船体制造工<br>船舶电工<br>船舶涂装工<br>船舶内装工 | 船体制造工<br>船舶电工 | 高职:机械设计与制造<br>机械制造与自动化<br>船舶工程技术<br>本科:机械设计制造及其自动化<br>机械工程及自动化 |

续上表

| 专业类 | 专业名称 | 专业（技能）方向 | 对应职业（工种） | 职业资格证书举例 | 继续学习专业举例 |
|---|---|---|---|---|---|
| 加工制造类 | 船舶机械装置安装与维修 | 船舶管装 | 机修钳工<br>船舶电工<br>船舶机修工<br>船舶管装工<br>起重机驾驶员 | 机修钳工<br>船舶电工<br>船舶机修工 | 高职：机械设计与制造<br>机械制造与自动化<br>船舶工程技术<br>船舶检验<br>本科：机械设计制造及其自动化<br>机械工程及自动化 |
| 加工制造类 | 金属热加工 | 铸造<br>锻造<br>焊接<br>金属热处理 | 铸造工<br>锻造工<br>焊工<br>金属热处理工<br>物理金相实验工 | 铸造工<br>锻造工<br>焊工<br>金属热处理工 | 高职：机械设计与制造<br>金属材料与热处理技术<br>材料成型与控制技术<br>本科：金属材料工程<br>材料成型及控制工程 |
| 加工制造类 | 焊接技术应用 | 普通焊接<br>特种焊接<br>焊接自动化 | 焊工 | 焊工 | 高职：焊接技术及自动化<br>机械设计与制造<br>金属材料与热处理技术<br>材料成型与控制技术<br>本科：金属材料工程<br>材料成型及控制工程 |

续上表

| 专业类 | 专业名称 | 专业(技能)方向 | 对应职业(工种) | 职业资格证书举例 | 继续学习专业举例 |
| --- | --- | --- | --- | --- | --- |
| 加工制造类 | 机电产品检测技术应用 | 无损检测<br>压力容器检测 | 无损检测员<br>机电产品检验工 | 无损检测员 | 高职:检测技术及应用<br>本科:机械维修及检测技术教育<br>测控技术与仪器<br>机械设计制造及其自动化<br>电子科学与技术 |
| 加工制造类 | 金属表面处理技术应用 | 镀层技术<br>涂装技术 | 镀层工<br>涂装工 | 镀层工<br>涂装工 | 高职:金属材料与热处理技术<br>本科:金属材料工程 |
| 加工制造类 | 工业自动化仪表及应用 | 工业自动化仪表制造<br>工业自动化仪表营销<br>工业自动化仪器仪表装配与调校 | 工业自动化仪器仪表与装置装配工<br>工业自动化仪器仪表与装置修理工<br>电子仪器仪表装配工<br>电工仪器仪表装配工<br>精密仪器仪表修理工<br>仪器仪表元器件装调工<br>力学仪器仪表装配工<br>光电仪器仪表装调工<br>分析仪器仪表装配工<br>计时仪器仪表装配工<br>热工仪表及控制装置试验工<br>衡器装配调试工 | 工业自动化仪器仪表与装置装配工<br>工业自动化仪器仪表与装置修理工<br>电子仪器仪表装配工<br>电工仪器仪表装配工<br>精密仪器仪表修理工<br>衡器装配调试工 | 高职:电气自动化技术<br>电子仪器仪表与维修<br>机械设计与制造<br>精密机械技术<br>本科:电气工程及其自动化<br>测控技术与仪器<br>机械工程及自动化 |

续上表

| 专业类 | 专业名称 | 专业(技能)方向 | 对应职业(工种) | 职业资格证书举例 | 继续学习专业举例 |
|---|---|---|---|---|---|
| 加工制造类 | 医疗设备安装与维护 | 医疗设备维修与检测<br>医疗设备养护与管理<br>医疗设备产品营销 | 医疗器械装配工<br>医疗器械检验工 | | 高职:机械设计与制造<br>医疗器械制造与维护<br>医用电子仪器与维护<br>医学影像设备管理与维护<br>本科:机械设计制造及其自动化<br>医疗器械工程 |
| 加工制造类 | 电机电器制造与维修 | 电机制造与维修<br>电器制造与维修<br>变压器制造<br>电线电缆制造 | 电机装配工<br>常用电机检修工<br>高低压电器装配工<br>变压器、互感器装配工<br>线圈绕制工<br>铁心叠装工<br>绝缘制品件装配工<br>绝缘处理浸渍工 | 电机装配工<br>常用电机检修工<br>高低压电器装配工<br>铁心叠装工<br>绝缘制品件装配工<br>电子变压器线圈绕制工 | 高职:电机与电器<br>电气工程技术<br>本科:电气工程及其自动化<br>电气工程与自动化 |

续上表

| 专业类 | 专业名称 | 专业（技能）方向 | 对应职业（工种） | 职业资格证书举例 | 继续学习专业举例 |
|---|---|---|---|---|---|
| 加工制造类 | 光电仪器制造与维修 | 光电器件制造与应用<br>光电仪器营销 | 光电仪器仪表装调工<br>仪器仪表元件制造工<br>激光头制造工<br>光学晶体制造工 | 激光头制造工<br>光学晶体制造工 | 高职：精密机械技术<br>本科：光电信息工程<br>光电子技术科学<br>信息显示与光电技术 |
| 加工制造类 | 制冷和空调设备运行与维修 | 空调设备安装与维修<br>中央空调运行管理 | 制冷工<br>中央空调系统操作工<br>空调器装配工 | 制冷工<br>中央空调系统操作员<br>空调器装配工 | 高职：制冷与冷藏技术<br>供热通风与空调工程技术<br>本科：建筑环境与设备工程 |
| 加工制造类 | 电气运行与控制 | 电气控制系统运行与维修<br>电气设备安装与维护<br>供用电系统运行与维护<br>电梯运行与维护 | 电气设备安装工<br>变电设备安装工<br>常用电机检修工<br>维修电工<br>电梯安装维修工<br>电气值班员 | 电气设备安装工<br>变电设备安装工<br>常用电机检修工<br>维修电工<br>电气值班员 | 高职：电气自动化技术<br>供用电技术<br>建筑电气工程技术<br>电力系统自动化技术<br>本科：电气工程及其自动化<br>电气工程与自动化 |

续上表

| 专业类 | 专业名称 | 专业(技能)方向 | 对应职业(工种) | 职业资格证书举例 | 继续学习专业举例 |
|---|---|---|---|---|---|
| 加工制造类 | 电气技术应用 | 电气设备安装与维护<br>变电设备安装与维护<br>企业供电技术<br>建筑电气安装与维护 | 电气设备安装工<br>变电设备安装工<br>变配电室值班电工<br>常用电机检修工<br>维修电工 | 电气设备安装工<br>变电设备安装工<br>变配电室值班电工<br>常用电机检修工<br>维修电工 | 高职:电气自动化技术<br>建筑电气工程技术<br>电力系统自动化技术<br>供用电技术<br>建筑电气工程技术<br>农村电气化技术本科:电气工程及其自动化<br>电气工程与自动化 |
| 加工制造类 | 电子材料与元器件制造 | 电光源技术<br>电子器件制造技术<br>电子元件制造技术 | 电子器件检验工<br>电容器制造工<br>真空电子器件化学零件制造工<br>电极丝制造工<br>真空电子器件金属零件制造工<br>真空电子器件装配工<br>真空电子器件装调工<br>电子用水制备工<br>电子设备装接工<br>单晶片加工工<br>电子真空镀膜工<br>电阻器制造工<br>电子产品制版工<br>印制电路制作工<br>电子绝缘与介质材料制造工 | 电子元器件检验员<br>真空电子器件化学零件制造工<br>真空电子器件金属零件制造工<br>真空电子器件装配工<br>真空电子器件装调工<br>电子设备装接工<br>电子产品制版工<br>印制电路制作工<br>接插件制造工 | 高职:电子工艺与管理;<br>本科:电子信息科学与技术<br>电子信息工程 |

续上表

| 专业类 | 专业名称 | 专业(技能)方向 | 对应职业(工种) | 职业资格证书举例 | 继续学习专业举例 |
|---|---|---|---|---|---|
| 加工制造类 | 电子电器应用与维修 | 音视频产品应用与维修<br>日用电器产品应用与维修<br>办公自动化设备应用与维修 | 家用电器产品维修工<br>家用电子产品维修工<br>办公设备维修工<br>音视频设备检验员<br>电子设备装接工<br>维修电工 | 家用电器产品维修工<br>家用电子产品维修工<br>办公设备维修工<br>音视频设备检验员<br>电子设备装接工<br>维修电工 | 高职:电子声像技术<br>计算机硬件与外设<br>应用电子技术<br>本科:电子信息工程 |
| 加工制造类 | 微电子技术与器件制造 | | 电子器件检验工<br>液晶显示器件制造工<br>半导体芯片制造工<br>半导体分立器件、集成电路装调工<br>单晶片加工工<br>电子真空镀膜工<br>集成电路测试员 | 电子元器件检验员<br>半导体芯片制造工<br>半导体分立器件、集成电路装调工<br>集成电路测试员 | 高职:电子工艺与管理<br>微电子技术<br>本科:电子科学与技术<br>微电子学<br>微电子制造工程 |
| 石油化工类 | 化学工艺 | 石油化工<br>基本有机化工<br>无机化工<br>煤化工<br>天然气化工<br>盐化工<br>高分子化工 | 化工产品生产通用工艺人员<br>煤化工生产人员<br>化学肥料生产人员<br>无机化学产品生产人员<br>基本有机化学产品生产人员<br>合成树脂生产人员<br>精细化工产品生产人员 | 化工总控工<br>化工工艺试验工<br>无机化学反应工<br>有机合成工<br>化工生产操作工 | 高职:应用化工技术<br>有机化工生产技术<br>本科:化学工程与工艺 |

续上表

| 专业类 | 专业名称 | 专业（技能）方向 | 对应职业（工种） | 职业资格证书举例 | 继续学习专业举例 |
|---|---|---|---|---|---|
| 石油化工类 | 工业分析与检验 | 化工分析<br>质量检验 | 化学检验工<br>材料成分检验工<br>材料物理性能检验工<br>食品检验工<br>电厂水化验员<br>水质检验工<br>煤气化验工<br>锅炉水质化验工<br>化验分析工<br>产品化验分析工<br>仪器分析工 | 化学检验工<br>材料物理性能检验工<br>食品检验工 | 高职：工业分析与检验<br>本科：化学工程与工艺 |
| 石油化工类 | 石油炼制 | | 燃料油生产工<br>润滑油、脂生产工<br>石油产品精制工<br>油制气工 | 燃料油生产工<br>润滑油、脂生产工<br>石油产品精制工<br>油制气工 | 高职：炼油技术<br>石油化工生产技术<br>本科：化学工程与工艺 |
| 石油化工类 | 化工机械与设备 | 化工机械安装与调试<br>化工管路安装与试压<br>化工生产装置维修<br>化工设备腐蚀与防护<br>化工机器检测与故障诊断 | 化工检修钳工<br>化工检修焊工<br>化工检修铆工<br>化工检修管工<br>防腐蚀工<br>化工清洗工<br>带温带压堵漏工 | 化工检修钳工　化工清洗工<br>带温带压堵漏工 | 高职：化工生产装备技术<br>本科：过程装备与控制技术 |

续上表

| 专业类 | 专业名称 | 专业(技能)方向 | 对应职业(工种) | 职业资格证书举例 | 继续学习专业举例 |
|---|---|---|---|---|---|
| 石油化工类 | 化工仪表及自动化 | 化工仪表及自动化系统安装与维修<br>化工仪表及自动化产品营销 | 化工仪表维修工<br>热工仪表及控制装置安装试验工<br>工业自动化仪器仪表与装置修理工<br>维修电工 | 化工仪表维修工<br>化工自动化设备及系统维护工<br>维修电工 | 高职:生产过程自动化技术<br>本科:电气工程及其自动化 |
| 石油化工类 | 精细化工 | 化学制药<br>日用化工<br>涂料与胶黏剂<br>食品添加剂<br>饲料添加剂<br>精细化学品营销 | 蒸馏工<br>化工工艺试验工<br>有机合成工<br>农药生物测试试验工<br>染料应用试验工<br>染料生产工<br>催化剂制造工<br>催化剂试验工<br>涂料合成树脂工<br>制漆配色调制工<br>化学试剂制造工<br>化工添加剂制造工 | 化工工艺试验工<br>有机合成工<br>染料生产工<br>化学试剂制造工<br>化工添加剂制造工 | 高职:精细化学品生产技术<br>应用化工技术<br>本科:化学工程与工艺 |
| 石油化工类 | 生物化工 | 生物制药技术 | 化学合成制药工<br>生化药品制造工<br>发酵工程制药工<br>疫苗制品工<br>基因工程产品工<br>药物检验工<br>酶制剂制造工 | 酶制剂制造工 | 高职:生物化工工艺<br>生物技术及应用<br>生物制药技术<br>本科:生物工程<br>制药工程 |

续上表

| 专业类 | 专业名称 | 专业（技能）方向 | 对应职业（工种） | 职业资格证书举例 | 继续学习专业举例 |
|---|---|---|---|---|---|
| 石油化工类 | 高分子材料加工工艺 | 塑料加工工艺<br>橡胶加工工艺<br>高分子复合材料加工工艺 | 橡胶制品生产人员<br>塑料制品配料工<br>塑料制品成型制作工<br>其他橡胶和塑料制品加工人员<br>复合材料加工人员<br>合成材料测试员 | 塑料制品配料工<br>塑料制品成型制作工<br>橡胶炼胶工<br>橡胶成型工<br>合成材料测试员 | 高职：高聚物生产技术<br>应用化工技术<br>本科：化学工程与工艺 |
| 石油化工类 | 橡胶工艺 | | 橡胶炼胶工<br>橡胶半成品制造工<br>橡胶成型工<br>橡胶硫化工<br>废胶再生工<br>轮胎翻修工<br>橡胶制品配料工 | 橡胶炼胶工<br>橡胶成型工<br>橡胶硫化工<br>轮胎翻修工 | 高职：应用化工技术<br>高聚物生产技术<br>本科：化学工程与工艺 |
| 石油化工类 | 林产化工 | | 松香工<br>松节油制品工<br>活性炭生产工<br>栲胶生产工<br>紫胶生产工<br>栓皮制品工<br>木材水解工 | 滴水法松香工 | 高职：应用化工技术<br>本科：化学工程与工艺 |

续上表

| 专业类 | 专业名称 | 专业（技能）方向 | 对应职业（工种） | 职业资格证书举例 | 继续学习专业举例 |
| --- | --- | --- | --- | --- | --- |
| 石油化工类 | 核化学化工 | | | | 高职：应用化工技术<br>本科：化学工程与工艺 |
| 石油化工类 | 火炸药技术 | 火炸药技术应用<br>民爆器材管理及安全技术 | 单基火药制造工<br>双基火药制造工<br>多基火药制造工<br>黑火药制造工<br>混合火药制造工<br>单质炸药制造工<br>混合炸药制造工<br>起爆药制造工<br>含水炸药制造工 | 黑火药制造工<br>单质炸药制造工 | 高职：应用化工技术<br>本科：化学工程与工艺 |
| 石油化工类 | 花炮生产与管理 | 烟花爆竹生产<br>烟花爆竹技术和安全管理<br>烟花爆竹燃放 | 烟花爆竹制作工 | 烟花爆竹燃放资格证 | 高职：应用化工技术<br>本科：化学工程与工艺 |

续上表

| 专业类 | 专业名称 | 专业(技能)方向 | 对应职业(工种) | 职业资格证书举例 | 继续学习专业举例 |
|---|---|---|---|---|---|
| 轻纺食品类 | 制浆造纸工艺 | 制浆工艺<br>造纸技术<br>造纸分析与检测<br>制浆造纸机械使用与维护管理 | 制浆备料工<br>制浆设备操作工<br>制浆废液回收利用工<br>造纸工<br>纸张整饰工<br>宣纸书画纸制作工<br>化学检验工 | 化学检验工 | 高职:制浆造纸技术<br>本科:轻化工程 |
| 轻纺食品类 | 平面媒体印制技术 | 印刷工艺<br>印前设计与制作<br>电脑制版<br>特种印刷<br>印刷设备的使用与维护 | 网版制版工<br>平版印刷工<br>柔性版印刷工<br>网版印刷工<br>印前制作员<br>凹版印刷工<br>孔版印刷工<br>装订工<br>印品整饰工 | 网版制版工<br>平版印刷工<br>柔性版印刷工<br>网版印刷工<br>印前制作员 | 高职:印刷技术<br>印刷图文信息处理<br>本科:印刷工程 |
| 轻纺食品类 | 塑料成型 | 塑料成型模具<br>塑料成型工艺<br>塑料原材料及制品检测 | 塑料制品配料工<br>塑料制品成型制作工 |  | 高职:高分子材料加工技术<br>本科:轻化工程 |

续上表

| 专业类 | 专业名称 | 专业(技能)方向 | 对应职业(工种) | 职业资格证书举例 | 继续学习专业举例 |
|---|---|---|---|---|---|
| 轻纺食品类 | 纺织技术及营销 | 纺纱工艺<br>机织工艺<br>纺织机械维护与管理<br>纺织品设计<br>纺织品检测<br>纺织品营销 | 粗纱工<br>细纱工<br>浆纱工<br>整经工<br>织布工<br>纺织面料设计师<br>纺织纤维检验工<br>机织面料工艺分析工<br>纺织面料成分检测工<br>纺纱工程技术人员☆<br>织造工程技术人员☆<br>家用纺织品设计师☆ | 粗纱工<br>细纱工<br>浆纱工<br>整经工<br>织布工<br>纺织面料设计员<br>纺织纤维检验工<br>推销员 | 高职:现代纺织技术<br>新型纺织机电技术<br>纺织品检验与贸易<br>本科:纺织工程 |
| 轻纺食品类 | 纺织高分子材料工艺 | 化学纤维工艺<br>纺织复合材料工艺 | 化纤后处理工<br>纺织纤维检验工<br>纺织面料设计师 | 化纤后处理工<br>纺织纤维检验工<br>纺织面料设计员 | 高职:现代纺织技术<br>高分子材料加工技术<br>本科:纺织工程<br>非织造材料与工程 |

续上表

| 专业类 | 专业名称 | 专业(技能)方向 | 对应职业(工种) | 职业资格证书举例 | 继续学习专业举例 |
|---|---|---|---|---|---|
| 轻纺食品类 | 丝绸工艺 | 制丝工艺<br>丝织工艺<br>绢纺工艺 | 缫丝工<br>选剥煮茧工<br>织布工<br>细纱工<br>浆纱工<br>整经工<br>纺织纤维检验工<br>纺织面料设计师<br>纺织染色工<br>印花工<br>煮炼漂工<br>印染工艺检验工<br>纺纱工程技术人员☆<br>织造工程技术人员☆ | 缫丝工<br>织布工<br>细纱工<br>浆纱工<br>整经工<br>纺织纤维检验工<br>纺织面料设计员 | 高职:丝绸技术<br>本科:纺织工程 |
| 轻纺食品类 | 染整技术 | 印染工艺<br>印染检测 | 纺织染色工<br>印花工<br>煮炼漂工<br>印染烧毛工<br>印染丝光工<br>印染定型工<br>印染后整理工<br>印染工艺检验工<br>印染工艺仿样(色)工<br>染色小样工<br>坯布检查处理工<br>印染成品定等装潢工<br>印染染化料配制工 | 纺织染色工<br>印花工<br>煮炼漂工<br>印染烧毛工<br>印染丝光工<br>印染定型工<br>印染工艺检验工<br>印染染化料配制工 | 高职:染整技术<br>本科:轻化工程 |

续上表

| 专业类 | 专业名称 | 专业(技能)方向 | 对应职业(工种) | 职业资格证书举例 | 继续学习专业举例 |
| --- | --- | --- | --- | --- | --- |
| 轻纺食品类 | 针织工艺 | 针织纬编横机工艺<br>针织纬编圆机工艺<br>针织经编工艺 | 纬编工<br>经编工<br>横机工<br>针织大圆机挡车工<br>针织横机编织工<br>针织大圆机调机工<br>织袜工<br>织物验修工<br>纺织面料设计师 | 整经工<br>浆纱工<br>穿经工<br>织布工<br>纺织面料设计员 | 高职:针织技术与针织服装<br>本科:纺织工程 |
| 轻纺食品类 | 服装制作与生产管理 | 服装 CAD 技术应用<br>服装单证与质量管理<br>服装物料管理<br>服装生产流程管理<br>服装制作 | 服装制作工<br>裁剪工<br>缝纫工<br>服装鞋帽检验工<br>缝纫品整型工<br>剧装工<br>缝纫制品充填处理工<br>服装水洗工<br>影视服装员<br>服装生产跟单员<br>服装设计人员 | 服装制作工<br>服装生产跟单员 | 高职:服装设计<br>本科:服装设计与工程 |

续上表

| 专业类 | 专业名称 | 专业(技能)方向 | 对应职业(工种) | 职业资格证书举例 | 继续学习专业举例 |
|---|---|---|---|---|---|
| 轻纺食品类 | 皮革工艺 | 皮革制作<br>毛皮工艺 | 制鞋工<br>皮革加工工<br>毛皮加工工<br>皮具设计师☆ | 制鞋工<br>皮革加工工<br>毛皮加工工 | 高职:服装设计<br>本科:服装设计与工程 |
| 轻纺食品类 | 食品生物工艺 | 食品加工技术<br>食品发酵技术<br>食品营养与检测<br>食品贮运与营销<br>食品机械使用与维护 | 冷藏工<br>烘焙工<br>饮料制作工<br>食品检验工<br>公共营养师<br>乳品加工工<br>食糖制造工<br>冷食品制作工<br>食用调料制作工<br>油脂制品工<br>豆制品制作工<br>糖果工艺师☆<br>品酒师☆<br>乳品评鉴师☆ | 冷藏工<br>烘焙工<br>饮料制作工<br>食品检验工<br>公共营养师(四级)<br>乳品加工工 | 高职:食品生物技术<br>食品加工技术<br>食品营养与检测<br>食品机械与管理<br>本科:食品科学与工程 |
| 轻纺食品类 | 民族风味食品加工制作 | 乳制品加工技术<br>面点加工技术<br>特色饮品酿造技术<br>肉类食品加工技术 | 饮料制作工<br>果露酒酿造工<br>乳品加工工<br>中式烹调师<br>中式面点师<br>坚果炒货工艺师☆ | 饮料制作工<br>果露酒酿造工<br>乳品加工工<br>中式烹调师(中级)<br>中式面点师(中级) | 高职:食品加工及管理<br>烹饪工艺与营养<br>本科:烹饪与营养教育 |

续上表

| 专业类 | 专业名称 | 专业(技能)方向 | 对应职业(工种) | 职业资格证书举例 | 继续学习专业举例 |
|---|---|---|---|---|---|
| 轻纺食品类 | 粮油饲料加工技术 | 粮食加工与检验<br>饲料加工与营销<br>油脂制取与检验 | 制米工<br>制粉工<br>制油工<br>粮油质量检验员<br>饲料检验化验员<br>饲料厂中央控制室操作工<br>饲料加工设备维修工<br>饲料配料混合工<br>饲料制粒工<br>饲料添加剂预混工 | 制米工<br>制粉工<br>制油工<br>粮油质量检验员<br>饲料检验化验员<br>饲料厂中央控制室操作工<br>饲料加工设备维修工 | 高职:粮食工程<br>食品机械与管理<br>本科:食品科学与工程 |
| 轻纺食品类 | 粮油储运与检验技术 | 粮油储运与营销<br>粮油检验技术<br>饲料营养与检测 | 粮油保管员<br>粮油质量检验员<br>饲料检验化验员<br>粮油竞价交易员<br>粮油购销员<br>粮仓机械员<br>粮库中央控制室操作工<br>粮油信息员 | 粮油保管员<br>粮油质量检验员<br>饲料检验化验员<br>粮油竞价交易员<br>粮油购销员 | 高职:粮食工程<br>食品贮运与营销<br>食品营养与检测<br>本科:食品科学与工程 |

续上表

| 专业类 | 专业名称 | 专业(技能)方向 | 对应职业(工种) | 职业资格证书举例 | 继续学习专业举例 |
|---|---|---|---|---|---|
| 轻纺食品类 | 家具设计与制作 | 实木家具设计与制作<br>软体家具设计与制作<br>板式家具设计与制作<br>家具营销与管理 | 家具设计师<br>手工木工<br>精细木工<br>机械木工<br>木材及家具检验工<br>家具砂光工<br>家具喷涂工<br>家具砂磨工<br>家具涂饰工 | 家具设计师(四级)<br>手工木工<br>精细木工 | 高职:雕刻艺术与家具设计<br>本科:艺术设计 |
| 交通运输类 | 铁道运输管理 | 铁路运输行车组织<br>铁路运输客货服务 | 调车长<br>连接员<br>制动员<br>扳道员<br>车号员<br>货运员<br>铁路客运员<br>列车员 | 调车长<br>连接员<br>制动员<br>扳道员<br>车号员<br>货运员<br>铁路客运员<br>列车员 | 高职:铁道运输经济<br>本科:交通运输 |
| 交通运输类 | 电力机车运用与检修 | 电力机车检修<br>电力机车运用 | 电力机车钳工<br>机车电工<br>电力机车司机<br>机车检查保养员<br>机车整备工<br>制动钳工 | 电力机车钳工<br>机车电工<br>电力机车司机<br>机车检查保养员<br>机车整备工<br>制动钳工 | 高职:铁道机车车辆<br>本科:交通运输<br>机械工程及自动化<br>电气工程及其自动化 |

续上表

| 专业类 | 专业名称 | 专业(技能)方向 | 对应职业(工种) | 职业资格证书举例 | 继续学习专业举例 |
| --- | --- | --- | --- | --- | --- |
| 交通运输类 | 内燃机车运用与检修 | 内燃机车检修<br>内燃机车运用 | 内燃机车钳工<br>机车电工<br>内燃机车司机<br>轨道车司机<br>大型线路机械司机<br>机车检查保养员<br>机车整备工<br>制动钳工 | 内燃机车钳工<br>机车电工<br>内燃机车司机<br>轨道车司机<br>大型线路机械司机<br>机车检查保养员<br>机车整备工<br>制动钳工 | 高职:铁道机车车辆<br>铁道车辆<br>本科:交通运输<br>机械工程及自动化 |
| 交通运输类 | 铁道车辆运用与检修 | 铁道客运车辆运用与检修<br>铁道货运车辆运用与检修<br>铁道客车空调检修 | 车辆钳工<br>车辆电工<br>制动钳工<br>发电车乘务员<br>列车轴温检测员<br>检车员 | 车辆钳工<br>车辆电工<br>制动钳工<br>发电车乘务员<br>列车轴温检测员<br>检车员 | 高职:铁道车辆<br>本科:交通运输<br>车辆工程 |
| 交通运输类 | 电气化铁道供电 | 牵引供电运行与检修<br>接触网运行与检修 | 变电站值班员<br>接触网工<br>电力线路工<br>维修电工 | 变电站值班员<br>接触网工<br>电力线路工<br>维修电工 | 高职:电气化铁道技术<br>本科:交通运输 |

续上表

| 专业类 | 专业名称 | 专业(技能)方向 | 对应职业(工种) | 职业资格证书举例 | 继续学习专业举例 |
|---|---|---|---|---|---|
| 交通运输类 | 铁道信号 | 铁道信号系统运行<br>信号设备安装、调试与维修 | 铁路信号工<br>信号钳工<br>信号组调工<br>信号员 | 铁路信号工<br>信号钳工<br>信号组调工<br>信号员 | 高职:铁道通信信号<br>本科:交通运输 |
| 交通运输类 | 城市轨道交通运营管理 | 城市轨道交通客运服务<br>车站管理 | 城市轨道交通车站站务员<br>城市轨道交通行车值班员 | 车站值班员<br>站务员 | 高职:城市轨道交通运营管理<br>本科:交通运输 |
| 交通运输类 | 城市轨道交通车辆运用与检修 | 城市轨道交通车辆驾驶<br>城市轨道交通车辆检修 | 电力机车司机<br>电动列车电气钳工#<br>电动列车机械钳工#<br>车辆钳工 | 电力机车司机<br>电力机车钳工<br>机车电工<br>车辆钳工 | 高职:城市轨道交通车辆<br>本科:交通运输 |
| 交通运输类 | 城市轨道交通供电 | 变电站供电运行与检修<br>接触网(轨)施工与检修 | 变电站值班员<br>城轨接触网检修工<br>维修电工<br>其他电力设备安装、运行、检修及供电人员 | 变电站值班员<br>城轨接触网检修工<br>维修电工 | 高职:城市轨道交通控制<br>本科:交通运输 |

续上表

| 专业类 | 专业名称 | 专业（技能）方向 | 对应职业（工种） | 职业资格证书举例 | 继续学习专业举例 |
|---|---|---|---|---|---|
| 交通运输类 | 城市轨道交通信号 | 城市轨道交通信号运行<br>城市轨道交通信号设备检修 | 地铁列车信号工#<br>地铁行车监控信号工#<br>信号钳工<br>信号组调工<br>信号员 | 铁路信号工<br>信号钳工<br>信号组调工<br>信号员 | 高职：城市轨道交通控制<br>本科：交通运输 |
| 交通运输类 | 船舶驾驶 | 航运管理<br>船舶业务 | 船舶驾驶员<br>船舶水手 | 船舶驾驶员<br>船舶水手 | 高职：航海技术<br>本科：航海技术 |
| 交通运输类 | 轮机管理 | 船舶机械设备运用与维修<br>船舶电气设备运用与维修 | 船舶轮机员<br>船舶机工<br>船舶电工<br>船舶甲板设备操作工<br>船舶机舱设备操作工<br>燃气轮机运行值班员 | 船舶轮机员<br>船舶机工<br>船舶电工<br>船舶甲板设备操作工<br>船舶机舱设备操作工<br>燃气轮机运行值班员 | 高职：轮机工程技术<br>本科：轮机工程 |
| 交通运输类 | 船舶水手与机工 | | 船舶水手<br>船舶轮机员<br>船舶机工<br>船舶电工<br>船舶甲板设备操作工<br>船舶机舱设备操作工 | 船舶水手<br>船舶轮机员<br>船舶机工<br>船舶电工<br>船舶甲板设备操作工<br>船舶机舱设备操作工 | 高职：轮机工程技术<br>本科：轮机工程 |

续上表

| 专业类 | 专业名称 | 专业(技能)方向 | 对应职业(工种) | 职业资格证书举例 | 继续学习专业举例 |
|---|---|---|---|---|---|
| 交通运输类 | 船舶电气技术 | 船舶电气管理<br>船舶电气装调 | 船舶电工<br>船舶修理工<br>船舶电气装配工 | 船舶电工 | 高职:船舶工程技术<br>本科:船舶工程技术 |
| 交通运输类 | 船舶通信与导航 | 船舶通信与导航设备运用<br>电子仪器设备维修 | 船舶电工<br>通信设备检验工<br>船舶引航员 | 船舶电工<br>通信设备检验工 | 高职:通信技术<br>电子设备与运行管理<br>本科:船舶电子电气工程 |
| 交通运输类 | 外轮理货 | 集装箱运输理货管理<br>外轮理货电子商务化管理 | 船舶理货员<br>港口理货员 | 船舶理货员<br>港口理货员 | 高职:国际航运业务管理<br>本科:交通运输 |
| 交通运输类 | 船舶检验 | | 船舶电焊工<br>船舶电工<br>船舶修理工 | 船舶电焊工<br>船舶电工 | 高职:船舶检验<br>本科:交通运输 |
| 交通运输类 | 港口机械运行与维护 | | 起重装卸机械操作工<br>皮带输送机操作工<br>港机检查工 | 起重装卸机械操作工<br>皮带输送机操作工<br>港机检查工 | 高职:港口物流设备与自动控制<br>本科:机械工程及自动化 |

续上表

| 专业类 | 专业名称 | 专业(技能)方向 | 对应职业(工种) | 职业资格证书举例 | 继续学习专业举例 |
|---|---|---|---|---|---|
| 交通运输类 | 工程潜水 | 水下切割与焊接<br>水下目视检测<br>水下打捞 | 潜水员<br>航道潜水员 | 潜水员<br>航道潜水员 | 高职:航道工程技术<br>本科:港口航道与海岸工程 |
| 交通运输类 | 水路运输管理 | | 港口客运员<br>物流员 | 港口客运员<br>物流员 | 高职:水运管理<br>本科:交通运输 |
| 交通运输类 | 民航运输 | | 民航客票销售<br>民航值机<br>载重平衡<br>行李运输<br>民航货运销售<br>空港货运操作<br>机场场务员 | 民航售票员<br>民航客运员<br>民航货运员<br>民航客运销售代理<br>民航货运销售代理<br>机场场务员 | 高职:民航运输<br>本科:交通运输 |
| 交通运输类 | 飞机维修 | 飞机机电维修<br>飞机电子维修<br>飞机发动机维修<br>飞机结构维修 | 飞机机械和电气设备维护及修理<br>飞机电子设备维护及修理<br>飞机发动机部附件拆装检查及维修<br>飞机机体结构件损伤检查及结构维修 | 机修钳工<br>维修电工 | 高职:航空机电设备维修<br>本科:交通运输 |

续上表

| 专业类 | 专业名称 | 专业(技能)方向 | 对应职业(工种) | 职业资格证书举例 | 继续学习专业举例 |
|---|---|---|---|---|---|
| 交通运输类 | 航空服务 | 民航安全检查<br>航空地面服务<br>空中乘务 | 民航乘务员<br>候机楼服务<br>登机服务<br>民航贵宾室服务<br>民航证件检查<br>民航人身检查<br>民航行李和货物检查 | 民航乘务员<br>民航安全检查员<br>民航客运员<br>民航货运员 | 高职:航空服务<br>本科:交通运输 |
| 交通运输类 | 航空油料管理 | | 航空油料储运员<br>飞机加油员<br>油料计量统计员<br>油料特种设备修理员 | 航空油料储运员<br>飞机加油员<br>油料计量统计员<br>油料特种设备修理员 | 高职:航空油料管理和应用<br>本科:交通运输 |
| 交通运输类 | 汽车运用与维修 | 汽车机修<br>汽车电器维修<br>汽车性能检测<br>汽车维修业务接待 | 汽车机械及控制系统维修#<br>汽车电器维修#<br>汽车维修质量检验#<br>车辆技术评估#<br>汽车维修业务接待#<br>汽车及零配件销售#<br>汽车驾驶<br>汽车(拖拉机)装配<br>汽车玻璃维修工 | 机动车维修从业人员(机修人员、电器维修人员、维修质量检验员、车辆技术评估员)资格证<br>汽车维修工<br>汽车维修电工<br>汽车玻璃维修工 | 高职:汽车检测与维修技术<br>本科:汽车服务工程 |

续上表

| 专业类 | 专业名称 | 专业(技能)方向 | 对应职业(工种) | 职业资格证书举例 | 继续学习专业举例 |
|---|---|---|---|---|---|
| 交通运输类 | 汽车车身修复 | 汽车钣金<br>汽车涂装<br>事故汽车定损 | 钣金(车身修复)#<br>涂漆(车身涂装)#<br>事故汽车定损员#<br>汽车美容#<br>车身修复设备及材料销售# | 机动车维修从业人员(钣金人员、涂漆人员)资格证 | 高职:汽车技术服务与营销<br>本科:汽车服务工程 |
| 交通运输类 | 汽车美容与装潢 | 汽车内外清洁<br>汽车美容<br>汽车装潢 | 汽车清洗#<br>汽车美容#<br>汽车装饰#<br>汽车美容与装潢设备及材料销售# | | 高职:汽车整形技术<br>本科:汽车服务工程 |
| 交通运输类 | 汽车整车与配件营销 | 汽车整车营销<br>二手汽车营销<br>汽车零部件营销<br>汽车保险代理 | 汽车销售#<br>二手汽车销售#<br>汽车零部件销售#<br>汽车保险代理#<br>营销师 | 营销师 | 高职:汽车技术服务与营销<br>本科:市场营销 |
| 交通运输类 | 公路运输管理 | | 汽车运输调度员<br>汽车货运站务员<br>汽车客运服务员<br>公路收费及监控员<br>物流员 | 汽车运输调度员<br>汽车货运站务员<br>汽车客运服务员<br>公路收费及监控员<br>物流员 | 高职:公路运输与管理<br>本科:交通运输 |

续上表

| 专业类 | 专业名称 | 专业(技能)方向 | 对应职业(工种) | 职业资格证书举例 | 继续学习专业举例 |
|---|---|---|---|---|---|
| 交通运输类 | 公路养护与管理 | | 筑路机械操作工<br>筑路、养护工<br>工程测量员<br>测量放线工 | 筑路机械操作工<br>筑路、养护工<br>工程测量员<br>测量放线工 | 高职:高等级公路维护与管理<br>本科:交通运输 |
| 信息技术类 | 计算机应用 | 办公自动化技术<br>计算机专业排版<br>计算机信息管理<br>计算机设备维护与营销 | 计算机操作员<br>打字员<br>电子计算机(微机)装配调试员<br>计算机检验工<br>计算机硬件技术人员☆<br>计算机软件技术人员☆ | 计算机操作员<br>电子计算机(微机)装配调试员<br>计算机检验员 | 高职:计算机应用技术<br>计算机系统维护<br>计算机信息管理<br>计算机教育<br>本科:计算机科学与技术<br>信息工程 |
| 信息技术类 | 数字媒体技术应用 | 数字影像拍摄<br>数字成像及后期处理技术<br>数字视频(DV)拍摄与制作<br>数字影音后期制作<br>计算机乐谱与MIDI音乐制作<br>彩铃与手机动画制作<br>数字音像设备使用与维护<br>音效合成与编辑技术 | 计算机操作员<br>多媒体作品制作员<br>数字视频(DV)策划制作师<br>数字视频合成师<br>音视频设备检验员<br>音响调音员<br>计算机乐谱制作师<br>网络课件设计师<br>电子音乐制作师<br>彩铃、彩信制作员# | 计算机操作员<br>多媒体作品制作员<br>数字视频合成师(四级)<br>音视频设备检验员<br>音响调音员<br>计算机乐谱制作师(四级)<br>网络课件设计师(四级) | 高职:计算机应用技术<br>计算机多媒体技术<br>数字媒体技术<br>本科:计算机科学与技术<br>数字媒体技术 |

续上表

| 专业类 | 专业名称 | 专业(技能)方向 | 对应职业(工种) | 职业资格证书举例 | 继续学习专业举例 |
|---|---|---|---|---|---|
| 信息技术类 | 计算机平面设计 | 桌面排版技术<br>图文信息处理<br>平面广告设计与制作<br>工程效果设计<br>数码照片艺术处理 | 计算机操作员<br>多媒体作品制作员<br>装潢美术设计人员<br>广告设计人员<br>印前制作员 | 计算机操作员<br>多媒体作品制作员<br>印前制作员 | 高职:计算机多媒体技术<br>图形图像制作<br>三维动画设计<br>出版与电脑编辑技术<br>本科:数字媒体技术<br>数字媒体艺术 |
| 信息技术类 | 计算机动漫与游戏制作 | 动画片制作<br>电脑游戏制作与运营<br>电脑游戏程序设计 | 计算机操作员<br>多媒体作品制作员<br>数字视频(DV)策划制作师<br>数字视频合成师<br>动画绘制员<br>影视动画制作员 | 计算机操作员<br>多媒体作品制作员<br>数字视频合成师(四级)<br>动画绘制员 | 高职:计算机多媒体技术<br>数字媒体技术<br>动漫设计与制作<br>游戏软件<br>本科:数字媒体技术<br>数字媒体艺术 |
| 信息技术类 | 计算机网络技术 | 综合布线设计与施工<br>网络设备安装与调试<br>无线网络测试与维护<br>网络管理与维护<br>网络产品营销<br>网络与信息安全 | 网络设备调试员<br>计算机网络管理员<br>网络编辑员<br>网络课件设计师<br>计算机网络技术人员☆ | 网络设备调试员<br>计算机网络管理员<br>网络编辑员<br>网络课件设计师(四级)<br>维修电工 | 高职:计算机应用技术<br>计算机网络技术<br>网络系统管理<br>计算机网络与安全管理<br>本科:计算机科学与技术<br>网络工程 |

续上表

| 专业类 | 专业名称 | 专业(技能)方向 | 对应职业(工种) | 职业资格证书举例 | 继续学习专业举例 |
| --- | --- | --- | --- | --- | --- |
| 信息技术类 | 网站建设与管理 | 网页设计<br>网页美工<br>WEB 程序设计<br>网站建设与信息安全<br>电子商务网站建设与运营 | 网络编辑员<br>网络课件设计师<br>计算机网络管理员<br>计算机网络技术人员☆ | 计算机操作员<br>网络编辑员<br>网络课件设计师(四级)<br>计算机网络管理员 | 高职:计算机应用技术<br>计算机网络技术<br>网站规划与开发技术<br>网络软件开发技术<br>本科:计算机科学与技术<br>网络工程 |
| 信息技术类 | 网络安防系统安装与维护 | 网络与智能监控技术<br>智能楼宇安防系统管理与维护 | 网络设备调试员<br>计算机网络管理员<br>安全防范系统安装维护员<br>智能楼宇管理师<br>计算机网络技术人员☆ | 网络设备调试员<br>计算机网络管理员<br>安全防范系统安装维护员<br>智能楼宇管理师(四级)<br>维修电工 | 高职:计算机应用技术<br>计算机网络技术<br>计算机网络安全与管理<br>本科:计算机科学与技术<br>网络工程 |
| 信息技术类 | 软件与信息服务 | 软件与信息服务外包<br>计算机辅助设计与制图<br>数据库应用与管理<br>软件产品营销<br>软件开发与测试<br>WEB 程序设计 | 计算机操作员<br>制图员<br>计算机软件产品检验员<br>计算机程序设计员<br>计算机软件技术人员☆ | 计算机操作员<br>制图员<br>计算机软件产品检验员<br>计算机程序设计员 | 高职:计算机应用技术<br>计算机信息管理<br>软件外包服务<br>软件技术<br>本科:计算机科学与技术<br>计算机软件<br>软件工程 |

续上表

| 专业类 | 专业名称 | 专业(技能)方向 | 对应职业(工种) | 职业资格证书举例 | 继续学习专业举例 |
|---|---|---|---|---|---|
| 信息技术类 | 客户信息服务 | 呼叫服务<br>语音话务与数据处理<br>速录<br>信息处理与分析 | 计算机操作员<br>打字员<br>呼叫服务员<br>话务员<br>速录师 | 计算机操作员<br>打字员<br>呼叫服务员<br>话务员<br>速录员 | 高职：计算机应用技术<br>计算机信息管理<br>信息管理<br>软件外包服务<br>本科：计算机科学与技术 |
| 信息技术类 | 计算机速录 | 文字信息和数据处理<br>会议记录服务与管理<br>数据录入与处理 | 计算机操作员<br>打字员<br>速录师 | 计算机操作员<br>打字员<br>速录员 | 高职：计算机应用技术<br>计算机信息管理<br>信息管理<br>本科：计算机科学与技术 |
| 信息技术类 | 计算机与数码产品维修 | 计算机产品营销与维护<br>计算机维护与维修<br>笔记本电脑维修<br>办公设备维护与维修<br>数码产品营销与维修<br>数码影像设备维修 | 计算机(微机)维修工<br>电子计算机(微机)装配调试员<br>办公设备维修工<br>计算机检验工<br>计算机操作员<br>计算机硬件技术人员☆ | 计算机(微机)维修工<br>电子计算机(微机)装配调试员<br>办公设备维修工<br>计算机操作员 | 高职：计算机应用技术<br>计算机硬件与外设<br>计算机系统维护<br>本科：计算机科学与技术 |

续上表

| 专业类 | 专业名称 | 专业(技能)方向 | 对应职业(工种) | 职业资格证书举例 | 继续学习专业举例 |
|---|---|---|---|---|---|
| 信息技术类 | 电子与信息技术 | 电子测量技术<br>安防与监控技术<br>汽车电子技术<br>飞行器电子设备维护<br>船舶电子设备操作与维护 | 电子设备装接工<br>无线电调试工<br>有线通信传输设备调试工<br>用户通信终端维修员<br>电子元器件工程技术人员☆<br>电子材料工程技术人员☆<br>电子仪器与测量工程技术人员☆ | 电子设备装接工<br>无线电调试工<br>用户通信终端维修员<br>维修电工 | 高职:电子信息工程技术<br>电子测量技术与仪器<br>本科:电子信息科学与技术 |
| 信息技术类 | 电子技术应用 | 数字化视听设备应用与维修<br>电子产品营销<br>电子产品制造技术<br>光电产品应用与维护 | 家用电子产品维修工<br>无线电调试工<br>电子设备装接工<br>电子器件检验工<br>音响调音员<br>电源调试工 | 家用电子产品维修工<br>无线电调试工<br>电子设备装接工<br>电子元器件检验员<br>音响调音员 | 高职:应用电子技术<br>电子声像技术<br>本科:电子信息科学与技术 |

续上表

| 专业类 | 专业名称 | 专业（技能）方向 | 对应职业（工种） | 职业资格证书举例 | 继续学习专业举例 |
|---|---|---|---|---|---|
| 信息技术类 | 数字广播电视技术 | 广播电视播控技术<br>有线电视技术 | 无线电调试工<br>广播电视天线工<br>有线广播电视机线员<br>音视频设备检验员<br>音响调音员<br>照明设备操作员<br>影视设备机械员<br>舞台音响效果工 | 无线电调试工<br>有线广播电视机线员<br>音视频设备检验员<br>音响调音员 | 高职：广播电视网络技术<br>有线电视工程技术<br>本科：广播电视工程 |
| 信息技术类 | 通信技术 | 无线通信技术<br>有线通信技术<br>新一代移动通信技术应用<br>通信终端技术 | 电信机务员<br>市话测量员<br>用户通信终端维修员<br>无线电调试工<br>有线通信传输设备调试工<br>通讯交换设备调试工<br>雷达调试工<br>电子设备装接工 | 用户通信终端维修员<br>无线电调试工<br>电子设备装接工 | 高职：通信技术<br>移动通信技术<br>本科：通信工程 |
| 信息技术类 | 通信运营服务 | 通信市场营销<br>通信增值业务服务 | 通信网络管理员<br>电信业务员<br>呼叫服务员<br>用户通信终端销售员<br>用户通信终端维修员<br>话务员 | 电信业务员<br>呼叫服务员<br>用户通信终端销售员<br>用户通信终端维修员<br>话务员 | 高职：通信技术<br>通信系统运行管理<br>本科：通信工程 |

续上表

| 专业类 | 专业名称 | 专业(技能)方向 | 对应职业(工种) | 职业资格证书举例 | 继续学习专业举例 |
| --- | --- | --- | --- | --- | --- |
| 信息技术类 | 通信系统工程安装与维护 | 通信网络与设备应用<br>通信工程安装 | 网络设备调试员<br>通信设备检验员<br>用户通信终端维修员<br>电子设备装接工<br>无线电调试工<br>有线通信传输设备调试工<br>维修电工 | 网络设备调试员<br>用户通信终端维修员<br>电子设备装接工<br>无线电调试工<br>维修电工 | 高职：通信网络与设备<br>计算机通信<br>本科：通信工程 |
| 信息技术类 | 邮政通信管理 | 国际邮政业务<br>邮政网络运输<br>邮政营销<br>邮政财会 | 快递业务员<br>邮政营业员<br>邮件处理员<br>邮政储汇员<br>邮政业务档案员 | 快递业务员<br>邮政储蓄业务员<br>邮政业务档案员 | 高职：邮政通信 |
| 医药卫生类 | 护理 | 儿童护理<br>母婴护理<br>急救护理<br>口腔护理<br>康复护理<br>精神护理<br>老年护理<br>涉外护理 | 护士<br>护理员（含保育、育婴、养老、孤残儿童护理）<br>心理咨询师<br>医疗救护员 | 护士<br>护理员<br>心理咨询员 | 高职：护理<br>本科：护理学 |

续上表

| 专业类 | 专业名称 | 专业(技能)方向 | 对应职业(工种) | 职业资格证书举例 | 继续学习专业举例 |
|---|---|---|---|---|---|
| 医药卫生类 | 助产 | 母婴保健 | 助产士<br>育婴师<br>保育员<br>心理咨询师 | 护士<br>育婴师<br>心理咨询员 | 高职:助产<br>本科:护理学 |
| 医药卫生类 | 农村医学 | | 农村卫生室及边远贫困地区卫生院医生 | 执业助理医师(乡村)<br>乡村医生 | |
| 医药卫生类 | 营养与保健 | | 营养师<br>营养配餐员<br>健康管理师☆ | 营养士<br>公共营养师(四级)<br>配膳员 | 高职:医学营养<br>营养与配餐<br>本科:营养学 |
| 医药卫生类 | 康复技术 | 物理治疗<br>运动治疗<br>作业治疗<br>言语治疗<br>义肢与矫形器配制<br>听力检测<br>助听器具应用 | 康复技士<br>听力检测#<br>助听器验配师<br>助听器销售# | 康复技士<br>听力技术师<br>助听器验配师 | 高职:康复治疗技术<br>假肢与矫形器设计与制造<br>康复工程技术<br>听力语言康复技术<br>音乐康复技术<br>本科:康复治疗学<br>医学美容技术<br>听力学<br>假肢矫形工程 |

续上表

| 专业类 | 专业名称 | 专业(技能)方向 | 对应职业(工种) | 职业资格证书举例 | 继续学习专业举例 |
|---|---|---|---|---|---|
| 医药卫生类 | 眼视光与配镜 | 验光技术<br>配镜技术<br>隐形眼镜验配技术 | 眼镜验光员<br>眼镜定配工 | 眼镜验光员<br>眼镜定配工 | 高职:眼视光技术<br>本科:眼视光学 |
| 医药卫生类 | 医学检验技术 | 临床检验<br>卫生检验<br>采供血检验<br>病理技术 | 临床检验技师<br>公卫检验技师<br>卫生工程技师<br>病理技师<br>输(采供)血技师 | 临床医学检验士<br>理化检验技士<br>微生物检验技士<br>病理学技士 | 高职:医学检验技术<br>卫生检验与检疫技术<br>本科:医学检验 |
| 医药卫生类 | 中医 | 中医骨伤<br>针灸推拿 | 中医医士<br>针灸科医师<br>推拿按摩师<br>保健刮痧师 | 中医执业医师(助理)<br>针灸医师<br>推拿按摩师<br>保健刮痧师(中级) | 高职:中医学<br>本科:中医学<br>针灸推拿学 |
| 医药卫生类 | 藏医医疗与藏药 | 藏医医疗<br>藏药药剂 | 藏医医师 | 藏医执业医师(助理) | 高职:藏医学<br>本科:藏医学<br>藏药学 |
| 医药卫生类 | 维医医疗与维药 | 维医医疗<br>维药药剂 | 维医医师 | 维医执业医师(助理) | 高职:维医学<br>本科:维医学 |
| 医药卫生类 | 蒙医医疗与蒙药 | 蒙医医疗<br>蒙药药剂 | 蒙医医师 | 蒙医执业医师(助理) | 高职:蒙医学<br>本科:蒙医学<br>蒙药学 |

续上表

| 专业类 | 专业名称 | 专业（技能）方向 | 对应职业（工种） | 职业资格证书举例 | 继续学习专业举例 |
|---|---|---|---|---|---|
| 医药卫生类 | 中医康复保健 | 推拿按摩<br>中医美容 | 推拿按摩师<br>保健按摩师<br>保健刮痧师<br>足部按摩师<br>美容师 | 推拿按摩师<br>保健按摩师（中级）<br>保健刮痧师（中级）<br>美容师（中级） | 高职：针灸推拿<br>本科：针灸推拿学 |
| 医药卫生类 | 中药 | 中药调剂<br>中药购销<br>中药材种植 | 中药调剂员<br>中药购销员<br>中药检验工<br>中药材种植员<br>中药材养殖员<br>中药材生产管理员<br>医药商品储运员 | 中药学士<br>中药调剂员<br>中药购销员<br>中药材养殖员<br>中药检验工 | 高职：中药<br>中药鉴定与质量检测技术<br>本科：中药学<br>中草药栽培与鉴定<br>中药资源与开发 |
| 医药卫生类 | 中药制药 | 中药制剂<br>中药保健品开发与生产 | 中药炮制与配制工<br>中药液体制剂工<br>中药固体制剂工<br>中药检验工<br>中药材种植员<br>中药材生产管理员<br>医药商品储运员 |  | 高职：中药制药技术<br>现代中药技术<br>药物制剂技术<br>本科：制药工程 |

续上表

| 专业类 | 专业名称 | 专业(技能)方向 | 对应职业(工种) | 职业资格证书举例 | 继续学习专业举例 |
|---|---|---|---|---|---|
| 医药卫生类 | 制药技术 | 药物制剂<br>药物调剂<br>化学制药 | 药物制剂工<br>化学合成制药工<br>生化药品制造工<br>发酵工程制药工<br>医药商品储运员 | 药物制剂工<br>化学合成制药工 | 高职:药物制剂技术<br>生化制药技术<br>化学制药技术<br>本科:制药工程<br>药物制剂 |
| 医药卫生类 | 生物技术制药 | 生物制药技术<br>发酵工程技术 | 生化药品制造工<br>发酵工程制药工<br>疫苗制品工<br>血液制品工<br>基因工程产品工<br>药物制剂工 | 生化药品制造工<br>发酵工程制药工<br>疫苗制品工<br>血液制品工<br>基因工程产品工 | 高职:生物制药技术<br>生化制药技术<br>微生物技术及应用<br>本科:制药工程<br>生物工程 |
| 医药卫生类 | 药品食品检验 | 药品质量检验<br>保健品检验<br>化妆品安全检验<br>食品安全检验 | 药物检验工<br>中药检验工<br>化学检验工<br>食品检验工 | 药物检验工<br>化学检验工<br>食品检验工 | 高职:药品质量检测技术<br>药物分析技术<br>保健品开发与管理<br>本科:应用药学<br>制药工程 |

续上表

| 专业类 | 专业名称 | 专业(技能)方向 | 对应职业(工种) | 职业资格证书举例 | 继续学习专业举例 |
|---|---|---|---|---|---|
| 医药卫生类 | 医疗器械维修与营销 | 医疗器械设备营销<br>医疗器械设备维修与售后服务<br>医用电子仪器营销与维修 | 医疗器械装配工<br>假肢制作装配工<br>矫形器制作装配工<br>医疗器械检验工<br>精密仪器仪表修理工<br>电子精密机械装调工<br>机修钳工<br>医学设备管理师<br>其他医疗器械装配及假肢与矫形器制作人员 | 医疗器械装配工<br>医学设备管理师 | 高职:医疗器械制造与维护<br>医疗仪器维修技术<br>医用电子仪器与维护<br>医学影像设备管理与维护<br>医疗电子工程<br>医用治疗设备应用技术<br>临床工程技术<br>本科:机械设计制造及其自动化<br>医学技术<br>电气工程及其自动化 |
| 医药卫生类 | 制药设备维修 | | 医疗器械装配工<br>医疗器械检验工<br>精密仪器仪表修理工<br>电子精密机械装调工<br>机修钳工<br>医学设备管理师 | 医疗器械检验工<br>精密仪器仪表修理工<br>维修电工<br>机修钳工 | 高职:药剂设备制造与维护<br>医疗器械制造与维护<br>机电设备维修与管理<br>本科:机械设计制造及其自动化<br>电气工程及其自动化 |

续上表

| 专业类 | 专业名称 | 专业(技能)方向 | 对应职业(工种) | 职业资格证书举例 | 继续学习专业举例 |
|---|---|---|---|---|---|
| 医药卫生类 | 计划生育与生殖健康咨询 | 计划生育技术<br>生殖健康咨询 | 计划生育技术人员<br>生殖健康咨询师 | 生殖健康咨询员 | 高职:社会工作<br>心理咨询<br>心理咨询与心理健康教育<br>公共卫生管理 |
| 医药卫生类 | 人口与计划生育管理 | | 人口与计划生育基层管理统计人员 | | 高职:公共卫生管理<br>本科:管理学 |
| 医药卫生类 | 卫生信息管理 | | 医疗机构信息管理人员<br>医疗机构病案与档案业务人员<br>医疗机构图书馆管理人员 | 病案信息技士<br>病案员<br>图书管理员 | 高职:卫生信息管理<br>本科:医学信息学 |
| 医药卫生类 | 医药卫生财会 | 卫生财务会计<br>医疗保险核算 | 医疗机构与药房收费员<br>医疗机构会计人员<br>药房会计人员<br>医疗保险核算员☆ | 医院收费员<br>会计从业资格证书<br>收银员 | 高职:会计<br>医疗保险实务<br>本科:会计学 |

续上表

| 专业类 | 专业名称 | 专业（技能）方向 | 对应职业（工种） | 职业资格证书举例 | 继续学习专业举例 |
|---|---|---|---|---|---|
| 休闲保健类 | 美容美体 | 美容<br>美体<br>美甲<br>水疗香薰<br>足部按摩 | 美容师<br>美甲师<br>芳香保健师<br>保健按摩师<br>足部按摩师<br>形象设计师☆<br>艺术化妆师<br>化妆师 | 美容师（中级）<br>美甲师（中级）<br>芳香保健师（中级）<br>保健按摩师（中级）<br>足部按摩师（中级） | |
| 休闲保健类 | 美发与形象设计 | 美发设计<br>影视造型设计 | 美发师<br>艺术化妆师<br>化妆师<br>形象设计师☆<br>色彩搭配师☆ | 美发师（中级）<br>艺术化妆师（五级） | |
| 休闲保健类 | 健体塑身 | 太极拳<br>瑜伽<br>普拉提<br>有氧拉丁舞 | 社会体育指导员<br>体育场地工<br>康乐服务员<br>健身场馆会籍顾问#<br>综合健身教练#<br>体适能教练# | 社会体育指导员（初级）<br>体育场地工<br>体适能教练 | 高职：体育保健<br>体育服务与管理<br>本科：社会体育<br>运动人体科学<br>休闲体育 |

续上表

| 专业类 | 专业名称 | 专业（技能）方向 | 对应职业（工种） | 职业资格证书举例 | 继续学习专业举例 |
|---|---|---|---|---|---|
| 休闲保健类 | 休闲服务 | 台球<br>高尔夫 | 社会体育指导员<br>高尔夫、台球等场馆服务人员#<br>高尔夫、台球器具销售人员# | 社会体育指导员（初级） | 高职：体育服务与管理<br>体育保健<br>本科：社会体育<br>运动人体科学<br>休闲体育 |
| 财经商贸类 | 会计 | 企业会计<br>金融业会计<br>政府会计<br>非营利组织会计<br>税务代理 | 会计人员<br>统计人员<br>银行清算员<br>银行信用卡业务员<br>收银员<br>银行储蓄员<br>保险推销员<br>保险理赔员 | 会计从业资格证书<br>统计从业资格证书<br>银行从业资格证书<br>收银员 | 高职：会计<br>会计电算化<br>财务管理<br>会计与审计<br>本科：会计学<br>财务管理<br>审计学 |
| 财经商贸类 | 会计电算化 | | 会计人员<br>统计人员<br>银行清算员<br>银行信用卡业务员<br>银行储蓄员<br>保险推销员<br>保险理赔员<br>收银员 | 会计从业资格证书<br>会计电算化合格证<br>统计从业资格证书<br>银行从业资格证书<br>收银员 | 高职：会计电算化<br>财务管理<br>会计与审计<br>本科：会计学<br>财务管理<br>审计学 |

续上表

| 专业类 | 专业名称 | 专业（技能）方向 | 对应职业（工种） | 职业资格证书举例 | 继续学习专业举例 |
| --- | --- | --- | --- | --- | --- |
| 财经商贸类 | 统计事务 | 统计信息技术<br>统计咨询服务 | 统计人员 | 统计从业资格证书 | 高职：统计实务<br>本科：统计学 |
| 财经商贸类 | 金融事务 | 银行事务<br>证券事务<br>投资理财 | 银行储蓄员<br>银行清算员<br>银行信贷员<br>银行货币发行员<br>银行信托业务员<br>银行信用卡业务员<br>证券发行员<br>证券交易员 | 银行从业资格证书<br>收银员<br>会计从业资格证书 | 高职：金融管理与实务<br>金融与证券<br>证券投资与管理<br>投资与理财<br>本科：金融学<br>投资学 |
| 财经商贸类 | 保险事务 | 人身保险<br>财产保险<br>保险产品营销<br>社会保障 | 保险代理人<br>保险理赔员 | 保险代理从业资格证书 | 高职：保险实务<br>医疗保险实务<br>本科：保险 |
| 财经商贸类 | 信托事务 | 民事信托<br>营业信托<br>公益信托 | 典当业务员<br>租赁业务员<br>中介代理人<br>银行信托业务员<br>拍卖师 | 银行信托业务员 | 高职：金融管理与实务<br>本科：金融学 |

续上表

| 专业类 | 专业名称 | 专业（技能）方向 | 对应职业（工种） | 职业资格证书举例 | 继续学习专业举例 |
| --- | --- | --- | --- | --- | --- |
| 财经商贸类 | 商品经营 | 家电商品经营<br>医药商品经营<br>珠宝玉器经营<br>食品经营<br>建材家居经营 | 营业员<br>收银员<br>推销员<br>保管员<br>理货员<br>商品养护员<br>采购员<br>出版物发行员<br>医药商品购销员<br>珠宝首饰评估师☆ | 营业员<br>收银员<br>推销员<br>出版物发行员 | 高职：市场营销<br>市场开发与营销<br>营销与策划<br>本科：市场营销 |
| 财经商贸类 | 专卖品经营 | 专卖管理<br>烟草专卖经营 | 营业员<br>推销员 | 营业员<br>推销员 | 高职：商务管理<br>市场营销<br>本科：工商管理<br>市场营销 |
| 财经商贸类 | 连锁经营与管理 | 商品连锁经营与管理<br>服务连锁经营与管理<br>特许经营与特许体系建设 | 营业员<br>收银员<br>推销员<br>采购员 | 营业员<br>收银员<br>推销员 | 高职：连锁经营管理<br>市场开发与营销<br>营销与策划<br>本科：工商管理<br>市场营销 |
| 财经商贸类 | 市场营销 | 电子产品营销<br>汽车营销<br>化妆品营销 | 推销员<br>营业员<br>收银员 | 推销员<br>营业员<br>收银员 | 高职：市场营销<br>营销与策划<br>市场开发与营销<br>本科：市场营销 |

续上表

| 专业类 | 专业名称 | 专业(技能)方向 | 对应职业(工种) | 职业资格证书举例 | 继续学习专业举例 |
|---|---|---|---|---|---|
| 财经商贸类 | 电子商务 | 网络营销<br>电子商务物流<br>客服管理<br>商务网站维护<br>网站推广 | 电子商务师<br>计算机操作员<br>计算机网络管理员<br>物流员<br>计算机网络技术人员☆ | 电子商务师(初级)<br>计算机操作员<br>计算机网络管理员<br>物流员 | 高职:电子商务<br>本科:电子商务 |
| 财经商贸类 | 国际商务 | 外贸单证<br>外贸报检<br>国际货运代理<br>外贸报关助理 | 国际贸易业务员<br>国际商务跟单员<br>国际商务单证员<br>货代员<br>报检员<br>报关助理<br>国际商务人员☆<br>报关员☆ | 国际商务单证员<br>国际贸易业务员<br>国际商务跟单员<br>货代从业人员<br>报检员 | 高职:国际商务<br>国际经济与贸易<br>国际贸易实务<br>本科:国际经济与贸易 |
| 财经商贸类 | 商务英语 | | 国际贸易业务员<br>国际商务跟单员<br>国际商务单证员<br>秘书<br>公关员<br>电子商务师<br>国际商务人员☆ | 国际商务单证员<br>国际贸易业务员<br>国际商务跟单员<br>秘书<br>公关员<br>电子商务师(初级) | 高职:商务英语<br>国际商务<br>本科:英语<br>国际经济与贸易 |

续上表

| 专业类 | 专业名称 | 专业（技能）方向 | 对应职业（工种） | 职业资格证书举例 | 继续学习专业举例 |
|---|---|---|---|---|---|
| 财经商贸类 | 商务日语 | | 国际贸易业务员<br>国际商务跟单员<br>国际商务单证员<br>秘书<br>公关员<br>电子商务师<br>国际商务人员☆ | 国际贸易业务员<br>国际商务跟单员<br>国际商务单证员<br>秘书<br>公关员<br>电子商务师（初级） | 高职：商务日语<br>国际商务<br>本科：日语<br>国际经济与贸易 |
| 财经商贸类 | 商务德语 | | 国际贸易业务员<br>国际商务跟单员<br>国际商务单证员<br>秘书<br>公关员<br>电子商务师<br>国际商务人员☆ | 国际贸易业务员<br>国际商务跟单员<br>国际商务单证员<br>秘书<br>公关员<br>电子商务师（初级） | 高职：国际商务<br>本科：德语<br>国际经济与贸易 |
| 财经商贸类 | 商务韩语 | | 国际贸易业务员<br>国际商务跟单员<br>国际商务单证员<br>秘书<br>公关员<br>电子商务师<br>国际商务人员☆ | 国际贸易业务员<br>国际商务跟单员<br>国际商务单证员<br>秘书<br>公关员<br>电子商务师（初级） | 高职：国际商务<br>本科：韩语<br>国际经济与贸易 |

续上表

| 专业类 | 专业名称 | 专业(技能)方向 | 对应职业(工种) | 职业资格证书举例 | 继续学习专业举例 |
|---|---|---|---|---|---|
| 财经商贸类 | 商务俄语 | | 国际商务单证员<br>国际贸易业务员<br>国际商务跟单员<br>秘书<br>公关员<br>电子商务师<br>国际商务人员☆ | 国际贸易业务员<br>国际商务跟单员<br>国际商务单证员<br>秘书<br>公关员<br>电子商务师(初级) | 高职:国际商务<br>本科:俄语<br>国际经济与贸易 |
| 财经商贸类 | 商务法语 | | 国际贸易业务员<br>国际商务跟单员<br>国际商务单证员<br>秘书<br>公关员<br>电子商务师<br>国际商务人员☆ | 国际商务单证员<br>国际贸易业务员<br>国际商务跟单员<br>秘书<br>公关员<br>电子商务师(初级) | 高职:国际商务<br>本科:法语<br>国际经济与贸易 |
| 财经商贸类 | 物流服务与管理 | 仓储与配送<br>运输业务<br>港口物流<br>快递业务<br>物流客户服务<br>回收品物流 | 物流员<br>冷藏工<br>保管员<br>理货员<br>商品储运员<br>商品养护员<br>保鲜员<br>商品护运员<br>医药商品储运员<br>出版物储运员 | 物流员<br>冷藏工 | 高职:物流管理<br>本科:物流管理 |

续上表

| 专业类 | 专业名称 | 专业(技能)方向 | 对应职业(工种) | 职业资格证书举例 | 继续学习专业举例 |
|---|---|---|---|---|---|
| 财经商贸类 | 房地产营销与管理 | 房地产营销与策划<br>房地产开发与经营<br>物业服务与管理<br>房地产营销与经纪 | 房地产策划员<br>房产测量员<br>物业管理员<br>智能楼宇管理师<br>房地产经纪协理#<br>房地产策划师☆<br>房地产经纪人☆ | 房地产策划员<br>房产测量员<br>智能楼宇管理师(四级)<br>房地产经纪协理 | 高职:房地产经营与估价<br>本科:市场营销<br>土地资源管理 |
| 财经商贸类 | 客户服务 | 金融类企业客服<br>娱乐休闲业客服<br>产品售后客服<br>电信客服 | 企业客服人员<br>客户服务管理师☆ | | |
| 旅游服务类 | 酒店服务与管理 | 前厅服务与管理<br>客房服务与管理<br>餐饮服务与管理<br>康乐服务与管理 | 前厅服务员<br>客房服务员<br>餐厅服务员<br>康乐服务员<br>调酒师<br>茶艺师<br>咖啡师 | 前厅服务员<br>客房服务员<br>餐厅服务员<br>康乐服务员<br>调酒师(中级)<br>茶艺师(中级)<br>咖啡师(中级) | 高职:酒店管理<br>本科:旅游管理 |

续上表

| 专业类 | 专业名称 | 专业（技能）方向 | 对应职业（工种） | 职业资格证书举例 | 继续学习专业举例 |
|---|---|---|---|---|---|
| 旅游服务类 | 旅游服务与管理 | 旅行社导游<br>旅行社计调<br>旅行社外联 | 导游<br>公共游览场所服务员<br>展览讲解员<br>旅行社计调#<br>旅行社外联# | 导游<br>展览讲解员 | 高职：旅游管理<br>涉外旅游<br>导游<br>旅行社经营与管理<br>本科：旅游管理 |
| 旅游服务类 | 旅游外语 | 旅游英语<br>旅游日语<br>旅游韩语<br>旅游俄语 | 导游<br>公共游览场所服务员<br>展览讲解员 | 导游<br>展览讲解员 | 高职：旅游英语<br>旅游日语<br>本科：旅游管理 |
| 旅游服务类 | 导游服务 | 普通话导游<br>外语导游<br>方言导游 | 导游<br>公共游览场所服务员<br>展览讲解员 | 导游<br>展览讲解员 | 高职：导游<br>涉外旅游<br>本科：旅游管理 |
| 旅游服务类 | 景区服务与管理 | 景区导游<br>休闲旅游服务<br>工农业旅游服务 | 导游<br>公共游览场所服务员<br>展览讲解员 | 导游<br>展览讲解员 | 高职：景区开发与管理<br>本科：旅游管理 |

续上表

| 专业类 | 专业名称 | 专业(技能)方向 | 对应职业(工种) | 职业资格证书举例 | 继续学习专业举例 |
|---|---|---|---|---|---|
| 旅游服务类 | 会展服务与管理 | 会展营销与策划<br>会展设计 | 会展策划师<br>会展设计师<br>陈列展览设计人员☆ | 会展策划师(四级)<br>会展设计师(四级) | 高职:会展策划与管理<br>本科:旅游管理 |
| 旅游服务类 | 中餐烹饪 | 中餐烹调<br>中式面点制作 | 中式烹调师<br>中式面点师<br>营养配餐员<br>厨政管理师☆<br>调味品品评师☆ | 中式烹调师(中级)<br>中式面点师(中级)<br>营养配餐员(中级) | 高职:烹饪工艺与营养<br>本科:旅游管理<br>食品科学与工程 |
| 旅游服务类 | 西餐烹饪 | 西餐烹调<br>西式面点制作 | 西式烹调师<br>西式面点师<br>营养配餐员<br>厨政管理师☆<br>调味品品评师☆ | 西式烹调师(中级)<br>西式面点师(中级)<br>营养配餐员(中级) | 高职:烹饪工艺与营养<br>本科:旅游管理<br>食品科学与工程 |
| 旅游服务类 | 钟表维修 | 钟表销售<br>锁具维修 | 钟表维修工<br>锁具修理工 | 钟表维修工<br>锁具修理工 | |
| 文化艺术类 | 社会文化艺术 | 社会文化音乐<br>社会文化美术<br>社会文化舞蹈<br>社会文化戏剧 | 文化馆业务专干<br>乡镇(社区)文化站辅导员<br>文化产业员工<br>文化经营从业者<br>社会文化指导员 | | 高职:文化事业管理<br>本科:社会工作 |

续上表

| 专业类 | 专业名称 | 专业(技能)方向 | 对应职业(工种) | 职业资格证书举例 | 继续学习专业举例 |
| --- | --- | --- | --- | --- | --- |
| 文化艺术类 | 广播影视节目制作 | 采访编辑<br>影视摄制<br>编导助理 | 数字视频(DV)策划制作师<br>录音师<br>音响调音员<br>有线广播电视机线员<br>影视动画制作员<br>光盘复制工<br>影视设备机械员<br>广播电视天线工<br>电影电视场记<br>电影电视摄影师☆<br>照明师☆<br>剪辑师☆ | 计算机操作员<br>音响调音员<br>数字视频(DV)策划制作师(四级) | 高职:电视节目制作<br>摄影摄像技术<br>影视多媒体技术<br>影视动画<br>新闻采编与制作<br>本科:广播电视编导<br>影视学 |
| 文化艺术类 | 播音与节目主持 | 播音<br>文化礼宾 | 播音员<br>节目主持人<br>礼仪主持人☆ | | 高职:主持与播音<br>电视节目制作<br>本科:播音与主持艺术<br>广播电视编导 |

续上表

| 专业类 | 专业名称 | 专业（技能）方向 | 对应职业（工种） | 职业资格证书举例 | 继续学习专业举例 |
| --- | --- | --- | --- | --- | --- |
| 文化艺术类 | 影像与影视技术 | 摄影艺术<br>录音艺术<br>灯光设计<br>影视技术<br>音响调音 | 录音师<br>音响调音员<br>数字视频（DV）策划制作师<br>影视动画制作员<br>影视舞台烟火特效员<br>音像带复制工<br>光盘复制工<br>照明设备操作员<br>影视设备机械员<br>舞台音响效果工<br>电影电视场记<br>美工师<br>置景师<br>电影电视摄影师☆<br>照明师☆<br>剪辑师☆<br>数字音乐制作师☆<br>形象设计师☆<br>影像技师☆ | 音响调音员<br>数字视频（DV）策划制作师（四级） | 高职：摄影摄像技术<br>音像技术<br>本科：影视学 |

续上表

| 专业类 | 专业名称 | 专业(技能)方向 | 对应职业(工种) | 职业资格证书举例 | 继续学习专业举例 |
|---|---|---|---|---|---|
| 文化艺术类 | 图书信息管理 | 文献编目与分类<br>图书采购 | 计算机操作员<br>档案业务人员<br>缩微摄影人员<br>其他图书资料与档案业务人员<br>图书资料业务人员 | 计算机操作员 | 高职:图书档案管理<br>本科:公共事业管理<br>信息管理与信息系统 |
| 文化艺术类 | 出版与发行 | | 出版物发行员<br>网络编辑员<br>计算机操作员<br>出版物储运员<br>技术编辑<br>电子出版物编辑<br>文体用品及出版物品检验工<br>校对员<br>报刊发行员<br>其他新闻出版、文化工作人员 | 计算机操作员<br>出版物发行员<br>网络编辑员 | 高职:出版与发行<br>本科:印刷工程 |

续上表

| 专业类 | 专业名称 | 专业(技能)方向 | 对应职业(工种) | 职业资格证书举例 | 继续学习专业举例 |
|---|---|---|---|---|---|
| 文化艺术类 | 文物保护技术 | 文物发掘<br>文物修复<br>装裱 | 考古发掘工<br>文物修复工<br>文物拓印工<br>古旧书画修复工<br>博物讲解员<br>考古工作者<br>文物鉴定和保管人员☆<br>文物保护专业人员☆ | | 高职:文物鉴定与修复<br>本科:公共事业管理<br>考古学 |
| 文化艺术类 | 音乐 | 声乐表演<br>器乐表演<br>音乐理论 | 声乐演员<br>器乐演奏员<br>歌唱演员<br>民族乐器演奏员<br>外国乐器演奏员<br>其他乐器演奏员 | 演员证<br>歌唱演员<br>民族乐器演奏员<br>外国乐器演奏员 | 高职:音乐表演<br>本科:音乐表演<br>音乐学 |
| 文化艺术类 | 舞蹈表演 | 中国舞表演<br>芭蕾舞表演<br>国际标准舞表演<br>现代舞表演<br>歌舞表演 | 舞蹈演员<br>电影电视演员<br>戏剧演员 | 演员证<br>舞蹈演员<br>电影电视演员 | 高职:舞蹈表演<br>本科:舞蹈学<br>舞蹈编导 |

续上表

| 专业类 | 专业名称 | 专业（技能）方向 | 对应职业（工种） | 职业资格证书举例 | 继续学习专业举例 |
|---|---|---|---|---|---|
| 文化艺术类 | 戏曲表演 | 昆曲<br>京剧<br>黄梅戏<br>越剧<br>豫剧<br>评剧<br>川剧 | 戏剧演员<br>曲艺演员<br>电影电视演员 | 演员证 | 高职：戏曲表演<br>本科：戏剧学 |
| 文化艺术类 | 曲艺表演 | 评书<br>相声<br>说唱<br>滑稽戏 | 曲艺演员<br>电影电视演员<br>戏剧演员 | 演员证 | 高职：戏曲表演<br>本科：戏剧学 |
| 文化艺术类 | 戏剧表演 | 话剧表演<br>影视表演<br>音乐剧表演 | 戏剧演员<br>曲艺演员<br>电影电视演员 | 演员证 | 高职：表演艺术<br>本科：戏剧学 |
| 文化艺术类 | 杂技与魔术表演 | 杂技表演<br>魔术表演<br>马戏表演 | 杂技魔术演员 | 演员证 | 高职：表演艺术<br>本科：表演 |
| 文化艺术类 | 木偶与皮影表演及制作 | 木偶表演<br>木偶制作<br>皮影表演<br>皮影设计与制作 | 木偶戏演员<br>木偶制作工<br>皮影戏演员<br>皮影制作工 | 演员证 | 高职：表演艺术<br>本科：表演 |

续上表

| 专业类 | 专业名称 | 专业(技能)方向 | 对应职业(工种) | 职业资格证书举例 | 继续学习专业举例 |
| --- | --- | --- | --- | --- | --- |
| 文化艺术类 | 乐器修造 | 钢琴调律<br>管弦乐器维修 | 乐器制作工<br>乐器维修工<br>钢琴调律师<br>钢琴及键盘乐器制作工<br>提琴制作工<br>管乐器制作工 | 乐器制作工<br>钢琴调律师(初级)<br>管乐器制作工<br>提琴制作工 | 高职:乐器制造技术<br>乐器修造技术 |
| 文化艺术类 | 计算机音乐制作 | | 计算机打谱员#<br>数字录音师#<br>数字音乐制作师☆ | | 高职:音像技术<br>本科:数字媒体艺术 |
| 文化艺术类 | 动漫游戏 | 动漫制作<br>游戏制作<br>游戏后期编辑合成 | 多媒体作品制作员<br>动画绘制员<br>网络课件设计师<br>影视动画制作员<br>平面插图制作员#<br>游戏角色、游戏场景制作员#<br>广告动画制作员#<br>游戏后期编辑#<br>计算机操作员 | 多媒体作品制作员<br>网络课件设计师(四级)<br>计算机操作员 | 高职:动漫设计与制作<br>多媒体设计与制作<br>电脑艺术设计<br>影视广告<br>影视动画<br>影视多媒体技术<br>本科:数字媒体艺术 |

续上表

| 专业类 | 专业名称 | 专业（技能）方向 | 对应职业（工种） | 职业资格证书举例 | 继续学习专业举例 |
|---|---|---|---|---|---|
| 文化艺术类 | 网页美术设计 | 网页美术设计制作<br>网页动画设计制作 | 网络编辑员<br>网络课件设计师<br>多媒体作品制作员<br>动画绘制员<br>影视动画制作员<br>网页美术制作与设计#<br>网页广告制作#<br>网页动画设计制作#<br>网页影视设计和制作# | 网络编辑员<br>网络课件设计师（四级）<br>多媒体作品制作员<br>动画绘制员<br>计算机操作员 | 高职：图形图像制作<br>多媒体设计与制作<br>本科：数字媒体艺术 |
| 文化艺术类 | 数字影像技术 | 数字影视艺术制作<br>数字影视动画制作<br>数字影像采集修复与编辑 | 多媒体作品制作员<br>动画绘制员<br>数字视频（DV）策划制作师<br>数字视频合成师<br>影视动画制作员<br>音像制品制作复制人员<br>数字影像拍摄#<br>数字摄影、摄像修葺及艺术处理#<br>版面设计制作# | 多媒体作品制作员<br>动画绘制员<br>数字视频（DV）策划制作师（四级）<br>数字视频合成师（四级） | 高职：影视多媒体技术<br>本科：影视学 |

续上表

| 专业类 | 专业名称 | 专业（技能）方向 | 对应职业（工种） | 职业资格证书举例 | 继续学习专业举例 |
| --- | --- | --- | --- | --- | --- |
| 文化艺术类 | 工艺美术 | 工艺美术品设计与制作<br>装潢设计与制作<br>产品造型设计与制作<br>室内艺术设计与制作<br>家用纺织品美术设计与制作 | 建筑模型设计制作员<br>家具设计师<br>陶瓷产品设计师<br>装饰美工<br>工艺画制作工<br>装潢美术设计人员<br>色彩搭配师☆<br>首饰设计制作师☆ | 建筑模型设计制作员<br>家具设计师(四级)<br>陶瓷产品设计师(四级)<br>装饰美工 | 高职:艺术设计<br>本科:艺术设计 |
| 文化艺术类 | 美术绘画 | 中国画<br>油画<br>雕塑<br>壁画<br>漆画 | 装饰美工<br>雕塑翻制工<br>壁画制作工<br>工艺画制作工<br>工艺品雕刻工<br>陶艺装饰工 | 装饰美工<br>工艺品雕刻工<br>陶瓷装饰工 | 高职:美术教育<br>美术<br>艺术设计<br>本科:绘画<br>艺术设计 |
| 文化艺术类 | 美术设计与制作 | 视觉传达<br>美术影视与动画<br>多媒体设计制作<br>会展美术设计制作 | 多媒体作品制作员<br>动画绘制员<br>影视动画制作员<br>会展设计师<br>广告设计人员<br>色彩搭配师☆ | 多媒体作品制作员<br>动画绘制员<br>会展设计师(四级) | 高职:艺术设计<br>纺织品设计<br>应用艺术设计<br>皮具设计<br>首饰设计<br>陶瓷艺术设计<br>包装技术与设计<br>装潢艺术设计<br>产品造型设计<br>本科:艺术设计 |

续上表

| 专业类 | 专业名称 | 专业(技能)方向 | 对应职业(工种) | 职业资格证书举例 | 继续学习专业举例 |
| --- | --- | --- | --- | --- | --- |
| 文化艺术类 | 商品画制作与经营 | 商品画制作<br>商品画经销 | 工艺画制作工<br>装饰美工<br>商品画营销员#<br>色彩搭配师☆ | 装饰美工 | 高职:装饰艺术设计<br>本科:艺术设计 |
| 文化艺术类 | 服装设计与工艺 | 成衣设计<br>服装结构设计及制板<br>服饰手工艺制作<br>样衣制作<br>服装营销 | 服装设计人员<br>服装制作工<br>皮革加工工<br>剧装工<br>裁剪工<br>缝纫工<br>缝纫品整型工<br>缝纫制品充填处理工<br>影视服装员<br>针纺织品检验工<br>服装鞋帽检验工<br>服装制板工<br>服饰手工艺制作工<br>服装营销员<br>色彩搭配师☆ | 服装制作工<br>皮革加工工 | 高职:服装设计<br>服装设计与加工<br>服装工艺技术<br>服装制版与工艺<br>本科:服装设计与工艺教育 |
| 文化艺术类 | 服装展示与礼仪 | 服装表演与展示<br>服装营销<br>公关礼仪服务 | 服装模特<br>展览讲解员 | 服装模特 | 高职:服装表演<br>服装营销与管理<br>本科:表演 |

续上表

| 专业类 | 专业名称 | 专业(技能)方向 | 对应职业(工种) | 职业资格证书举例 | 继续学习专业举例 |
|---|---|---|---|---|---|
| 文化艺术类 | 皮革制品造型设计 | 皮革服装设计与工艺<br>皮鞋设计与工艺<br>皮具设计与工艺<br>皮饰品设计与工艺 | 制鞋工<br>皮革护理员<br>色彩搭配师☆<br>皮具设计师☆ | 制鞋工 | 高职:产品造型设计<br>鞋类设计与工艺<br>本科:艺术设计 |
| 文化艺术类 | 珠宝玉石加工与营销 | 宝石加工工艺<br>玉雕工艺<br>宝石营销 | 宝石琢磨工<br>贵金属首饰手工制作工<br>贵金属首饰机制工<br>工艺品雕刻工<br>人造宝石制造工<br>贵金属首饰、钻石、宝玉石检验员<br>珠宝首饰营业员<br>首饰设计制作师☆ | 宝石琢磨工<br>贵金属首饰手工制作工<br>贵金属首饰机制工<br>工艺品雕刻工<br>人造宝石制作工<br>贵金属首饰、钻石、宝玉石检验员<br>珠宝首饰营业员 | 高职:珠宝首饰工艺及鉴定 |
| 文化艺术类 | 民间传统工艺 | 雕塑<br>织绣<br>装饰 | 景泰蓝制作工<br>装饰美工<br>工艺品雕刻工<br>机绣工<br>手绣制作工<br>抽纱挑编工<br>金属摆件工<br>民间工艺品制作工<br>人造花制作工<br>工艺画制作工 | 景泰蓝制作工<br>装饰美工<br>工艺品雕刻工 | 高职:雕塑艺术设计<br>装饰艺术设计<br>本科:艺术设计 |

续上表

| 专业类 | 专业名称 | 专业(技能)方向 | 对应职业(工种) | 职业资格证书举例 | 继续学习专业举例 |
|---|---|---|---|---|---|
| 文化艺术类 | 民族音乐与舞蹈 | 民族音乐表演<br>民族舞蹈表演<br>民族歌舞表演 | 歌唱演员<br>舞蹈演员<br>电影电视演员<br>戏剧演员<br>民族乐器演奏员 | 歌唱演员<br>舞蹈演员<br>电影电视演员<br>民族乐器演奏员 | 高职:舞蹈表演<br>音乐表演<br>本科:音乐表演<br>舞蹈学<br>舞蹈编导<br>音乐学 |
| 文化艺术类 | 民族乐器修造 |  | 吹奏乐制作工<br>打击乐制作工<br>民族拉弦、弹拨乐器制作工<br>管乐器制作工<br>乐器维修工 | 民族拉弦、弹拨乐器制作工<br>管乐器制作工 | 高职:乐器制造技术<br>乐器修造技术<br>乐器维修服务 |
| 文化艺术类 | 民族美术 | 民族版画<br>民族壁画<br>唐卡艺术 | 民族画师<br>民间工艺品制作工<br>装饰美工<br>壁画制作工<br>版画制作工<br>工艺画制作工<br>工艺品雕刻工 | 装饰美工<br>工艺品雕刻工<br>唐卡绘画专项职业能力证书 | 高职:装饰艺术设计<br>雕刻艺术与家具设计<br>雕塑艺术设计<br>本科:绘画<br>雕塑<br>美术学 |

续上表

| 专业类 | 专业名称 | 专业(技能)方向 | 对应职业(工种) | 职业资格证书举例 | 继续学习专业举例 |
|---|---|---|---|---|---|
| 文化艺术类 | 民族服装与服饰 | 民族服装制作技术<br>民族鞋帽制作技术<br>民族服饰制作技术 | 制帽工<br>服装制作工<br>制鞋工<br>皮革加工工<br>毛皮加工工<br>推销员 | 服装制作工<br>制鞋工<br>皮革加工工<br>毛皮加工工<br>推销员 | 高职:服装设计<br>本科:服装设计与工艺教育<br>服装设计与工程 |
| 文化艺术类 | 民族织绣 | 花毡织造技艺<br>印花布织染技艺<br>民族刺绣技术 | 织布工<br>纺织染色工<br>手绣制作工<br>地毯设计师☆ | 织布工<br>纺织染色工 | 高职:现代纺织技术<br>染整技术<br>本科:纺织工程或轻化工程 |
| 文化艺术类 | 民族民居装饰 | 装饰施工与管理<br>装饰项目工程预算<br>建筑装饰监理 | 装饰装修工<br>施工员<br>造价员<br>监理员<br>装饰工程预算员 | 装饰装修工<br>施工员<br>造价员<br>监理员 | 高职:建筑装饰工程技术<br>本科:建筑工程教育 |
| 文化艺术类 | 民族工艺品制作 | 雕刻与雕塑<br>民族旅游工艺品制作<br>民族陶艺<br>刀具制作技艺 | 工艺品雕刻工<br>手工木工<br>精细木工<br>民间工艺品制作工<br>装饰美工<br>陶瓷工艺师☆ | 工艺品雕刻工<br>手工木工<br>精细木工<br>装饰美工 | 高职:艺术设计<br>雕塑艺术设计<br>本科:艺术设计 |

续上表

| 专业类 | 专业名称 | 专业(技能)方向 | 对应职业(工种) | 职业资格证书举例 | 继续学习专业举例 |
|---|---|---|---|---|---|
| 体育与健身 | 运动训练 | 专项运动训练 | 社会体育指导员<br>裁判员<br>运动员<br>教练员☆ | 保健按摩师(中级)<br>社会体育指导员(初级)<br>裁判员<br>运动员 | 高职:竞技体育<br>运动训练<br>本科:运动训练 |
| 体育与健身 | 休闲体育服务与管理 | 瑜伽健身<br>综合有氧健身<br>健身场馆服务与管理 | 社会体育指导员<br>体育场地工<br>保健按摩师<br>营养配餐员<br>康乐服务员<br>游泳救生员<br>场馆专业器械维护员<br>健身场馆会籍顾问#<br>综合健身教练# | 社会体育指导员(初级)<br>体育场地工<br>保健按摩师(中级)<br>营养配餐员(中级)<br>游泳救生员 | 高职:体育服务与管理<br>本科:社会体育<br>休闲体育 |
| 体育与健身 | 体育设施管理与经营 | 体育场地管理<br>健身馆管理<br>保龄球设备养护与检修 | 体育场地工<br>社会体育指导员<br>康乐服务员<br>场馆专业器械维护员<br>体育器材营销人员 | 体育场地工<br>社会体育指导员(初级) | 高职:体育服务与管理<br>本科:社会体育 |
| 教育类 | 学前教育 | | 保育员<br>幼儿园教师 | 保育员<br>幼儿园教师 | 专科:学前教育<br>本科:学前教育 |

续上表

| 专业类 | 专业名称 | 专业(技能)方向 | 对应职业(工种) | 职业资格证书举例 | 继续学习专业举例 |
|---|---|---|---|---|---|
| 司法服务类 | 法律事务 | 行政法律事务<br>律师助理<br>公证助理<br>民事商务调查<br>司法文秘<br>司法速录 | 公证员<br>书记员<br>秘书<br>速录师<br>打字员<br>行政业务办公人员<br>行政执法人员 | 秘书<br>速录员 | 高职:法律事务<br>司法助理<br>法律文秘<br>书记官<br>本科:法学 |
| 司法服务类 | 社区法律服务 | 司法调解<br>司法助理 | 公证员<br>书记员<br>秘书<br>速录师<br>打字员<br>行政业务办公人员<br>行政执法人员 | 秘书<br>速录员 | 高职:法律事务<br>司法助理<br>法律文秘<br>书记官<br>本科:法学 |
| 司法服务类 | 保安 | 护卫<br>押运<br>技术防范<br>特殊护卫 | 保安员<br>金融守押员<br>违禁品检查员<br>安全防范系统安装维护员<br>紧急救助员 | 保安员<br>安全防范系统安装维护员<br>紧急救助员 | 高职:警卫<br>治安管理<br>公共安全管理<br>安全保卫<br>本科:警卫学<br>治安学 |

续上表

| 专业类 | 专业名称 | 专业(技能)方向 | 对应职业(工种) | 职业资格证书举例 | 继续学习专业举例 |
|---|---|---|---|---|---|
| 公共管理与服务类 | 办公室文员 | 办公自动化<br>档案管理<br>会议服务 | 秘书<br>计算机操作员<br>速录师<br>公关员<br>网络编辑员<br>行政业务办公人员 | 秘书<br>计算机操作员<br>速录员<br>公关员<br>网络编辑员 | 高职:文秘<br>本科:行政管理 |
| 公共管理与服务类 | 文秘 | 商务秘书<br>行政秘书<br>会务会展秘书 | 秘书<br>计算机操作员<br>公关员<br>网络编辑员<br>行政业务办公人员 | 秘书<br>计算机操作员<br>公关员<br>网络编辑员 | 高职:文秘<br>本科:行政管理<br>汉语言文学<br>文秘教育 |
| 公共管理与服务类 | 商务助理 | 公共关系<br>企业信息发布 | 秘书<br>公关员<br>行政业务办公人员<br>项目管理师☆<br>企业信息管理师☆<br>客户服务管理师☆ | 秘书<br>公关员 | 高职:商务管理<br>信息传播与策划<br>公共关系<br>本科:商务策划管理<br>公共关系学 |

续上表

| 专业类 | 专业名称 | 专业(技能)方向 | 对应职业(工种) | 职业资格证书举例 | 继续学习专业举例 |
| --- | --- | --- | --- | --- | --- |
| 公共管理与服务类 | 公关礼仪 | 公共关系服务<br>形象宣传设计<br>品牌活动设计与实施 | 公关员<br>展览讲解员<br>艺术化妆师<br>形象设计师☆<br>礼仪主持人☆ | 公关员<br>展览讲解员<br>艺术化妆师(五级) | 高职:公共关系<br>本科:公共关系学 |
| 公共管理与服务类 | 工商行政管理事务 | 企业注册代理<br>商标注册代理<br>合同管理 | 行政业务办公人员<br>行政执法人员公关员 | | 高职:工商行政管理<br>本科:工商管理 |
| 公共管理与服务类 | 人力资源管理事务 | 职业中介<br>人事代理服务 | 行政业务办公人员<br>职业指导人员☆<br>劳动关系协调员☆ | | 高职:人力资源管理<br>本科:人力资源管理 |
| 公共管理与服务类 | 物业管理 | 社区物业管理<br>写字楼物业管理<br>商厦物业管理<br>场馆物业管理 | 智能楼宇管理师<br>物业管理员☆ | 智能楼宇管理师(四级) | 高职:物业管理<br>本科:物业管理 |

续上表

| 专业类 | 专业名称 | 专业（技能）方向 | 对应职业（工种） | 职业资格证书举例 | 继续学习专业举例 |
|---|---|---|---|---|---|
| 公共管理与服务类 | 产品质量监督检验 | 质量管理<br>质量示准评估<br>食品、化工产品质量监督检验<br>机械、电器产品质量监督检验<br>建筑工程及建材产品质量监督检验<br>压力容器产品质量监督检验 | 化学检验工<br>产品可靠性能检验工<br>食品检验工<br>饲料检验化验员<br>畜禽产品检验工<br>机械产品检验工<br>电器产品检验工<br>电子器件检验工<br>计算机检验工<br>电子元器件检验工<br>计算机软件产品检验员<br>合成材料测试员<br>材料成分检验工<br>材料物理性能检验工<br>产品环境适应性能检验工<br>产品安全性能检验工<br>五金制品检验工<br>电工器材检验工<br>照明电器检验工<br>仪器仪表检验工 | 化学检验工<br>食品检验工<br>饲料检验化验员<br>畜禽产品检验员<br>电子元器件检验员<br>计算机检验员 | 高职：商检技术 |

续上表

| 专业类 | 专业名称 | 专业(技能)方向 | 对应职业(工种) | 职业资格证书举例 | 继续学习专业举例 |
| --- | --- | --- | --- | --- | --- |
| 公共管理与服务类 | 民政服务与管理 | 民间组织管理<br>行政区划与地名管理<br>社会救助<br>选举技术及应用 | 行政业务办公人员<br>社会工作者☆<br>婚姻家庭咨询师☆ | | 高职:民政管理<br>社会救助<br>社会工作<br>本科:公共事业管理 |
| 公共管理与服务类 | 社区公共事务管理 | 社区服务与管理<br>社区文化与民间组织管理<br>社会救助执行 | 行政业务办公人员<br>秘书<br>公关员<br>心理咨询师<br>社会文化指导员<br>社会工作者☆ | 秘书<br>公关员<br>心理咨询员 | 高职:社区管理与服务<br>社会工作<br>公共事务管理<br>本科:社会工作 |
| 公共管理与服务类 | 社会保障事务 | 社会保险<br>劳动保险<br>商业保险 | 行政业务办公人员<br>劳动保障协理员☆<br>社会工作者☆ | | 高职:劳动与社会保障<br>民政管理<br>社会工作<br>本科:劳动与社会保障<br>劳动关系 |
| 公共管理与服务类 | 社会福利事业管理 | 少儿服务<br>残疾人服务 | 孤残儿童护理员<br>手语翻译员<br>行政业务办公人员<br>社会工作者☆ | 孤残儿童护理员<br>手语翻译员 | 高职:社会福利事业管理<br>青少年工作与管理<br>社会工作<br>本科:公共事业管理 |

续上表

| 专业类 | 专业名称 | 专业(技能)方向 | 对应职业(工种) | 职业资格证书举例 | 继续学习专业举例 |
|---|---|---|---|---|---|
| 公共管理与服务类 | 家政服务与管理 | 家政管理<br>涉外家政 | 家政服务员<br>保洁员<br>公共营养师<br>保育员<br>养老护理员<br>育婴员<br>孤残儿童护理员<br>社会工作者☆ | 家政服务员<br>保洁员<br>公共营养师(四级)<br>保育员<br>养老护理员<br>育婴员<br>孤残儿童护理员 | 高职:家政服务<br>儿童康复<br>社会工作<br>本科:家政学<br>社会学<br>公共事业管理 |
| 公共管理与服务类 | 老年人服务与管理 | 社区康复 | 养老护理员<br>家政服务员<br>保健按摩师<br>社会工作者☆<br>健康管理师☆ | 养老护理员<br>家政服务员<br>保健按摩师(中级) | 高职:老年服务与管理<br>社会工作<br>本科:家政学<br>社会学<br>公共事业管理 |
| 公共管理与服务类 | 现代殡仪技术与管理 | 殡葬社会工作<br>殡葬应用技术<br>殡葬单位经营与管理 | 殡仪服务员<br>遗体接运工<br>遗体防腐师<br>遗体整容师<br>遗体火化师<br>墓地管理员<br>社会工作者☆ | 殡仪服务员<br>墓地管理员 | 高职:现代殡仪技术与管理<br>社会工作<br>本科:公共事业管理 |

注:1. 对应职业(岗位)栏目中,带“#”的“职业”,是指在社会上已形成一定就业群体,但目前尚未列入中华人民共和国职业分类大典内的职业,也不是行业设定的特有职业。

2. 对应职业(岗位)栏目中,带“☆”的职业,是指中等职业学校学生刚毕业时还不能获得职业资格,但可以入行的职业。

# 后　　记

初中毕业，正值豆蔻年华。学生对人生的理解尚处于懵懂之际，我见到过太多因为各种选择错误而走入困境的孩子，也听说过太多因学习而发生的悲剧，作为一名老师，我觉得，如何让学生选择一个正确的发展方向，会直接影响孩子未来的人生轨迹。

作为一名从事招生工作的普通招生教师，每年都会面对无数面临选择的孩子与家长，他们有各种各样的原因和故事，但在中考报考时，他们却面临同样的问题——择校，确切地说是选择一所好的职业学校和一个适合孩子学习的专业，然而对于没有择校经验，又对职业教育一无所知的家长们来说，这太难了。他们彷徨与焦急的情绪提醒我，他们需要帮助，需要面对择校的疑惑时能够有辨别真伪、比较高低、择优避害的能力。我常年奔波于各地，为家长们解答各种各样的疑问，帮助他们在学校和专业间反复权衡，最终选出满意的答案，但是，我觉得作为一个教育工作者，身上的重担不止于此。

在中国，选择职业学校最大的问题，在于家长头脑中的教育理念。

在德国，只有 30% 的青少年会选择高中，而其他 70% 都选择了职业学校，选择了专业化教育为主的“轨道”，可能很多家长会不可思议，觉得当工人能有什么出息？是啊，在中国“望子成龙”是每个家长心中挥之不去的殷切希望，很多人觉得孩子选择了职业学校就是没希望了，或者觉得孩子没什么出息，就干脆给他选择一所职业学校吧。但是在德国，更多的适龄孩子选择职业教育，不只是因为职业教育就业好，更多的是因为职业教育不仅能够提供和高中同样的升学机会，也可以磨炼未来工作的一技之长，并且获得更便利的升迁途径。在德国，我和一些当地职业学校学生简单了解过他们对未来的规划，有的学生表示：要做水暖工，因为他爸爸是建筑工程师；有的学生说：他选择机械专业，将来要做宇航员，诸如此类在我看来风马牛不相及的梦想，但我随后得知，在德国，许多专业都需要获得技能评定才能得到升迁的机会，光获得学历证书是没有意义的。所以，我在德国见过本科毕业的出租车司机，也见过出身职业教育的高级工程师。这就是德国的职业教育，在过去的几十年里，德国一直都是欧洲失业率最低的国家，也让“德国制造”一度成为精密、优质的代名词。

但在中国，对职业教育的概念常常是负面的，甚至是抵触的。比如：常常有家长问我：初中毕业不上高中，有前途吗？也有家长说：孩子不是学习那块料，家里也没钱，孩子出去打工既能补贴家用，也能历练孩子。更有家长担心：到职业学校会不会懒散了、学坏了？

这是因为很多家长不了解我国职业教育的现状和未来，为了缓解现在社会就业压力，国家在大力扶持职业教育，让职业教育的孩子们可以同样升入高职、本科或者直接出国留学；为了解决缓解企业用工压力，职业学校也在不断努力、锤炼自己，通过校企合作、订单培养、现代学徒制班，让企业里的知名技师和老师一起传授知识和技能，学生毕业时可以直接上岗就业。为了让学生树立正确的价值观、职业观，职业学校不遗余力地开展规矩教育、人格教育，将书本教学转变为身体力行，让学生确立健康的道德和行为规范。

学而优则仕，是中国的固有观念，家长们秉持这一原则，让孩子们处在一种高压、高频的学习环境中，却并不去真正了解自己的孩子，孩子们的兴趣、爱好与梦想也许并不适合基础教育流水线式的固定路线，也许，找到一个合适的发展方向，选择一个适合的专业，他们能在职业学校得到更好的机会。

所以我想告诉大家，选择职业教育也能实现梦想。中国梦，能让国家富强，人民幸福；职业学校，则能让学生体验自由选择、个性化发展的全新幸福教育，创造多彩人生。

这里，希望可以与梦想交织，机遇可以与挑战并存，耕耘将会与收获齐聚。

这里，时光正好，青春正美。正需要一个坚定的你，去定义一个属于自己的个性人生。

你，准备好了吗？